Psicologia anomalística:
explorando experiências humanas extraordinárias

Psicologia anomalística:
explorando experiências humanas extraordinárias

Fábio Eduardo da Silva
Leonardo Breno Martins

Rua Clara Vendramin, 58 . Mossunguê
CEP 81200-170 . Curitiba . PR . Brasil
Fone: (41) 2106-4170
www.intersaberes.com
editora@intersaberes.com

Conselho editorial
Dr. Alexandre Coutinho Pagliarini
Drª Elena Godoy
Dr. Neri dos Santos
Dr. Ulf Gregor Baranow
Editora-chefe
Lindsay Azambuja
Gerente editorial
Ariadne Nunes Wenger
Assistente editorial
Daniela Viroli Pereira Pinto
Preparação de originais
Gustavo Ayres Scheffer
Edição de texto
Natasha Saboredo
Capa e projeto gráfico
Iná Trigo (*design*)
agsandrew/Shutterstock
(imagem da capa)
Diagramação
Andreia Rasmussen
Equipe de *design*
Charles Leonardo da Silva
Iná Trigo
Iconografia
Maria Elisa Sonda
Regina Claudia Cruz Prestes

Dados Internacionais de Catalogação na Publicação (CIP)
(Câmara Brasileira do Livro, SP, Brasil)

Silva, Fábio Eduardo da
  Psicologia anomalística : explorando experiências humanas extraordinárias / Fábio Eduardo da Silva, Leonardo Breno Martins. -- Curitiba : Editora Intersaberes, 2022. -- (Série panoramas da psicopedagogia)

  Bibliografia.
  ISBN 978-65-5517-073-3

  1. Parapsicologia 2. Psicologia transpessoal I. Martins, Leonardo Breno. II. Título. III. Série.

22-122118   CDD-133

Índices para catálogo sistemático:
1. Parapsicologia   133

Cibele Maria Dias – Bibliotecária – CRB-8/9427

1ª edição, 2023.

Foi feito o depósito legal.

Informamos que é de inteira responsabilidade dos autores a emissão de conceitos.

Nenhuma parte desta publicação poderá ser reproduzida por qualquer meio ou forma sem a prévia autorização da Editora InterSaberes.

A violação dos direitos autorais é crime estabelecido na Lei n. 9.610/1998 e punido pelo art. 184 do Código Penal.

Sumário

Prefácio, 13
Como aproveitar ao máximo este livro, 17
Apresentação, 21

Capítulo 1   Parapsicologia e psicologia anomalística: uma visão geral, 26
               1.1 Aspectos conceituais básicos, 27
               1.2 Contextualização histórica, 33
               1.3 Parapsicologia e psicologia anomalística no Brasil, 50
               1.4 Aspectos cognitivos e experiências anômalas (EAs), 63
               1.5 Aspectos metodológicos e fraudes, 81

Capítulo 2   Variedade das experiências anômalas, 104
               2.1 Experiências de quase morte (EQM), 105
               2.2 Experiências anômalas (EAs) relacionadas à psi, 109
               2.3 Experiências de contato com "alienígenas", 118
               2.4 Experiências de mediunidade e "vidas passadas", 125
               2.5 Experiências místicas, 132

Capítulo 3   Métodos de estudo e principais linhas de pesquisa das experiências e dos fenômenos anômalos, 146
               3.1 Áreas de estudo e métodos de pesquisa, 147

3.2 Estudos de caso de experiências anômalas (EAs), 151
3.3 Linhas experimentais contemporâneas de pesquisa psi I: visão remota, sonhos e Ganzfeld, 155
3.4 Linhas experimentais contemporâneas de pesquisa psi II: estudos com variáveis (neuro)fisiológicas, 171
3.5 Linhas experimentais contemporâneas de pesquisa psi III: micro-PK e campo da consciência, 198
3.6 Pesquisas sobre potenciais aplicações das experiências anômalas (EAs) relacionadas à psi, 210

Capítulo 4 Evidências científicas sobre a existência de fenômenos anômalos, 240
4.1 Uso da estatística e, em particular, da metanálise como ferramenta de evidência científica para fenômenos anômalos, 241
4.2 Evidências científicas nas pesquisas de visão remota, sonhos e Ganzfeld, 247
4.3 Evidências científicas nas pesquisas com variáveis fisiológicas, 267
4.4 Evidências científicas das pesquisas com micro-PK e campo da consciência, 274
4.5 Refletindo sobre os dados analisados, 279

Capítulo 5 Psicologia anomalística e psicologia, 294
5.1 Relação histórica entre psicologia anomalística e psicologia, 295

5.2 Psicologia social
e psicologia anomalística, 306
5.3 Psicologia da religião e psicologia
anomalística, 308
5.4 Psicologia anomalística na literatura
psicológica, 312
5.5 Psicologia anomalística em meio a
controvérsias, 316

Capítulo 6 Diagnóstico diferencial entre experiências
anômalas e/ou espirituais e transtornos
mentais, 328
6.1 Experiências anômalas (EAs):
peculiaridades e psicopatologias, 330
6.2 Experiências anômalas (EAs)
e transtornos mentais, 331
6.3 Problemas religiosos ou espirituais
no Manual Diagnóstico e Estatístico
de Transtornos Mentais da Associação
Americana de Psiquiatria, 333
6.4 Experiências psicóticas/anômalas em
populações não clínicas, 336
6.5 Diretrizes para o diagnóstico
diferencial, 339
6.6 Experiências anômalas (EAs) e/
ou espirituais e transtornos mentais:
contribuições da psicologia social, 344

Considerações finais, 355
Lista de siglas, 359
Referências, 365
Bibliografia comentada, 407
Respostas, 411
Sobre os autores, 413

Dedicamos esta experiência a nossas
famílias e também a todos nós
que exploramos, de forma apenas
parcialmente consciente, uma fantástica
variedade de experiências.

Aos mentores Octávio Melchíades Ulysséa e Neyda Nerbass Ulysséa, edificadores das Faculdades Integradas Espírita, por me apoiar e proteger, permitindo meu desenvolvimento profissional e acadêmico. Ao guardião Walter Correa da Silva, fundador da União Fraterna Universal, pesquisador do amor, por me estimular a ser melhor a cada dia.

Ao Dr. Stanley Krippner, pesquisador e ser humano excepcional, que ao longo de décadas tem estimulado de forma decisiva o desenvolvimento da pesquisa psi em todo o mundo, especialmente na América Latina.

Aos doutores Wellington Zangari e Fátima Regina Machado, tanto pela amizade quanto por inspirar e desenvolver, em grupo, um trabalho revolucionário no campo da psicologia anomalística.

Ao meu amigo e colega professor Leonardo Breno Martins, pelas várias parcerias ao longo dos anos, incluindo esta!

Ao professor Wilson Picler, fundador do Grupo Uninter, por apoiar vários projetos, investindo na pesquisa e no desenvolvimento humano, rumo ao "ser humano psi".

Aos meus filhos e enteadas, por me ensinarem a amar.

Aos meus pais Dionísio e Siloé, por terem me criado e amado.

À minha esposa, Ana Claudia Paim da Silva, por me amar.

Fábio Eduardo da Silva

Aos meus mentores, colegas de pesquisa e amigos, especialmente os professores Wellington Zangari, Fátima Machado e José Geraldo de Paiva, pelo exemplo, pelo encorajamento e pelos ensinamentos.

Ao meu amigo e colega acadêmico professor Fábio Eduardo da Silva, pelo convite para compor esta obra e pelo apoio dado em atividades científicas.

Aos meus pais, que foram meus primeiros educadores.

À minha eterna namorada e atual noiva, Camila Chagas, companheira na ciência e na vida, que dá um sentido muito maior a cada palavra e a cada ação minha.

Leonardo Breno Martins

Prefácio

Para mim, a psicologia é o estudo científico do comportamento e da experiência, bem como as aplicações e implicações desse tipo de estudo. Anomalias psicológicas são comportamentos e experiências difíceis de explicar no que se refere à compreensão psicológica atual das ciências da vida. Este livro notável examina várias dessas anomalias, incluindo relatos de pessoas sobre suas experiências, bem como descrições de seus comportamentos por observadores externos. Quando as pessoas relatam experiências fora do corpo, estão descrevendo algo que não pode ser explicado com base no que a ciência convencional considera possível. Da mesma forma, quando identificam corretamente um local distante por meio de uma "visão remota", seu comportamento também fica à deriva das explicações convencionais.

A psicologia também estuda o comportamento de animais não humanos, e eles também apresentam anomalias. Alguns animais de estimação, por exemplo, parecem saber quando seus donos estão voltando para casa; outros, por outro lado, se perdem, mas conseguem rastrear seus donos. Há algumas espécies que podem mudar de sexo; outras que dormem com um hemisfério cerebral de cada vez; e, até mesmo, aquelas que ficam traumatizadas se forem separadas de seus companheiros. Existem animais, como pássaros e insetos, que operam como se tivessem uma "mente grupal". Alguns desses comportamentos podem ser explicados por mecanismos convencionais, mas outros desafiam uma explicação ordinária – por causa de sua estranheza, muitas vezes, são ignorados ou esquecidos.

Algumas experiências e comportamentos anômalos, que parecem estar relacionados aos chamados *processos psi*, são estudados por parapsicólogos. Já outras anomalias parecem exigir outros métodos de investigação, razão pela qual *psicologia anômala* não é sinônimo de *parapsicologia*. Epifanias místicas e supostas abduções por alienígenas, por exemplo, raramente são estudadas por parapsicólogos. Além disso, o que é considerado anômalo em uma sociedade não é necessariamente anômalo em outras. Durante minhas viagens ao Brasil, por exemplo, descobri que não era incomum ouvir pessoas falarem de eventos referentes a uma suposta "vida anterior" ou compartilharem mensagens de entes queridos falecidos que supostamente teriam sido transmitidas por um médium. Contudo, essa abertura nem sempre se transfere para a sala de aula da universidade ou para os textos que os alunos leem – daí a importância desta publicação.

Os autores do livro, Fábio Eduardo da Silva e Leonardo Breno Martins, organizaram muito bem seu material, fornecendo a você, leitor, descrições e definições precisas, além de exercícios que você mesmo pode realizar ao terminar cada capítulo. Eles incluíram apresentações completas dos métodos de pesquisa utilizados para explorar as anomalias e as implicações que elas representam para a psicologia convencional, especialmente no que diz respeito a tópicos como personalidade, espiritualidade e psicopatologia. Eles apontam as diferenças entre conceitos como *experiências em primeira pessoa, alegações, crenças* e *fenômenos*, e como eles podem ser estudados com métodos que vão desde a apresentação de estudos de caso e de uma abordagem fenomenológica até *surveys* e pesquisas de laboratório.

Uma das muitas virtudes deste livro é a atenção que os autores dão a relatos espúrios, não apenas resultantes de fraudes e trapaças, mas provavelmente provenientes de falsas memórias, sugestões hipnóticas mal administradas, "profecias autorrealizáveis", "necessidade de acreditar" e mal-entendidos de fenômenos naturais, como paralisia do sono e distorções perceptivas. Os dois últimos fenômenos geralmente ocorrem quando a atenção de alguém é modificada, acidental ou deliberadamente, como quando a pessoa está cansada ou sob efeito de drogas. Os autores também citam algumas críticas que têm sido feitas às pesquisas sobre anomalias, quase todas direcionadas aos estudos parapsicológicos, não àqueles feitos sobre outras anomalias relatadas.

Silva e Martins apresentaram uma contextualização histórica extremamente importante sobre as associações, as conferências e os laboratórios brasileiros que se concentraram em experiências excepcionais. Participei de algumas dessas iniciativas, notadamente em Curitiba, Belo Horizonte, Brasília, Florianópolis, Goiânia, Juiz de Fora, Manaus, Rio de Janeiro, Recife, Salvador e São Paulo, observando o entusiasmo e a diligência dos organizadores e demais apresentadores.

Uma dos temas mais valiosos desta obra é a discussão de possíveis aplicações práticas de resultados de pesquisa na área em questão – notadamente, visão remota e intuição. Alguns *insights* intuitivos podem resultar de uma suposta precognição ou outros mecanismos parapsicológicos, mas outros parecem refletir a resolução inconsciente de problemas que ocorrem em sonhos e outras alterações da consciência.

Nas últimas décadas, pesquisadores brasileiros realizaram um trabalho imaginativo que investigou anomalias nas experiências e comportamentos das pessoas. Este livro consolida esses esforços e fornece um roteiro para as pesquisas e aplicações futuras.

Stanley Krippner, Ph.D.
California Institute of Integral Studies

Como aproveitar ao máximo este livro

Empregamos nesta obra recursos que visam enriquecer seu aprendizado, facilitar a compreensão dos conteúdos e tornar a leitura mais dinâmica. Conheça a seguir cada uma dessas ferramentas e saiba como elas estão distribuídas no decorrer deste livro para bem aproveitá-las.

Introdução do capítulo
Logo na abertura do capítulo, informamos os temas de estudo e os objetivos de aprendizagem que serão nele abrangidos, fazendo considerações preliminares sobre as temáticas em foco.

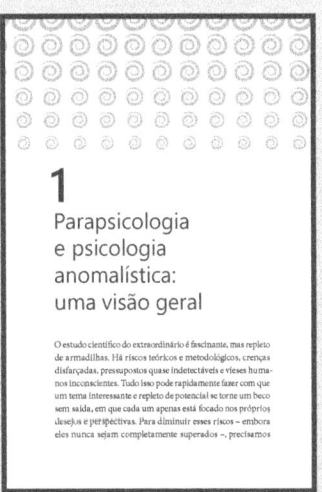

Para saber mais
Sugerimos a leitura de diferentes conteúdos digitais e impressos para que você aprofunde sua aprendizagem e siga buscando conhecimento.

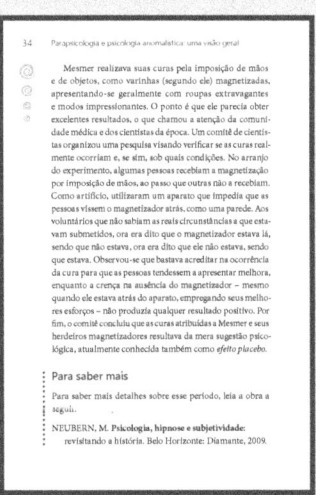

Preste atenção!

Apresentamos informações complementares a respeito do assunto que está sendo tratado.

Importante!

Algumas das informações centrais para a compreensão da obra aparecem nesta seção. Aproveite para refletir sobre os conteúdos apresentados.

Síntese

Ao final de cada capítulo, relacionamos as principais informações nele abordadas a fim de que você avalie as conclusões a que chegou, confirmando-as ou redefinindo-as.

Atividades de autoavaliação

Apresentamos estas questões objetivas para que você verifique o grau de assimilação dos conceitos examinados, motivando-se a progredir em seus estudos.

Síntese

Neste capítulo, abordamos aspectos básicos da área de psicologia anomalística, com destaque para os conceitos de alegação, experiência, crença e fenômeno. Essas referências precisam ficar bem claras para você, leitor. Como foi demonstrado, as experiências anômalas (EAs) têm impacto sobre as pessoas, suas atitudes, seus valores, suas crenças e a forma como tomam decisões, e tudo isso está relacionado aos três primeiros conceitos (alegação, experiência e crença). Podemos afirmar que uma parcela grande da psicologia anomalística se ocupa dessas instâncias, independentemente da existência efetiva ou não de algum fenômeno anômalo. O fato de alguém experienciar, acreditar e relatar uma EA, mesmo que o fenômeno subjacente seja algo conhecido, justifica a existência da psicologia anomalística, em virtude do impacto disso na vida das pessoas e da quantidade de indivíduos que vivenciam tais experiências. Entretanto, compreender o fenômeno, seja ele normal ou anômalo, é também um dos objetivos das pesquisas dessa área.

Também apresentamos, de forma breve, algumas instituições e indivíduos que contribuíram ou ainda contribuem para o desenvolvimento da parapsicologia e, atualmente, da psicologia anomalística. Cabe ressaltar que, entre as instituições brasileiras citadas, apenas algumas continuam na ativa. O Instituto Pernambucano de Pesquisas Psicobiofísicas (IPPP), criado por Walter da Rosa Borges, permanece em atividade por meio de seus seguidores, com destaque para Daniela Dantas e Julieta Jerusa de Castro, líderes atuais do instituto. O mesmo vale para a Universidade de São Paulo (USP), outra instituição que teve importância revolucionária no desenvolvimento da psicologia anomalística, graças ao esforço contínuo e dedicado de Wellington Zangari e Fátima Machado. Ao criarem a possibilidade do desenvolvimento de pesquisas em nível de mestrado e doutorado na USP, esses estudiosos multiplicaram exponencialmente o desenvolvimento da área – nós, autores deste livro, somos um dos muitos exemplos de ex-alunos e ex-orientandos do casal. Aliás, esta obra somente foi possível de ser escrita em função das realizações desses dois pioneiros.

Atividades de autoavaliação

1. Há relatos de experiências extraordinárias ao longo de toda a história humana. Elas são interpretadas por diversos prismas: religioso, esotérico, conspiratório, pseudocientífico e, menos frequentemente, científico. É usual para muitas pessoas a confusão entre essas abordagens. A psicologia anomalística é uma ciência que busca auxiliar na compreensão de como a psicologia lida com esses eventos; afinal, existe uma distinção entre alegações, experiências, crenças e fenômenos. No que se refere a essa diferença, assinale V para as afirmativas verdadeiras e F para as falsas.
   ( ) Alegações são os relatos ditos por pessoas, como um médium que afirma ver um espírito ou um meditador que diz ter vivido uma experiência de contato com o infinito.
   ( ) As alegações correspondem aos fatos, visto que as memórias sempre refletem o que vivemos, ou seja, são fidedignas.

Atividades de aprendizagem

Aqui apresentamos questões que aproximam conhecimentos teóricos e práticos a fim de que você analise criticamente determinado assunto.

Bibliografia comentada

Nesta seção, comentamos algumas obras de referência para o estudo dos temas examinados ao longo do livro.

Apresentação

Nesta obra, temos como objetivo fornecer um panorama geral sobre o estudo científico do "paranormal". Para isso, recorremos a uma área do conhecimento denominada *psicologia anomalística*, a qual se dedica à análise científica de experiências humanas extraordinárias. Nesse sentido, discutiremos os aspectos históricos do campo, os principais tipos de experiências anômalas (EAs) investigados cientificamente, as relações entre essa área e outras semelhantes, os principais resultados de pesquisa e os impactos dessas descobertas para o entendimento do ser humano.

Distribuímos os capítulos de forma a apresentar um panorama progressivo sobre o tema. No Capítulo 1, apresentamos a contextualização histórica da psicologia anomalística, abordando diversos pontos fundamentais. Inicialmente, versamos sobre alguns conceitos fundamentais, sem os quais a compreensão das experiências "paranormais" pode rapidamente perder sua cientificidade. Na sequência, expomos um panorama histórico das mudanças proporcionadas pela religião, pelo misticismo e pela ciência na abordagem dessas experiências, incluindo os principais personagens e fatos envolvidos. Apresentamos também um guia detalhado dos centros de pesquisa e dos principais nomes envolvidos nesses estudos em diversos países.

Um dos produtos desse desenvolvimento histórico é a famosa parapsicologia, cujas diferenças e semelhanças com relação à psicologia anomalística precisam ser esclarecidas.

Apesar de essa discussão se concentrar, inicialmente, em fatos, ideias e personagens de outros países (notadamente da América do Norte e da Europa), buscamos oferecer também uma síntese da história da psicologia anomalística e da parapsicologia no Brasil, enfatizando passagens e personagens importantes. Um dos aspectos que diferenciam essa abordagem é sua cronologia detalhada, que pretende servir de guia para leitores interessados em questões pouco conhecidas.

Uma vez sedimentada essa revisão histórica e a enumeração dos principais personagens e centros de pesquisa, passamos a discutir alguns aspectos cognitivos básicos das EAs que, tal como os conceitos básicos indicados no início desse primeiro capítulo, também pretendem pavimentar o caminho para os demais capítulos. Tais aspectos cognitivos se referem, em geral, às características e aos processos mentais humanos que, de algum modo, nos impelem a considerar certas experiências subjetivas como realmente excepcionais. Para finalizar o Capítulo 1, que tem a pretensão de introduzir várias esferas temáticas que orbitam o "paranormal", examinamos aspectos metodológicos da pesquisa desses temas tão escorregadios, incluindo o fato de que, cedendo à tentação do trocadilho, o "fantasma" da fraude está sempre nos assombrando. Nessa perspectiva, analisamos os personagens e os casos mais interessantes e controversos do campo desde o século XIX até os dias atuais.

No Capítulo 2, indicamos algumas das principais categorias de experiência paranormal (que passamos a chamar de *experiência anômala* ainda no Capítulo 1). Nossa abordagem inclui as principais definições envolvidas em cada categoria, os principais resultados de pesquisas científicas a respeito, os principais problemas envolvidos e diversos exemplos de casos interessantes e representativos. Nesse capítulo indicamos, de modo mais específico, experiências de quase morte (EQM), percepção extrassensorial (PES), psicocinese (*psychokinesis* – PK), contatos com "alienígenas", mediunidade, lembranças de "vidas passadas" e experiências místicas.

No Capítulo 3, analisamos o crucial papel dos diferentes tipos de pesquisa para elucidar fenômenos tanto misteriosos quanto escorregadios. Nele nos aprofundamos nos principais métodos de estudo e linhas de pesquisa da psicologia anomalística, com o cuidado de discernir a que tipo de EA são mais ou menos adequados. Também demonstramos como diferenciar hipóteses menos ou mais prováveis para explicar episódios extraordinários, como os que são objeto de interesse deste livro. De modo mais específico e repleto de detalhes pouco conhecidos, apresentamos estudos de casos extraordinários e experimentos em laboratório para verificar se PES e PK realmente existem.

Dando continuidade à abordagem anterior, no Capítulo 4 apresentamos os resultados a que tais métodos e categorias de pesquisa chegaram. Discutimos, então, o que tem sido obtido com o uso da estatística e dos estudos em conjunto, passando pelas pesquisas sobre visão remota (a pretensa forma de PES em que a pessoa conseguiria ver algo distante e inacessível), sonhos paranormais e experimentos que envolvem isolamento sensorial para facilitar uma possível PES. Sobre essa última categoria, há uma versão dramatizada na famosa série televisiva *Stranger Things*, com o tanque de isolamento sensorial em que a personagem principal – uma adolescente paranormal – é mergulhada para potencializar seus poderes. O que as pesquisas reais dizem a respeito? Apresentamos também estudos com medidas fisiológicas de EAs para responder à pergunta: Se, às vezes, a percepção consciente de algo pretensamente paranormal poderia ser mais difícil, a mente inconsciente poderia percebê-lo de forma mais fácil e expressar tal percepção em reações fisiológicas? Os resultados e sua discussão crítica são expostos nesse capítulo.

No Capítulo 5, tratamos de maneira mais aprofundada da relação entre a psicologia anomalística e a psicologia geral, dando enfoque à situação atual, ainda que passemos por alguns pontos históricos que não foram abordados no Capítulo 1. Apresentamos detalhes da inserção da psicologia anomalística nas obras, organizações e conferências de psicologia, analisando na sequência sua relação com as psicologias social e da religião. Para finalizar o capítulo, apresentamos as grandes controvérsias do campo e como elas se relacionam às controvérsias da psicologia ou mesmo da ciência de forma geral. De modo talvez surpreendente, defendemos que o estudo psicológico das EAs pode exercer papel excepcional na superação de dificuldades que acompanham a ciência há muitas décadas.

Por fim, no Capítulo 6, discutimos a relação entre as EAs e os transtornos mentais ou sintomas isolados de patologias psicológicas. A tendência a considerar relatos estranhos como indicativos de problemas mentais é tão antiga quanto a psiquiatria e a psicologia, embora ainda ecoe nos dias atuais. Desde essa constatação, são analisadas formas cientificamente embasadas de distinguir EAs saudáveis de transtornos mentais, com ênfase naquelas de cunho religioso e/ou "paranormal", além de conceitos fundamentais que facilitam esse reconhecimento, bem como a postura razoavelmente consensual de profissionais da saúde mental representada em manuais psiquiátricos.

Encerramos cada capítulo com uma lista de exercícios que não tem como propósito avaliá-lo, leitor, dado que sua atividade é solitária, mas reforçar seu aprendizado, permitindo-lhe analisar se compreendeu e registrou bem o conteúdo. Além disso, também ao final de cada capítulo, apresentamos sugestões de atividades práticas que podem servir como oportunidade para que você verifique, por si mesmo, alguns pontos-chave do texto.

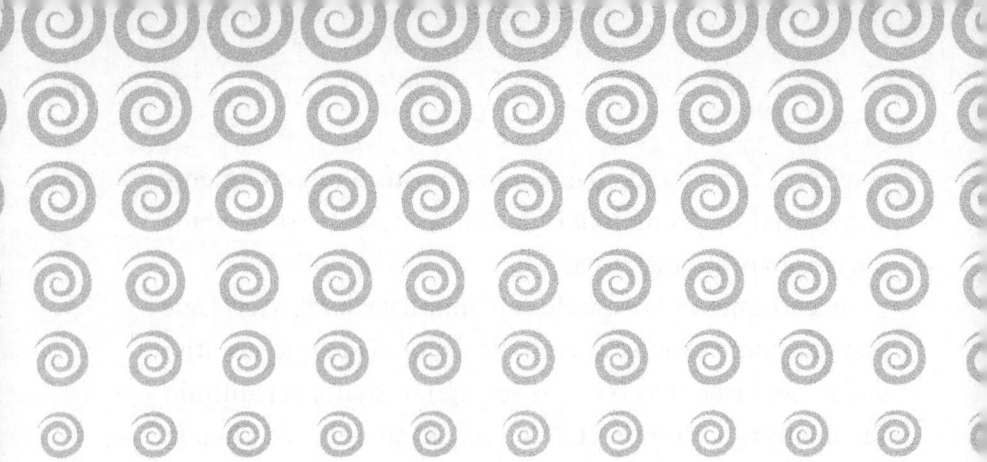

1
Parapsicologia e psicologia anomalística: uma visão geral

O estudo científico do extraordinário é fascinante, mas repleto de armadilhas. Há riscos teóricos e metodológicos, crenças disfarçadas, pressupostos quase indetectáveis e vieses humanos inconscientes. Tudo isso pode rapidamente fazer com que um tema interessante e repleto de potencial se torne um beco sem saída, em que cada um apenas está focado nos próprios desejos e perspectivas. Para diminuir esses riscos – embora eles nunca sejam completamente superados –, precisamos de mapas para orientar nosso caminho. O método científico é um deles, e será o tema das próximas páginas. Ao mesmo tempo, precisamos conhecer a história da área em questão, para que possamos superar os erros e multiplicar os acertos. Assim, este capítulo tem o propósito de orientar o início de sua caminhada. Nele abordaremos aspectos históricos da psicologia anomalística, da parapsicologia e de iniciativas afins. Apresentaremos pessoas, grupos e lugares. Ao fim, você terá orientações e bagagem suficientes para prosseguir nessa viagem das **experiências anômalas (EAs)**, que, mesmo que um pouco mais claras e cada vez mais extraordinárias, continuarão sendo complexas.

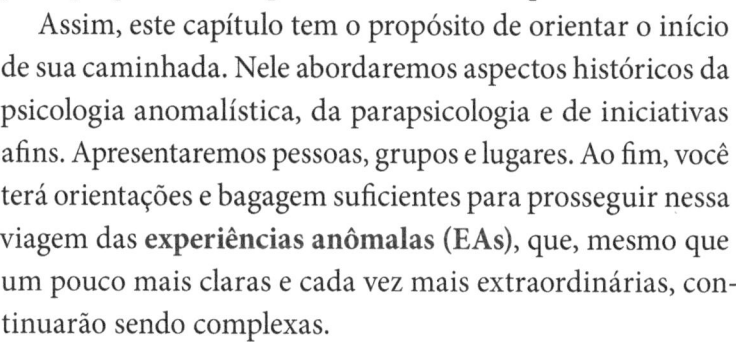

1.1
Aspectos conceituais básicos

A consideração de experiências excepcionais (ou EAs) costumeiramente esbarra em mal-entendidos e em conceitos mal definidos. Cientes disso, precisamos definir os termos básicos com os quais trabalharemos, a fim de evitar tropeços logo nos primeiros passos de nossa viagem.

Ao longo da história humana, há relatos de pessoas que alegam ter passado por experiências, de alguma forma, extraordinárias. São alegações de contatos com indivíduos já falecidos, viagens da consciência para fora do corpo físico, visões de entidades religiosas ou lendárias, profecias, entre tantos outros episódios que ora despertam ceticismo, ora crença, mas quase nunca desinteresse.

Em nosso cotidiano, encontramos todo tipo de discurso a respeito desses episódios: religioso, esotérico, conspiratório, pseudocientífico e, mais raramente, científico. Um dos problemas resultantes é que muitas pessoas não sabem distinguir o que é resultante da ciência e o que apenas parece científico. Misturam física quântica, consciência, energia, dons e outros termos e ideias sem a devida contextualização. Embora a ciência não detenha o monopólio do conhecimento, é fundamental que reconheçamos as raízes de cada afirmação feita em terreno tão nebuloso, para não comprarmos gato por lebre.

De início, temos de entender as diferenças entre *experiência, alegação, crença* e *fenômeno*. Exceto se for uma experiência em primeira mão (quando se tem a noção direta do que ocorreu), as histórias extraordinárias são **alegações**, isto é, trata-se de relatos do que teria sido vivenciado pelos indivíduos. Por exemplo, quando um médium diz que está vendo um espírito naquele exato momento, isso é uma alegação – e alegações podem ou não corresponder aos fatos, assim como as memórias a respeito do evento podem ou não ser fidedignas. Por isso, embora alegações possam ser o ponto de partida para pesquisas, elas não podem ser o alicerce para uma convicção de base científica. Em outras palavras, alegações não podem ser "provas" da "realidade objetiva" de contatos com espíritos, dons paranormais ou o que quer que seja, ainda que possam, eventualmente, ser fidedignas. Não temos como sabê-lo, ao menos não apenas por meio da alegação, pois as pessoas podem alegar todo tipo de coisa, por razões frequentemente difíceis – e não raro impossíveis – de se sondar.

Já as **experiências** são vivências subjetivas, aquilo pelo que os sujeitos passaram. Quando alguém acorda paralisado na cama à noite e enxerga seres baixos e cinzentos ao seu redor, examinando-o, sente-se flutuando em direção a uma luz no céu e, então, percebe-se dentro do que parece ser uma nave espacial alienígena, isso é uma experiência. Esta pode ou não corresponder aos fatos, podendo também resultar – parcial ou totalmente – de enganos de percepção, memória, interpretação dos eventos etc. Nesse exemplo, o sujeito pode ter mesmo sido sequestrado por alienígenas; porém, também pode ter apenas experimentado um sonho bastante realista. De qualquer modo, o que quer que tenha ocorrido é interpretado do ponto de vista do indivíduo, que é, por definição, subjetivo. Por essa razão, de modo semelhante àquilo que acontece com as alegações, as experiências não podem ser consideradas provas de que algo anômalo realmente ocorreu.

As **crenças**, por sua vez, correspondem às interpretações que formulamos sobre os acontecimentos. Crenças podem ou não ser verossímeis; podemos acertar ou errar em variados graus, bem como podemos fundamentar bem ou mal nossas crenças. Por isso, quando alguém acredita que teve uma premonição após sonhar com uma pessoa que faleceu logo em seguida, ou quando acredita que o Chupa-Cabras existe em razão das alegações a seu respeito encontradas na internet, isso não garante que tais fenômenos são reais – tampouco que sejam, necessariamente, falsos.

Quase tudo o que experimentamos, lemos, assistimos ou pensamos sobre eventos "paranormais" ou "sobrenaturais", como fantasmas, alienígenas, poderes paranormais e afins, correspondem a alegações, experiências e crenças:

são histórias relatadas por outros, experiências pelas quais passamos ou conclusões a que chegamos a respeito desses temas. Pelo lado subjetivo de todas essas perspectivas, tais informações não são aceitas como evidência de qualidade para a ciência a respeito da realidade dos respectivos fenômenos.

Importante!

A palavra **fenômeno** – do latim *phaenomenon*, que significa "coisa que aparece" – se refere àquilo que percebemos. Entretanto, o uso do termo é mais específico no estudo científico das alegações, experiências e crenças extraordinárias. Fenômenos anômalos dizem respeito a eventos reais extraordinários, que poderiam fundamentar experiências e crenças desse gênero.

Seguindo os exemplos dados até o momento, alienígenas e fantasmas eventualmente reais seriam exemplos de fenômenos anômalos. Se temos a sensação de que algo ruim está para acontecer, o fenômeno por detrás dessa sensação pode ser medo, consciente ou não, baseado no que conhecemos, tememos ou desejamos. Ou, eventualmente, poderia ser também uma reação orgânica anômala a eventos futuros (o que, como demonstraremos mais adiante, chama-se *efeito pressentimento* – EP). Temos, no primeiro caso, uma explicação conhecida mediante fenômenos prosaicos; no segundo, estamos no controverso campo dos fenômenos anômalos. Em muitos casos, somente conseguimos saber sobre a natureza dos fenômenos realizando pesquisas, especialmente as de caráter experimental. Porém, mesmo por meio delas, inúmeras vezes não conseguimos identificar os fenômenos. Costumamos trabalhar com incertezas, que são acomodadas na forma de hipóteses, as quais testamos sob condições padronizadas.

A questão é que, como vimos, crenças, alegações e experiências não servem de prova de que tais fenômenos realmente existam. No entanto, esses tipos de processo são o objeto de estudo deste livro. Em boa parte do tempo, trataremos das pesquisas científicas a respeito de alegações, crenças e experiências, passando também pelo que vem sendo estudado sobre a eventual realidade de algum fenômeno anômalo.

Isso posto, EAs são vivências subjetivas que são controversas para o senso comum, para determinada cultura e, na maioria dos casos, para a ciência, ainda que não apresentem, necessariamente, relação com aspectos humanos anormais ou patológicos (Cardeña; Lynn; Krippner; 2013). Sob esse aspecto se reúne todo o universo de vivências ligado ao "paranormal", ao "sobrenatural", ao "místico" e a termos afins. Experiências fora do corpo (EFC) estão entre os exemplos mais conhecidos de EAs, assim como as experiências de quase morte (EQM) e de mediunidade, as variadas formas de "poderes da mente", os contatos com alienígenas e outras pretensas formas de vida extraordinárias (Chupa-Cabras, Pé-Grande etc.), os sonhos premonitórios, entre outros.

Importante!

Um termo adicional que merece esclarecimento imediato é *psi*, que aparecerá em diversos momentos deste livro. Embora tenha um uso científico convencional como prefixo nos nomes de áreas como psicologia e psiquiatria, o estudo científico de experiências "paranormais" concebe a letra grega *psi* (Ψ) como o suposto mediador dessas relações entre a mente e o ambiente nos aparentes casos de percepção extrassensorial (PES) e psicocinese (*psychokinesis* – PK) – a pretensa capacidade de mover objetos com o "poder da mente", de curar pessoas à distância etc. Assim, **experiências psi** são aquelas mais classicamente chamadas "paranormais" no dia a dia.

O caráter rico e subjetivamente convincente de parte das EAs, quando narradas de forma emocionada e firme pelos protagonistas, ressalta as definições dadas anteriormente de crença, experiência, alegação e fenômeno. Uma análise com rigores científicos nos força a reconhecer que o que temos costumeiramente à disposição nessas situações são relatos, vivências subjetivas e crenças, mas não qualquer demonstração inconteste sobre a realidade do fenômeno.

Ao longo da história, essas experiências, alegações e crenças pertenceram tradicionalmente aos domínios da religião, do misticismo e de esferas afins da atividade humana – e isso continua ocorrendo. Como veremos a seguir, foi apenas a partir do século XVIII que elas começaram a ser investigadas cientificamente. Uma das consequências disso é que, não raro, os estudos científicos das EAs são mal compreendidos e acusados ora de serem pseudocientíficos, ora de serem "reducionistas" ao tentarem explicar, em termos convencionais, tais episódios extraordinários e repletos de significados emocionais e culturais. Ambas as acusações são infundadas. O estudo científico das EAs é possível e adequado quando definimos os episódios como vivências subjetivas e utilizamos métodos científicos apropriados a esse objeto de estudo. Demonstraremos logo a seguir como isso ocorreu ao longo dos últimos séculos.

Como um dos desdobramentos recentes dessa jornada, temos a **psicologia anomalística**, que estuda as EAs sob o prisma psicológico. Daí a importância da delimitação do objeto de estudo desse campo como experiências, alegações e crenças, pois os três conceitos estão entre os pontos elementares a que se dedica a psicologia. Assim se sedimenta, já de início, a legitimidade da psicologia como uma das ciências que estuda o "paranormal".

1.2
Contextualização histórica

Conforme mencionamos, EAs ocorreram ao longo de toda a história da humanidade, sendo objeto predominantemente de religiosos, místicos, filósofos e artistas. Isso, porém, começou a mudar no século XVIII, quando os pilares da ciência moderna ainda estavam sendo consolidados. Naquele tempo, viveu um médico alemão chamado Franz Anton Mesmer (1734-1815), o qual alegava poder curar as pessoas dos mais diversos males por meio da manipulação de uma energia que ele chamava de *magnetismo animal*, uma espécie de fluido magnético que todos nós teríamos e cujo desequilíbrio causaria doenças. Soou familiar? Tais ideias ainda persistem.

Mesmer realizava suas curas pela imposição de mãos e de objetos, como varinhas (segundo ele) magnetizadas, apresentando-se geralmente com roupas extravagantes e modos impressionantes. O ponto é que ele parecia obter excelentes resultados, o que chamou a atenção da comunidade médica e dos cientistas da época. Um comitê de cientistas organizou uma pesquisa visando verificar se as curas realmente ocorriam e, se sim, sob quais condições. No arranjo do experimento, algumas pessoas recebiam a magnetização por imposição de mãos, ao passo que outras não a recebiam. Como artifício, utilizaram um aparato que impedia que as pessoas vissem o magnetizador atrás, como uma parede. Aos voluntários que não sabiam as reais circunstâncias a que estavam submetidos, ora era dito que o magnetizador estava lá, sendo que não estava, ora era dito que ele não estava, sendo que estava. Observou-se que bastava acreditar na ocorrência da cura para que as pessoas tendessem a apresentar melhora, enquanto a crença na ausência do magnetizador – mesmo quando ele estava atrás do aparato, empregando seus melhores esforços – não produzia qualquer resultado positivo. Por fim, o comitê concluiu que as curas atribuídas a Mesmer e seus herdeiros magnetizadores resultava da mera sugestão psicológica, atualmente conhecida também como *efeito placebo*.

Para saber mais

Para saber mais detalhes sobre esse período, leia a obra a seguir.

NEUBERN, M. **Psicologia, hipnose e subjetividade:** revisitando a história. Belo Horizonte: Diamante, 2009.

Essa foi uma das primeiras vezes, senão a primeira, em que se utilizou um método de verificação de hipóteses que, atualmente, é largamente usado na ciência: a manipulação de variáveis por meio de um experimento. E o objeto de estudo foi justamente um conjunto de experiências e alegações bastante próximas àquilo que hoje conhecemos como passes espirituais, curas energéticas e afins – ainda que Mesmer buscasse dar uma explicação nada sobrenatural, com o magnetismo animal sendo uma faculdade do corpo.

No século XIX, houve a consolidação do espiritualismo moderno, do qual o espiritismo que conhecemos é uma vertente. Três irmãs da família Fox, em Hydesville, no Estado de Nova York (Estados Unidos), começaram a alegar a comunicação com espíritos pelo som de batidas no ambiente. Logo o assunto se tornou uma febre na América do Norte e na Europa, com a criação de múltiplos centros espíritas e a popularização de inúmeros médiuns. Mesmo as acusações de fraude que incidiram sobre as irmãs Fox – tendo sido admitidas por uma delas, que depois retirou a confissão – não diminuíram a agitação cultural que se deu em torno do assunto.

As alegações de contato com os mortos se avolumavam progressivamente e se tornavam cada vez mais extraordinárias. Até acadêmicos estavam inquietos, desejosos de compreender o que ocorria. Assim surgiu a primeira investigação sistemática desses episódios e de outros mistérios, de algum modo, parecidos, com a criação da Sociedade para Pesquisa Psíquica (Society for Psychical Research – SPR)[1].

Criada em 1882, em Londres, por Henry Sidgwick (1838-1900) – professor de filosofia da Universidade de Cambridge – e uma equipe de pesquisadores e acadêmicos reconhecidos na sociedade da época, a SPR visava "investigar aquela grande quantidade de fenômenos discutíveis [...] sem preconceito ou predisposição de qualquer tipo, e no mesmo espírito exato e não apaixonado de investigação que tem permitido à ciência resolver tantos problemas" (Society for Psychical Research, 1882-1883, p. 2, citada por Cardeña; Lynn; Krippner, 2000, p. 6, tradução nossa).

Era grande o leque de fenômenos que a SPR se propunha a estudar, incluindo telepatia, clarividência, mediunidade (comunicações mediúnicas e fenômenos de efeitos físicos), dissociação, aspectos da personalidade, hipnose e processos não conscientes (Targ; Schlitz; Irwin, 2000; Broughton, 1991). Ou seja, os cientistas já tinham entre suas hipóteses – em parte como herança da investigação sobre Mesmer um século antes – que fenômenos psicológicos poderiam ser parcial ou totalmente responsáveis por todo aquele conjunto de ocorrências estranhas.

A SPR criou padrões metodológicos para estudos experimentais e de caso, estes já com o uso de métodos estáticos. Visando à divulgação científica de seu trabalho, a entidade elaborou um jornal profissional intitulado *Journal of Society for Psychical Research* (JSPR), mediante o qual publicou atas

• • • • •
1 *Pesquisa psíquica* foi o primeiro termo cunhado, para o qual surgiram diversos sinônimos e substitutos posteriormente, como *pesquisa psi*, *metapsíquica, parapsicologia, psicobiofísica, psicofísica, psicologia paranormal* e *psicologia anomalística*, como indicaremos mais adiante.

de suas conferências científicas. As pesquisas cobriram todas as áreas almejadas. No entanto, é importante destacar os estudos de casos de aparição, cujo registro foi editado no seminal livro *Phantasms of the Living*. Escrito por Edmund Gurney, Frederic W. H. Myers e Frank Podmore (1886), a obra conta com mais de 700 relatos de pessoas que afirmaram ter visto fantasmas. Os autores também inovaram propondo que essas visões poderiam ser explicadas por telepatia (Targ; Schlitz; Irwin, 2000; Broughton, 1991).

Em 1885, foi fundada a filial norte-americana da SPR, a Sociedade Americana para Pesquisa Psíquica (American Society for Psychical Research – ASPR). A fundação da ASPR, que tinha como objetivo conduzir os estudos incialmente propostos pela SPR, ficou a cargo do pai da psicologia americana, o filósofo e psicólogo William James (1842-1910), bem como do parapsicólogo William F. Barrett (1844-1925) (Targ; Schlitz; Irwin, 2000; Broughton, 1991).

A pesquisa experimental da psi teve início nos Estados Unidos, por meio de estudos de telepatia realizados nas universidades de Stanford e de Harvard. Contudo, foi a partir de 1927, na Universidade de Duke, que uma verdadeira revolução científica dessa área ocorreu. O casal de botânicos Rhine, Joseph Banks (1895-1980) e Louisa Ella (1891-1983), foi responsável por esse movimento. William McDougall (1871-1938), vindo de Harvard, assumiu a frente do Departamento de Psicologia da Universidade de Duke, e convocou o casal Rhine para conduzir pesquisas psi naquele departamento, dando início a um novo paradigma metodológico nessa área.

A partir de 1930, J. B. Rhine, como era mais conhecido, passou a desenvolver pesquisas próprias, nas quais crianças tentavam adivinhar cartas numéricas. Com a realização de vários estudos, ele foi aprimorando seus métodos, incluindo a elaboração de um baralho com símbolos, criado com a ajuda do psicólogo experimental Karl Zener, que propôs cinco símbolos geométricos elementares (ondas, quadrado, círculo, cruz e estrela), que se repetem cinco vezes no jogo de cartas, o qual ficou conhecido como *baralho ESP*[2] ou *baralho Zener*.

Figura 1.1 – Baralho Zener ou ESP

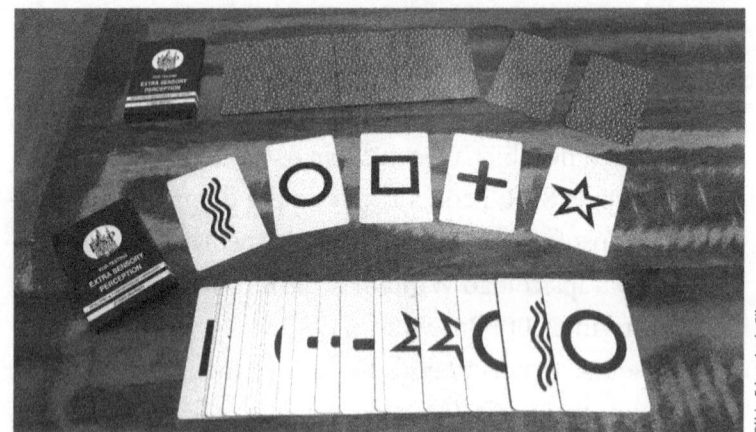

Fábio Eduardo da Silva

Entre as mudanças metodológicas inseridas por J. B. Rhine, estão inclusas:

1. pesquisa com participantes aleatórios, usualmente estudantes;
2. procedimentos de testagem simples de escolha restrita (ou fechada), de fácil controle (ênfase no método experimental);
3. uso de avaliação estatística rigorosa dos resultados.

• • • • •
2   Em inglês, *extrasensory perception* (percepção extrassensorial – PES).

Com a mudança de foco dos estudos de casos e de levantamento para aqueles de caráter experimental, fundamentados no método estatístico associado à nova forma de seleção de participantes, e ainda dirigindo os estudos principalmente para a PES – esquivando-se dos fenômenos sugestivos da hipótese de sobrevivência, de abordagem metodológica muito mais complexa e controversa –, Rhine gerou uma revolução paradigmática histórica, que persiste até os dias atuais nessa área de pesquisa (Edge et al., 1986; Irwin; Watt, 2007; Broughton, 1991; Radin, 1997; Palmer, 1998b).

Por meio do baralho ESP, Rhine e sua equipe realizaram pesquisas experimentais sucessivas. Com as cartas devidamente embaralhadas, participantes tentavam adivinhar a sequência destas – nesse caso, explorando-se a possibilidade da clarividência. Quando as cartas eram embaralhadas depois que os participantes indicavam seus palpites, testava-se a possível precognição. Havia também estudos de telepatia, nos quais os participantes tentavam adivinhar as cartas que estavam sendo vistas por outros participantes, estando eles em condição de isolamento sensorial. Com o padrão de escolhas fechadas – os símbolos eram conhecidos pelos participantes – e o número de testes predefinido, as avaliações estatísticas eram relativamente fáceis de serem conduzidas, pela comparação dos acertos obtidos e daqueles esperados por puro acaso (Broughton, 1991; Radin, 1997).

As publicações dos estudos ocorreram tanto em jornais profissionais quanto em livros e, para definir essas linhas de pesquisa, Rhine criou, em 1937, o *Journal of Parapsychology* (*Jornal* ou *Revista de Parapsicologia*, em português). A quantidade e qualidade das pesquisas publicadas – em livros e revistas profissionais – evocou interesse e controvérsia científica, por meio de muitas críticas, dirigidas especialmente aos métodos utilizados por Rhine. A repercussão foi tamanha que alcançou a American Psychological Association (Associação Americana de Psicologia), que promoveu, durante uma convenção anual, uma mesa de discussão sobre tais métodos, incluindo três participantes favoráveis e três desfavoráveis à hipótese testada nos experimentos de Rhine, ou seja, a possibilidade de PES. Mesmo que o resultado de tal debate tenha sido favorável ao trabalho de Rhine, sendo ele aplaudido ao final, não houve uma abertura imediata para essa nova área de pesquisa na psicologia. Porém, esta se tornou mais tolerante e a repercussão estimulou outros pesquisadores a fazerem pesquisas semelhantes, tentando replicar o trabalho de Rhine, o que acabou ocorrendo na Universidade do Colorado e na Faculdade de Hunter, em Nova York (Martin; Stribic, 1938; Riess, 1937).

Quanto às publicações de Rhine, destacamos duas:

1. *Extra-Sensory Perception* **(1934)**: nessa obra, é descrito o desenvolvimento das técnicas de Rhine, em um crescente rigor científico. Essa publicação estimulou réplicas, como aquelas citadas anteriormente.
2. *Extrasensory Perception After Sixty Years: a Critical Appraisal of the Research in Extra-Sensory Perception* **(1940)**: publicada em parceria com seus colegas Gaither Pratt, Burke M. Smith, Charles E. Stuart e Joseph A. Greenwood (Pratt et al., 1940), nela são revisadas 145 pesquisas de PES desenvolvidas de 1880 a 1940, sugerindo forte evidência a seu favor. O livro recebeu muita atenção

da comunidade científica psicológica, sendo revisado extensivamente em jornais profissionais da área, os quais legitimaram essa linha de pesquisa. O impacto dessa publicação foi tamanho que a obra passou a ser considerada nas disciplinas introdutórias do curso de psicologia da Universidade de Harvard (Rhine et al., 1940; Radin, 1997; Irwin; Watt, 2007; Broughton, 1991).

Outro avanço significativo da área ocorreu com a fundação, em 1957, da Parapsychological Association (Associação de Parapsicologia), uma associação profissional internacional voltada à união e ao estímulo de pesquisadores interessados no campo. Atuante e importante até os dias atuais, a associação passou a integrar, em 1969, a American Association for the Advancement of Science (Associação Americana para o Progresso da Ciência), consolidando ainda mais o *status* científico da área.

O paradigma experimental de testes com respostas fechadas, iniciado por Rhine na década de 1930, sofreu uma mudança significativa na década de 1960, período em que ocorreu o movimento contracultural norte-americano, que inclui as experiências psicodélicas derivadas do uso de alucinógenos. Além de uma crítica explícita à sociedade materialista, essas "viagens" também visavam explorar níveis de consciência ampliados, o que motivou os pesquisadores a estudarem tais temas, relacionados à PES e a outras EAs.

A conexão entre as EAs e o uso de alucinógenos está presente em tradições da humanidade, bem como o uso de metodologias meditativas e o treino mental (da atenção, por exemplo). Textos clássicos de ioga, por exemplo, associam ao desenvolvimento meditativo capacidades excepcionais (*siddhis*), o que inclui praticamente todas as EAs. Historicamente, também os transes hipnóticos e os sonhos aparecem relacionados às EAs (Eysenck; Sargent, 1993; Zangari, 1996).

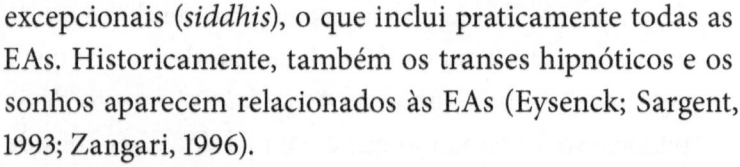

Foi nesse contexto e inspirada por essas tradições que surgiu uma nova metodologia: a de **respostas livres**. Rhine descobriu que, ao longo dos testes de respostas fechadas, havia um declínio dos resultados. Isso poderia ser ocasionado pela repetição monótona e/ou cansativa de "infindáveis" testes com cartas.

Os novos métodos buscavam simular no ambiente experimental aquelas circunstâncias favoráveis aos fenômenos estudados, que alegadamente ocorriam de forma espontânea na vida das pessoas. Os métodos de respostas livres envolviam **estados modificados de consciência (EMC)**, como aqueles obtidos pela meditação, pela privação dos sentidos sensoriais, pelo relaxamento progressivo, pelo dormir e sonhar e, ainda, por sugestões hipnóticas. Nesses métodos, os participantes não tinham escolhas predefinidas (respostas fechadas), podendo expressar de forma livre sua subjetividade, ou seja, as experiências vividas por eles, que incluíam seus sonhos e fantasias (imagens mentais), percepções corporais, emoções, sentimentos e pensamentos. Diferentemente dos testes de resposta fechada, mais voltados a evidenciar ou provar a existência da psi, os testes de resposta livre têm como enfoque o estudo do processo, ou seja, buscam compreender a natureza do fenômeno, objetivo para o qual tais métodos ainda têm colaborado, como indicaremos mais adiante (Eysenck; Sargent, 1993; Zangari, 1996; Radin, 1997; Palmer, 1998b).

Os testes de respostas livres mais pesquisados na atualidade incluem a pesquisa com sonhos, em que os participantes buscam obter uma informação extrassensorial quando estão dormindo e sonhando. O **método Ganzfeld** se inspira nas pesquisas com sonhos e nas práticas meditativas, visando produzir um EMC, algo semelhante a um "sonho acordado". Outro método muito usual é o da **visão remota** (*remote viewing* – RV), que não envolve necessariamente a modificação de consciência, mas solicita aos participantes que busquem "enxergar remotamente" uma informação-alvo. Em síntese, tais técnicas buscam criar uma situação experimental em que os voluntários têm como tarefa reconhecer ou apontar algum estímulo (um alvo) que se encontra longe do alcance de seus sentidos convencionais. No caso da técnica Ganzfeld, que é um verdadeiro "clássico" nesse tipo de pesquisa, a configuração típica inclui duas pessoas, cada qual em uma sala isolada e distante da outra. Uma delas é o "emissor" (ou *sender*, em inglês), que tem a tarefa de tentar comunicar mentalmente à outra, o "receptor" (ou *receiver*, em inglês), alguma imagem sorteada pelo computador à sua frente. Enquanto isso, o receptor fica em uma sala com aparatos que buscam criar uma atmosfera de relaxamento e isolamento sensorial – condições essas que favoreceriam, em teoria, a captação mental da imagem, caso a psi realmente exista. O receptor é encorajado a relatar tudo o que está sentindo e percebendo. Após esse momento, ele é apresentado tipicamente a quatro imagens em uma tela de computador, sendo uma delas aquela sorteada para o emissor. Ao mesmo tempo que são estudados os relatos dos receptores, em busca de eventuais compatibilidades significativas com as imagens pretensamente enviadas pelos emissores, seus erros e acertos objetivos ao tentar identificar a imagem correta entre as quatro exibidas na fase final são registrados e comparados com a margem de acertos esperada pelo acaso (o famoso "chute"). Se a margem de acerto difere do que é esperado pelo acaso de modo estatisticamente significativo, têm-se evidência interessante sobre a ocorrência de um processo efetivamente anômalo. Discutiremos mais adiante os resultados concretos dessas pesquisas.

Preste atenção!

A revolução tecnológica característica dos anos 1990 trouxe nova mudança aos métodos de pesquisa, que passaram a integrar sistemas digitais ou computadorizados. A pesquisa passou a dar enfoque novamente à prova da hipótese psi, com destaque para a repetição de estudos de forma sistemática (replicação), buscando-se avaliar grandes conjuntos de dados, como, por exemplo, os resultados de décadas de um tipo de pesquisa por meio de métodos estatísticos, com destaque para as metanálises[3]. Com o desenvolvimento teórico da física, com destaque para a mecânica quântica, alguns pesquisadores também passaram a dirigir sua atenção a modelos físicos que pudessem auxiliar na compreensão dos fenômenos estudados. Por fim, as pesquisas também se voltaram para os aspectos pragmáticos desses hipotéticos fenômenos,

---

3 *Metanálises* são estudos que comparam sistematicamente outros estudos, desde que estes compartilhem – sob certos critérios – as mesmas hipóteses e métodos. Trata-se de um tipo de pesquisa bastante utilizado em diversas áreas, como medicina, psicologia e ciências sociais, permitindo uma organização do campo e uma visão conjunta das pesquisas (Radin, 1997).

explorando a hipótese de que seria possível aplicá-los voluntariamente em diferentes aspectos da vida, como a profissional e a pessoal (Palmer, 1998b).

1.2.1
Principais centros de pesquisa de parapsicologia e psicologia anomalística

Após a exposição de alguns dos principais atores, grupos e instituições envolvidos no estudo da parapsicologia e da psicologia anomalística desde o século XVIII, convém sumarizar, para fins de organização e consulta, alguns centros de pesquisa ainda em atividade (ou em atividade até pouco tempo) pelo mundo.

Reino Unido

O Reino Unido destaca-se no cenário internacional, com cursos de Psicologia acolhendo em nível de mestrado e doutorado pesquisas relacionadas à psi ou, de modo mais amplo, à psicologia anomalística e áreas afins. Veja alguns exemplos:

- **Universidade de Lancaster – Dr. Craig Murray:** pesquisa de EAs como EFC, experiências de quase morte (EQM) e de fim da vida.
- **Universidade de York – Dr. Robin Wooffitt:** pesquisa de fenômenos anômalos e estados excepcionais de consciência.
- **Universidade de Derby – pesquisador Ian Baker:** estudos de "olhar remoto" (fitar a distância), ensino e supervisão de pesquisa.

- **Universidade de Londres – Goldsmiths – Anomalistic Psychology Research Unit (APRU) – Dr. Chris French**: pesquisas nas áreas de psicologia anomalística, abordagens evolucionárias, aspectos desenvolvimentistas da crença no paranormal e psicologia das teorias conspiratórias.
- **Universidade de Coventry – Brain, Belief and Behavior Research Group – Dr. Miguel Farias**: os objetos de estudo incluem psicologia da religião, psicologia anomalística e psicologia das crenças em geral.
- **Universidade de Northampton – Centre for the Study of Anomalous Psychological Processes (CSAPP) – Chris Roe, Richard Broughton e Deborah Delanoy**: pesquisas em Precognição implícita (pressentimento), metanálises, psicologia transpessoal, emoção mediando a intuição; intuição e tomada de decisão nos negócios; atenção plena como ajuda no enfrentamento para os alunos do ensino secundário; labilidade e desempenho PK, condições ideais para efeitos PK-RNG utilizando o I Ching; resposta instrumental mediada por psi (*Psi-Mediated Instrumental Response* – PMIR); Ganzfeld; telepatia por telefone (o estudo do fenômeno alegado por muitas pessoas em que, ao se pensar em alguém, tal pessoa quase imediatamente lhes telefona); sincronicidade; fenômenos fantasmagóricos; habituação retroativa; otimização de curas a distância (CD).
- **Universidade de Hertfordshire – Perrott-Warrick Research Unit**: avaliação crítica da evidência do paranormal; psicologia da ilusão, da mentira e da fraude; testemunho em relação a alegações do paranormal; psicologia da intuição; e linguagem e falsas memórias.

- **Universidade de Liverpool Hope – Parapsychology Research Group**: estudos sobre aspectos experienciais do paranormal; metáfora e abordagens leigas para o paranormal; abordagens qualitativas da pesquisa parapsicológica; relações entre EAs e saúde mental; pesquisa Ganzfeld; estudo de alegações de paranormalidade ostensiva; e testes de PES.
- **Universidade Liverpool John Moore – Consciousness and Transpersonal Psychology Research Unit**: pesquisas nas áreas de psicologia transpessoal e paranormalidade; psicologia e parapsicologia em relação à sorte; estudos interinstitucionais de PES por meio da técnica Ganzfeld.
- **Universidade de Edimburgo (Escócia)** – Unidade Koestler de Parapsicologia: pesquisas de PES (por exemplo, Ganzfeld, sonhos precognitivos) e PK, crenças e experiências relacionadas à psi, fraude, enganos e testemunhos, temas conceituais e históricos. Em virtude de seu caráter histórico diferenciado, aqui vale uma descrição um pouco mais detalhada. O responsável foi o Dr. Robert L. Morris (1942-2004), que atuou por 19 anos como chefe da Cátedra Koestler de Parapsicologia do Departamento de Psicologia da Universidade de Edimburgo. Morris supervisionou 27 doutorandos em pesquisa psi, sendo que 18 deles conseguiram posições acadêmicas em outras universidades, o que lhes permitiu ensinar e pesquisar sobre o tema das EAs em variados contextos. As áreas de pesquisa incluem: mecanismos da experiência psi; aspectos históricos da pesquisa psi, efeitos do experimentador; efeitos bioeletromagnéticos; pesquisas Ganzfeld; efeitos da influência direta da mente sobre sistemas vivos; micropsicocinesia (micro-PK); e volição.

Suécia

- **Universidade de Gotemburgo – Dr. Adrian Parker**: conta com pesquisas em seu Departamento de Psicologia, direcionadas a estudos Ganzfeld e com gêmeos.
- **Universidade de Lund**: conta com o Centro para Pesquisa da Consciência e Psicologia Anômala, também acolhido pelo seu Departamento de Psicologia. Realiza estudos com a técnica Ganzfeld e sobre hipnotismo e psi.

Alemanha

- **Institut für Grenzgebiete der Psychologie und Psychohygiene (IGPP) em parceria com a Universidade de Friburgo – Wolfgang Ambach, Jiri Wackerman, Dieter Vaitl e Harold Atmanspacher**: seus estudos incluem modelos teóricos, testes de informação oculta e correlações de eletroencefalograma (EEG) com participantes distantes.
- **Universidade de Friburgo – Dr. Stefan Schmidt**: conta com estudos de metanálise, pesquisa de cura e meditação. Associado ao Instituto Samueli.

Austrália

- **Universidade de Adelaide – Anomalistic Psychology Research Unit**: sob coordenação do pesquisador Lance Storm, suas áreas são alegações de abduções por extraterrestres e os relatos dos abduzidos em relação às suas habilidades psíquicas; experiências místicas; e experimentos psi com grupos especiais de sujeitos, como céticos, cegos e jogadores.

Estados Unidos

- **Universidade de Virgínia**, no setor de estudos da percepção.
- **Universidade do Novo México e Faculdade West Georgia**, ambas no Departamento de Psicologia.
- **Universidade Saybrook**, com a disciplina de Estudos da Consciência.
- **Universidade de Cornell**.

Japão

Importante colaborador da pesquisa psi brasileira, o Japão tem atividades relacionadas à psi nas seguintes organizações:

- **Universidade de Meiji – Science Communication Laboratory**, sob responsabilidade do doutor Takeshi Shimizu, do professor Masato Ishikawa e do doutor Tatsu Hirukawa.
- **International Research Institute (IRI)**, sob responsabilidade de Hideyuki Kokubo.
- **International Society of Life Information Science**.

Itália

- **Università di Padova – Dipartimento di Psicologia Generale**: sob responsabilidade do doutor Patrizio E. Tressoldi, conta com pesquisas sobre EP e correlações entre EEG e metanálise.

Holanda

- **Universidade de Amsterdam – Dr. Dick Bierman:** pesquisas em EP, aprendizagem em precognição implícita e desenvolvimento de modelos teóricos para psi.

Islândia

- **Universidade da Islândia – Erlendur Haraldsson:** levantamento de experiências paranormais e lembranças de supostas vidas passadas.

1.3
Parapsicologia e psicologia anomalística no Brasil

Uma vez sintetizada a história do estudo psicológico do "paranormal" em outros países, precisamos fazer o mesmo em relação ao Brasil. Como demonstraremos, aqui a história adquire contornos muito próprios, o que a torna bastante interessante.

1.3.1
Uma visão geral do contexto brasileiro

Após a contextualização história geral, vamos explorar, no Brasil, alguns dos diversos grupos e instituições voltados à pesquisa de EAs e fenômenos psi.

Para fins de organização, consta a seguir uma exposição mais ordenada, na qual informamos os anos de fundação e os locais das respectivas organizações.

Instituto Brasileiro de Pesquisas Psicobiofísicas (IBPP) – São Paulo, 1963

O presidente do instituto era o engenheiro Hernani Guimarães Andrade (1913-2003), que se destacou no meio espírita por seus trabalhos de pesquisa e experimentação em parapsicologia. Escreveu vários livros e artigos nos quais discute questões relativas à sobrevivência humana, à morte e a fenômenos paranormais.

Centro Latino-Americano de Parapsicologia (Clap) – São Paulo, 1970

O Clap foi fundado e coordenado pelo padre e parapsicólogo Óscar González-Quevedo Bruzón (1930-2019), ou simplesmente Padre Quevedo. O Clap atuou no estudo e na pesquisa de fenômenos parapsicológicos e temas afins, e ainda está ligado à difusão e à aplicação da parapsicologia.

Quevedo realizou uma obra impressionante do ponto de vista da quantidade de informação histórica sobre a parapsicologia que publicou. No entanto, também é evidente seu viés ideológico e teórico voltado a corroborar uma perspectiva religiosa católica, fato que fica mais notório na disputa que realizou com Andrade (do IBPP, citado anteriormente), entre as décadas de 1960 e 1990, cada qual utilizando a parapsicologia – ou o entendimento que faziam dela – para defender seus preceitos religiosos (Machado, 2009).

Instituto Pernambucano de Pesquisas Psicobiofísicas (IPPP) – Recife, 1973

Sob o comando de Valter da Rosa Borges (1934-), o IPPP oferta cursos básicos e de pós-graduação, além de vários estudos experimentais e de caso. A instituição também oferece auxílio didático a pessoas que relatam dificuldades relacionadas aos pretensos fenômenos psi. Ademais, realiza congressos e simpósios sistemáticos, bem como publica livros especializados sobre essa área.

Entre as pesquisas realizadas, podemos citar o artigo "Crença na paranormalidade e os fenômenos psi com estudantes universitários no Brasil" (Castro, 2010), no qual 21% dos 363 estudantes entrevistados relataram ter tido ao menos uma experiência psi.

Esse comentário breve sobre iniciativas e perspectivas nacionais não pretende sugerir uma validação de nossa parte a seu respeito – o que também ocorre em outros momentos deste livro. Contudo, a despeito das críticas que possam ser feitas, é necessário notar a influência desses agentes no cenário brasileiro da parapsicologia e, até mesmo – como reação –, da psicologia anomalística.

1.3.2
Breve histórico da pesquisa psi nas Faculdades Integradas Espírita (FIES)

O primeiro autor deste livro, Fábio Eduardo da Silva, teve seu desenvolvimento profissional atrelado às Faculdades Integradas Espírita (FIES), situada na cidade de Curitiba (Paraná), instituição na qual pôde desenvolver alguns estudos psi. Seja por reconhecimento e gratidão a essa instituição e seus fundadores (os professores Octávio Melchíades Ulysséa e Neyda Nerbass Ulysséa), seja por sua importância no apoio ao desenvolvimento da área em destaque, apresentamos a seguir uma síntese histórica da pesquisa psi nas FIES.

Em 1979, os professores Octávio e Neyda fundaram o curso livre de Parapsicologia, criando o contexto no qual as pesquisas psi seriam realizadas. Em 1984, chegou à instituição o professor Joe Garcia, que passou a lecionar duas disciplinas-chave para o futuro dos estudos psi na instituição: Parapsicologia Experimental, que ofertava a base teórica para a pesquisa; e Prática em Parapsicologia Experimental, que, como o próprio nome indica, contava com a realização de experimentos didáticos, apresentando aos estudantes os métodos utilizados na área.

Outro ator importante nesse contexto foi o psicólogo e pesquisador norte-americano Stanley Krippner, que, em 1987, encontrou o professor Joe no Primeiro Congresso Holístico Brasileiro e Internacional e, a partir dessa ocasião, estabeleceu com ele uma relação de cooperação, teórica e motivacional. Movido por esse estímulo, o professor Joe fundou, em 1988, um grupo de estudos sobre o método Ganzfeld. No ano seguinte, viajou aos Estados Unidos, onde conheceu a Universidade John Kennedy e seu curso de mestrado em Parapsicologia. Ele também visitou a Fundação para Pesquisa da Natureza do Homem (Foundation for Research on the Nature of Man – FRNM), criada por Rhine, na qual viria a realizar um curso de verão em 1991.

A FRNM mantinha um laboratório Ganzfeld, oportunizando ao professor Joe experiência e conhecimento teórico dessa técnica de pesquisa, os quais converteu na realização dos primeiros experimentos psi com os participantes sendo estimulados a relaxar.

Foi o começo de uma história que se seguiria nos anos seguintes, muito marcada pela presença do mentor internacional Dr. Krippner, que, em 1990, veio pela primeira vez às FIES para partilhar, de forma presencial, seu conhecimento e experiência, além de fornecer crucial apoio emocional.

Entre 1990 e 1991, o psicólogo Ceslau Z. Jackowski (1945-1998) conduziu várias pesquisas psi envolvendo a privação sensorial. Ele também coordenou o Laboratório de Parapsicologia Experimental das FIES durante esse período.

Durante o curso de verão de 1991 nos Estados Unidos, o professor Joe conheceu Kathy Dalton, que viria a realizar um doutorado na Universidade de Edimburgo (Escócia) com a técnica Ganzfeld nos anos seguintes. Ao voltar dos Estados Unidos, o professor Joe tentou criar o Núcleo de Pesquisa Ganzfeld (NPG), não tendo sucesso em função da inexistência de uma estrutura física adequada (Barrionuevo, 1994). Essa conquista seria realizada dois anos depois pelos professores Tarcísio R. Pallú e Vera L. O. C. Barrionuevo, que também fizeram o curso de verão na FRNM e, ao retornarem, com o apoio do professor Joe, finalmente implantaram o NPG em outubro de 1993 (Barrionuevo, 1994). O NPG conduziu uma série de estudos até 1996, quando a professora Vera não pôde mais continuar na instituição (Barrionuevo; Pallú, 1998; Barrionuevo; Pallú, 2000).

A convite do professor Carlos Alberto Tinoco, em 1997, o primeiro autor deste livro assumiu a responsabilidade de reabrir o Laboratório Ganzfeld, tarefa que foi amplamente auxiliada pelo professor Joe e pela pesquisadora Kathy Dalton, que nesse momento já cursava seu doutorado, justamente com a técnica Ganzfeld – ela veio ao Brasil para ofertar treinamento sobre o método.

Em 1998, o primeiro autor seguiu os passos de seus colegas, indo aos Estados Unidos fazer um curso de verão no Rhine Research Center – que antes se chamava FRNM. Em 1999, a estrutura física do laboratório foi aprimorada.

Com apoio dos pesquisadores Margareth A. Bleichwel, Celso C. Cordeiro, Sibele A. Pilato, Maurício Y. A. da Silva e Reginaldo Hiraoka, em 2000, o primeiro autor escreveu e submeteu um projeto de pesquisa à Fundação Bial de Portugal, que usualmente patrocina estudos sobre temas de fronteira. O recebimento dessa bolsa, em 2001, permitiu a aquisição de equipamentos e suprimentos para a condução e finalização da pesquisa *Ganzfeld e não Ganzfeld: testando a eficiência da técnica em si e em relação a outros fatores psi-condutivos*, em 2002 (Silva; Pilato; Hiraoka, 2003; Silva; Hiraoka; Pilato, 2003). Nesse mesmo ano, com a ajuda do analista de sistemas Renato Collin e dos pesquisadores Sibete Pilato e Reginaldo Hiraoka, o primeiro autor escreveu e submeteu novo projeto, *Ganzfeld digital fisiológico: em busca de uma medida mais objetiva para psi*, à mesma instituição, novamente vindo a ser contemplado com recursos para três anos. O montante recebido permitiu a ampliação da estrutura física e tecnológica do laboratório original, adicionando dois laboratórios extras: de interação mental direta sobre sistemas vivos (Direct Mental Interaction on Living Systems – DMILS) e micro-PK. Isso permitiu a criação do Centro Integrado de Pesquisa Experimental (Cipe).

Com as pesquisas em fluxo positivo, o primeiro autor e seus colegas citados deram início à realização de eventos científicos, os "Encontros Psi". Foram sete ao todo, sendo o primeiro de abrangência nacional e os demais com pesquisadores de diferentes países, como Estados Unidos, França, Israel, Chile, Argentina, Japão e Reino Unido. Ocorreram de 2002 (I) a 2011 (VII).

Preste atenção!

O VII Encontro Psi, intitulado *Pesquisa Psi e Psicologia Anomalística*, ocorreu em Curitiba, dias 17 e 18 de agosto de 2011. Participaram cerca de 70 pessoas de vários estados brasileiros e de oito países (Estados Unidos, Rússia, Japão, Inglaterra, Suécia, Argentina, México e Alemanha), bem como 21 instituições educacionais e/ou de pesquisa nacionais e 23 internacionais. Imediatamente após esse encontro, entre os dias 18 e 21 do mesmo mês, ocorreu a 54ª Convenção Anual da Associação Parapsicológica, primeira edição realizada em um país latino-americano, integrando notórios pesquisadores da Alemanha, do Brasil, da Argentina, dos Estados Unidos, da Hungria, da Finlândia, da Islândia, do México, do Japão, do Reino Unido, da Suécia e da Rússia.

Em 2004, com a realização do II Encontro Psi, iniciou-se a colaboração internacional entre o Cipe e cientistas japoneses. Um deles, o biofísico Hideyuki Kokubo, pesquisador sênior do International Research Institute, ofertou treinamentos e conduziu pesquisas colaborativas em DMILS e clarividência. O outro, Tatsu Hirukawa, antropólogo da Universidade de Meiji, também propiciou treinamento técnico e permitiu estudos colaborativos com micro-PK, linha de pesquisa do campo da consciência, por meio de geradores de números aleatórios (*random-number generator* – RNG).

Em um dos estudos cooperativos, propiciados pela interação com o professor Kokubo, em 2005 (Silva et al., 2008), verificamos se pacientes autistas poderiam modificar seu quadro clínico a partir da intenção mental distante de pessoas que se sentem capazes de "curar" ou influenciar organismos humanos a distância. Essa pesquisa foi concluída em 2006 e se constituiu em um esforço colaborativo de cientistas brasileiros, japoneses, chilenos e peruanos. Naquele ano, ainda com o direcionamento de Kokubo, realizamos também um treinamento sobre "ação mental diretamente sobre os sistemas vivos" usando como medida a resistividade elétrica da pele. Em síntese, nessa ação, um participante tentava influenciar, em momentos aleatórios, o organismo de outro, no sentido de aumentar o alerta dessa pessoa – com a qual tinha um vínculo afetivo.

Entre 2007 e 2008, foi dada continuidade a algumas pesquisas e tivemos de interromper o estudo *Ganzfeld Digital Fisiológico* (Silva; Pilato; Hiraoka, 2005), custeado pela bolsa da Fundação Bial, porque o sistema informatizado, no qual a pesquisa seria realizada, não foi concluído pelos profissionais contratados. A inexperiência na elaboração e na gestão dos contratos levou à falência na execução da valiosa bolsa recebida.

De 2006 a 2009, o primeiro autor desenvolveu sua pesquisa de mestrado no Departamento de Psicologia Social e do Trabalho da Universidade de São Paulo (USP), mapeando pesquisas que buscavam treinar ou facilitar pretensas habilidades psi. Essa pesquisa está relacionada a práticas de grupo voltadas ao autoconhecimento, realizadas por este autor nas FIES desde 1996. Entre 2002 e 2008, essas práticas foram sistematizadas e dirigidas ao desenvolvimento interpessoal e intuitivo (psi). Esse trabalho se inspirou na disciplina de Vivências para Autoconhecimento (Vipac), desenvolvida pela professora Neyda Nerbass Ulysséa para o curso de Parapsicologia citado anteriormente. A ideia básica é que, se a psi existe, talvez possa ser treinada. Essa experiência é indicada adiante neste livro e o artigo que a sumariza foi apresentado na 54ª Convenção Anual da Associação de Parapsicologia (Silva, 2011).

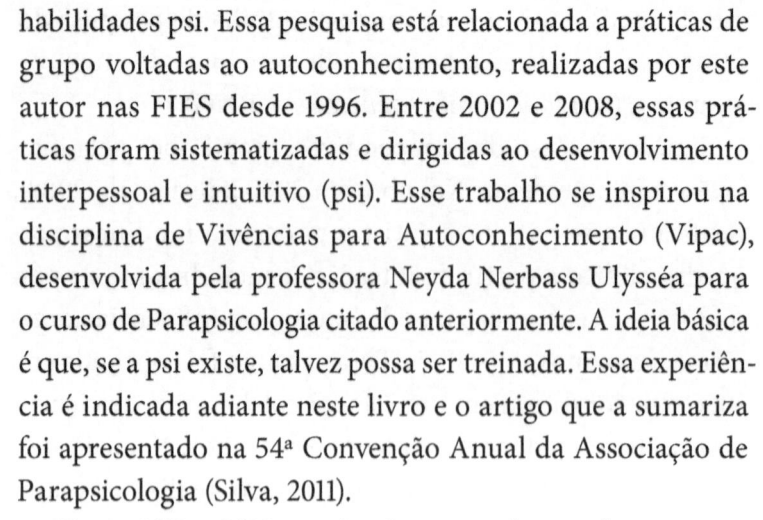

Entre 2010 e 2013, o primeiro autor desenvolveu seu trabalho de doutorado, com estágio no Instituto de Ciências Noéticas, na Califórnia (Silva, 2014). O estudo experimental buscou replicar o EP, isto é, a reação fisiológica antecipada a estímulos emocionais. A parte brasileira da pesquisa foi desenvolvida no Cipe. A ideia básica é que as experiências psi possam predominantemente ocorrer de forma não consciente (como intuição). Se isso estiver correto, como sugerem os estudos, inclusive o dessa tese, isso pode representar uma mudança na abordagem de treinamento da psi. Essa foi a razão da realização da pesquisa: abrir novos horizontes para explorar a possibilidade de "desenvolver" a eventual psi, ou melhor, para treinar a percepção para percebê-la e, talvez, em alguns momentos, até usá-la deliberadamente.

Estudo semelhante também foi desenvolvido nesse período, que buscava treinar a intuição psi de estudantes da Escola André Luiz, mas adicionando uma variável nutricional, o Omega-3 (Silva; Dias; Carvalho, 2011). Seguindo a mesma perspectiva, desenvolvemos um estudo buscando treinar a intuição de corretoras de imóveis em uma imobiliária em Curitiba (Itice; Pianaro; Silva, 2011) e outro para verificar se pessoas que se autodenominam curadores psíquicos poderiam influenciar para mais ou para menos o crescimento da aveia (Presezeniak; Silva; Gerhardt, 2011). Também se estudou se uma técnica de modificação de consciência, chamada *Psichomanteum*, poderia influenciar na elaboração do luto de entes queridos que faleceram em período relativamente próximo, cerca de um ano e meio (Niebuhr; Paciornik; Silva, 2011).

Esses estudos seguem uma direção específica, que é explorar se a **psi pode ser aplicada na sociedade**. Os resultados de alguns deles foram animadores (Silva, 2011; Itice; Pianaro; Silva, 2011; Presezeniak; Silva; Gerhardt, 2011; Niebuhr; Paciornik; Silva, 2011), mas não tiveram continuidade, pois, em dezembro 2013, as FIES entraram em uma situação econômica difícil.

Os estudos psi realizados nas FIES tiveram também outra vertente: o Instituto Nacional de Pesquisas Psicobiofísicas (INPP). O INPP foi criado em 1982 pelo professor Ulysséa e teve como diretores o casal Cristina T. C. Rocha e Luciano Rocha, bem como Nilton Rocha. O INPP se inspirou amplamente no IBPP, fundado por Hernani Guimarães Andrade na década de 1960, que tinha como ênfase o estudo de fenômenos sugestivos da hipótese de que a vida permanece após a morte do organismo físico. Durante os anos 1980, Cristina conduziu pesquisas e estabeleceu parcerias nacionais e internacionais de pesquisa.

Na década de 1990, quem assumiu o INPP foi o professor Reginaldo Hiraoka, concentrando seus esforços na divulgação e interação social do instituto, promovendo, por exemplo, palestras e eventos de caráter didático. Na gestão do professor Hiraoka, o INPP foi parceiro do Cipe na colaboração de treinamento e pesquisa Brasil-Japão, descrita anteriormente, bem como nas edições do Encontro Psi. Como Hiraoka também fora aluno do curso de Parapsicologia e da disciplina de Vipac, sob sua orientação e em parceria com a pesquisadora Sibele A. Pilato e o músico José Márcio Martins de Souza, o INPP criou a Unidade de Estudos e Pesquisas da Função Psi e Práticas Vivenciais (Unepsi), grupo de práticas de experiências psi, visando estudá-las e encontrar formas de estimulá-las.

1.3.3
Do Eclipsy ao nascer do sol: InterPsi – USP

No ano de 1984, na cidade de São Paulo, nasceu o Grupo Científico de Pesquisas em Parapsicologia Eclipsy, nome que derivou de uma analogia com o fenômeno astronômico (quase) homônimo. De acordo com um dos fundadores do grupo, o então estudante de psicologia Wellington Zangari (citado por Machado, 1993, p. 37),

> o fenômeno astronômico do eclipse sempre foi alvo de crenças as mais variadas em todas as culturas e épocas. Apesar dessas interpretações, a ciência trata tal fenômeno como natural. Assim, sempre ocorreram e ocorrem os fenômenos psi (ou

parapsicológicos). Embora existam as mais diversas crenças a respeito desses fatos, a ciência os coloca como manifestações naturais, humanas. Foi para investigar tais experiências humanas de forma absolutamente científica que esse grupo se reuniu.

As reuniões iniciais envolviam em torno de quatro pessoas, que se revezavam na condição de anfitriões para estudar obras parapsicológicas e temas afins. Nos anos seguintes, contudo, o grupo aceitou diversos novos membros e assumiu uma sede própria, além de realizar experimentos Ganzfeld e outros sobre PES e PK. Em 1990, o grupo se tornou efetivamente um instituto, o Eclipsy – Instituto de Investigações Científicas em Parapsicologia, época em que também cursos e conferências passaram a ser sistematicamente oferecidos (Machado, 1993).

Uma grande mudança ocorreu em 1992, quando Zangari se tornou professor na Universidade Anhembi Morumbi, também em São Paulo. Isso o motivou a migrar o Eclipsy para essa instituição, além da redefinição de seu nome: Inter Psi – Instituto de Pesquisas Interdisciplinares das Áreas Fronteiriças da Psicologia.

Em 2000, o Inter Psi migrou para a Pontifícia Universidade Católica de São Paulo (PUC-SP), juntamente com seus coordenadores Zangari e Fátima Machado, onde permaneceu por dez anos. Finalmente, em 2010, o InterPsi foi estabelecido de modo definitivo no Instituto de Psicologia da USP, já sob o nome Inter Psi – Laboratório de Psicologia Anomalística e Processos Psicossociais. Apenas recentemente houve a mudança para InterPsi – Laboratório de Estudos Psicossociais: Crença, Subjetividade, Cultura & Saúde.

Ao longo dessa trajetória acadêmica, os membros do InterPsi, capitaneados por Zangari e Machado, ofereceram diversos cursos de extensão universitária e disciplinas acadêmicas de graduação e pós-graduação sobre EAs, psicologia da religião, ciência cognitiva da religião (CGR), hipnose, mágica (ilusionismo) e temas afins, além de orientarem e supervisionarem diversos mestrandos, doutorandos e pós-doutorandos em pesquisas relacionadas a esses assuntos.

Com a diversificação das atividades do InterPsi, seus membros passaram a coordenar, junto com Zangari e Machado, grupos de estudo derivados e vinculados a esse laboratório: IlusoriaMente – Grupo de Estudos Interdisciplinares da Percepção e da Arte Mágica; COG-R – Grupo de Estudos de Ciência Cognitiva da Religião; GeHip – Grupo de Estudos de Psicologia da Crença: Hipnose e Estados Alterados de Consciência; MeditativaMente – Grupo de Estudos de Psicologia da Crença: Práticas Meditativas; Gepsirel – Grupo de Estudos de Psicologia da Crença: Psicologia da Religião; Gema – Grupo de Estudos de Psicologia da Crença: Epistemologia e Metodologia de Pesquisa da Crença; e o Núcleo Clínico, este dedicado ao manejo clínico de EAs.

De forma semelhante ao que houve com Bob Morris na Inglaterra, a trajetória e o trabalho do InterPsi inspiraram o surgimento de diversos grupos de pesquisas pelo Brasil, muitos deles coordenados por ex-orientandos de Zangari: Geppapsirel – Grupo de Estudos e Pesquisas em Psicologia da Religião (da Uniceuma, no Maranhão); Gruppa – Grupo de Pesquisa em Psicologia Anomalística e Processos Psicossociais (da Unesc, em Santa Catarina); e Instituto Neuropsi e Giepar – Grupo Interdisciplinar de

Estudos em Psicologia Anomalística e da Religião (no Paraná, sendo o último sediado no Conselho Regional de Psicologia). Além dos grupos citados, há o *Unusual in Psychology* no Rio Grande do Sul, dedicado aos mesmos temas. Diante de tantos grupos derivados e/ou parceiros, Zangari e Machado criaram a Rede Brasileira de Psicologia Anomalística, que unifica e organiza o trabalho coletivo em favor do campo.

Como é possível perceber, foram muitos os atores, grupos e instituições que possibilitaram o atual estado das pesquisas, cursos e eventos sobre EAs em geral e relativas à psi em particular. Em diversos níveis, o conteúdo deste livro se deve a esses agentes históricos.

1.4
Aspectos cognitivos e experiências anômalas (EAs)

Como mencionamos, as EAs são, antes de tudo, eventos subjetivos. As pessoas protagonizam episódios que, por diversas razões, consideram excepcionais, "paranormais", "sobrenaturais". Portanto, as experiências são anômalas, a princípio, porque são interpretadas como tal por quem as vivencia – ou por aqueles que sabem a seu respeito, como pesquisadores. Por isso, precisamos compreender os processos cognitivos pelos quais interpretamos a realidade em geral e as EAs em particular. Ao mesmo tempo, precisamos recordar as definições já apresentadas de crença, experiência, alegação e fenômeno. Independentemente da presença ou não de um fenômeno anômalo, a EA é possível, assim como crenças e relatos associados.

Podemos segmentar, em três níveis essenciais, os processos cognitivos ligados ao entendimento do que seja uma EA: (1) processos biológicos; (2) processos de ordem social e histórica; e (3) processos psicológicos ligados à história individual. Comecemos pelos processos biológicos.

Todos nós, como representantes da espécie *Homo sapiens*, temos características que afetam ou mesmo embasam o modo como processamos a realidade. Incontáveis descobertas feitas, especialmente ao longo do século XX, indicam que, diferentemente do que propunha o filósofo inglês John Locke, com sua ideia da *tabula rasa*, o ser humano não nasce como uma folha em branco a ser preenchida com seus aprendizados ao longo da vida; ao contrário, já temos diversos direcionamentos cognitivos. É impossível apresentar todas essas características humanas, tendo em vista sua quantidade e sua complexidade, mas perpassaremos os pontos imediatamente de interesse para o tema das EAs.

Entre tais características está a tendência humana (e mesmo de outras espécies) a **reconhecer/criar padrões**. Em outras palavras, tendemos a organizar os estímulos percebidos da realidade de forma a ganharem sentido, mesmo que tal sentido não seja intrínseco. Tais padrões podem ser referentes ao espaço, ao tempo ou ao significado.

Com relação ao espaço, tendemos a organizar os estímulos do ambiente de um modo a torná-los reconhecíveis. Um exemplo popular é o fenômeno da **pareidolia**, pelo qual enxergamos rostos em manchas nas paredes, formas de animais ou de objetos nas nuvens etc. Pela pareidolia, o caótico aleatório se torna familiar.

Já quanto ao tempo, tendemos a associar eventos que ocorrem simultaneamente ou em sequência, como se tivessem uma associação direta. Pensemos no seguinte exemplo: se nosso time vence a partida logo no dia em que estreamos um par novo de meias, elas se tornam as "meias da sorte". Essa é uma das bases fundamentais da formação do comportamento supersticioso tal como descrito, entre outros autores, por Skinner (1948).

Por fim, quanto ao **significado**, tendemos a associar eventos e estímulos que têm significado emocional para nós, ou quando a associação em si é subjetivamente significativa. Por exemplo, um pingente adornado com símbolos religiosos pode acompanhar uma pessoa toda vez que ela se submete a uma prova, pois ela se sente protegida por sua entidade de devoção.

Muitas EAs podem ser entendidas como tal na perspectiva desses vieses humanos de detecção de padrões. Quanto aos padrões espaciais, temos um exemplo famoso, mas de nenhuma forma único: a aparição de Nossa Senhora em uma janela na cidade de Ferraz de Vasconcelos, em 2002. Houve grande comoção popular pelo surgimento de uma mancha na vidraça de uma residência, que passou a ser conhecida como "a Santa da Vidraça". As formas da mancha remetem, visualmente, aos contornos da referida figura religiosa, o que bastou para que a casa se tornasse objeto de peregrinação e local de milagre (Zanotto, 2022). O caso foi investigado por Zangari e Machado, pesquisadores do InterPsi – USP. A explicação científica para o fenômeno (um efeito químico prosaico, somado à tendência humana da pareidolia) não demoveu os fiéis de sua devoção.

Já no que se refere aos padrões temporais, podemos citar como exemplo sonhos em algo ambíguos ou que apresentem elementos culturalmente repletos de significados. Como mencionamos, se uma pessoa sonha com um corvo, por exemplo, esse sonho pode facilmente ser considerado premonitório se alguém próximo ao sonhador falece nos dias subsequentes, ainda que a associação entre o sonho e a ocorrência eventualmente não exista. Finalmente, padrões motivados pelo significado podem ocorrer, entre tantas possibilidades de exemplo, quando uma pessoa sobrevive a um perigo grave, emocionalmente impactante e de modo aparentemente improvável, atribuindo a ocorrência a um milagre ou algo semelhante.

> **Importante!**
>
> Diversas outras características humanas sugestivamente inatas e que contribuem para as EAs são estudadas por uma área conhecida como *ciência cognitiva da religião* (CGR), que busca compreender, sob perspectiva evolucionista, processos cognitivos humanos que embasam experiências religiosas (Barrett, 2007).

É importante destacar que experiências religiosas e EAs não são sinônimas, como quando alguém reza brevemente antes de começar mais um dia de trabalho. Contudo, em diversas situações, ocorrem sobreposições entre os dois tipos de experiência, como quando alguém pretensamente vê um anjo ou um demônio. Além disso, muitas das bases cognitivas desses dois tipos de experiência são as mesmas. Entre essas bases está a tendência humana, verificada nas mais diversas culturas, de inferir a presença de "alguém" em ambientes e situações com qualquer ambiguidade. Todos nós vivemos casos cotidianos disso, como quando ouvimos um som não familiar em casa durante a madrugada e prontamente nos vêm à mente a possibilidade de que haja um invasor. Processo cognitivo essencialmente semelhante ocorre quando vemos algo incerto com a visão periférica e, assustados, nos preparamos para correr ou lutar. Os exemplos são infinitos.

A perspectiva mais recente e fundamentada em pesquisas que temos a esse respeito compreende que possuímos um viés cognitivo chamado **dispositivo hipersensível de detecção de agentes** (*hypersensitive agency detection device* – Hadd), que nos leva a "detectar" presenças (agentes) mesmo quando não há (Barrett, 2004).

A mesma tendência pode ser facilmente generalizada em situações cotidianas em que algo ambíguo acontece. Nesse tipo de contexto, de modo involuntário, tendemos a cogitar como responsável uma entidade sobrenatural, como quando uma graça altamente improvável pelo acaso nos acomete, ou quando um infortúnio de aparência punitiva se segue a um erro nosso de ordem moral. Outros vieses envolvem a tendência humana a inferir um sentido último à realidade e a atribuir características humanas a agentes sobrenaturais (Zangari et al., 2019). Tais tendências podem facilmente nos impelir (especialmente quando somadas) a "sentir" a presença de agentes sobrenaturais com propósitos e características humanas, como espíritos, alienígenas e outras entidades, os quais seriam responsáveis por salvar nossa vida, curar doenças etc.

Outros vieses cognitivos sugestivamente inatos também entram em cena em favor das EAs. Entre eles, a memória é um processo cognitivo dinâmico de criação de novas lembranças. Toda vez que nos recordamos de algo, o cérebro mistura registros do que realmente aconteceu com crenças e expectativas sobre o que poderia/deveria ter acontecido e todo tipo de imprecisões adicionais – e tudo isso de modo inconsciente. Do ponto de vista de quem evoca tais memórias, elas são realistas e fidedignas, como se fossem fotografias ou filmes que registraram objetivamente fatos passados. Todavia, tal impressão não poderia ser mais incompatível com o que realmente ocorre (Loftus, 1997).

Boa parte das EAs são assim reconhecidas em virtude das **falsas memórias**. Grande parte das vivências de sequestros por alienígenas (conhecidos popularmente como *abduções*), por exemplo, estão fundamentadas em memórias recuperadas por hipnose, procedimento que, sabidamente, potencializa distorções de memória ao mesmo tempo que dá à testemunha uma poderosa impressão subjetiva de que a experiência, de fato, ocorreu (Clancy, 2005). Um exemplo mais cotidiano vem de sessões de leitura psíquica (como leitura de mãos e leitura de aura) em que, corriqueiramente, o consulente transmite (inclusive de forma bastante direta e verbal) certas informações ao vidente e, depois, não se recorda de tê-lo feito, atribuindo justamente ao vidente tais informações.

Para saber mais

Para um entendimento mais aprofundado dessa questão, sugerimos a leitura da obra a seguir.

CORINDA, T. **13 Steps to Mentalism**. Cranbury: D. Robbins & Company, 1996.

Outro fator de ordem cognitiva que modela decisivamente as EAs é o apego às crenças. Todos nós temos crenças nos mais diversos domínios da vida, da religião à ciência, incluindo crenças sutis e inconscientes sobre o ambiente em que estamos, as pessoas que conhecemos etc. E isso é fundamental à sobrevivência e ao bom ajustamento pessoal no cotidiano. Imagine se, a cada passo que déssemos, não acreditássemos na segurança do pavimento e questionássemos se aquele trecho do chão está firme. Imagine desconfiar de cada porção de comida que ingerimos, de cada cadeira em que nos sentamos, de cada preservativo que utilizamos. Nós assumimos como verdadeiras diversas crenças cotidianas e, como a experiência nos mostra, tendemos a estar corretos: o chão é quase sempre firme, as cadeiras são quase sempre seguras, os métodos contraceptivos são quase sempre eficazes. Na ausência de motivos imediatos para duvidar, sustentamos automaticamente uma infinidade de crenças.

Um subproduto desse viés, contudo, é que tendemos a ser resistentes a abandonar crenças consolidadas, mesmo diante de evidências contrárias, o que impacta o domínio das EAs. Tendemos também a validar continuamente nossas crenças, mesmo que a balança das evidências não esteja favorável. Um exemplo histórico disso, mas de forma alguma distante da realidade cotidiana, pode esclarecer esse ponto. Em 1954, um grupo de pretensos contatados por alienígenas, liderado por uma dona de casa conhecida como Marian Keech, aguardava o fim do mundo para o dia 21 de dezembro. Os membros do grupo, segundo a profecia, seriam resgatados da Terra no último momento, e, para isso, se prepararam e permaneceram rezando e aguardando ao longo daquela noite. À medida que o dia seguinte começava a chegar, os participantes do grupo ficavam cada vez mais agitados e apreensivos, até que Keech avisou que os alienígenas haviam acabado de informá-la de que o mundo não seria mais destruído. Segundo a nova informação, o grupo se mostrou tão diligente em sua missão que conseguiram salvar o planeta. Em vez de encararem a falha da profecia com desconfiança, os membros do grupo se tornaram ainda mais devotos, pois acreditaram ainda mais fortemente que vivenciaram um contato profundo e transformador com alienígenas (Festinger; Riecken; Schachter, 1956). Perceba, novamente, o papel das crenças sobre a compreensão de determinadas experiências como anômalas ou extraordinárias.

A tendência a menosprezar novas evidências e a fazer ajustes cognitivos para manter crenças anteriores ocorre no cotidiano nos mais diversos domínios, da crença na honestidade inabalável de políticos por parte de seu eleitorado à veracidade de fenômenos paranormais que acabam por orientar a interpretação extraordinária que fazemos de episódios prosaicos.

Aliado a esse ponto, temos o chamado **viés da perseverança da crença**. Em termos mais simples, tipicamente são necessárias mais evidências para mudar uma crença já existente do que para fundar uma crença nova (Ross; Lepper; Hubbard, 1975). Quando não temos opinião formada sobre dado assunto, algumas evidências podem ser suficientes para formular uma crença inicial a respeito. Contudo, quando tal crença já está estabelecida, a tendência é que evidências contrárias, em proporção semelhante às que foram necessárias para fundar essa crença, não sejam suficientes para estimular sua reformulação. Ou seja, tendemos a nos apegar às nossas crenças, o que pode ser explicado por seu papel na manutenção da autoestima, do senso de controle sobre a realidade e da estabilidade da realidade. Com a estabilidade de nossas crenças, podemos dormir tranquilos hoje, na expectativa de que o mundo, tal como o compreendemos, continuará a existir amanhã. O preço a ser pago por esse conforto psicológico, contudo, é a eventual não correspondência entre a realidade e nossas crenças e experiências.

Ainda nesse campo, com efeito imediato em EAs que envolvem transmissão aparentemente extraordinária de informações, está o chamado *efeito Forer*, também conhecido como *efeito Barnum*. No primeiro caso, a homenagem é feita ao psicólogo norte-americano Bertram Forer (1914-2000), que realizou os primeiros estudos científicos sobre o assunto. No segundo, homenageia-se o apresentador e *showman* Phineas Taylor Barnum (1810-1891), o qual se valia desse fenômeno na prática, mesmo sem um estudo científico a respeito.

O efeito Forer/Barnum diz respeito à tendência que temos de tomar informações vagas e impessoais como altamente significativas e pessoais. No estudo original, Forer (1949) entregou textos individuais para alunos de uma de suas turmas, com a informação de que as palavras ali contidas resultaram da análise da personalidade de cada estudante. Após cada aluno ler seu texto, Forer pediu que eles reportassem quão bem os textos os descreviam (dando notas de 0 a 5); houve uma forte tendência, por parte dos estudantes, a considerar o conteúdo como muito acurado (média próxima a 5). Ao final, Forer pediu que eles trocassem entre si os textos, o que permitiu-lhes descobrir que se tratava do mesmo texto para cada um.

Confira a seguir o texto original do estudo de Forer.

> Você tem necessidade de ser querido e admirado pelas outras pessoas e, mesmo assim, você é crítico consigo mesmo. Você possui certas fraquezas de personalidade, mas, em geral, consegue compensá-las. Você tem uma capacidade não usada, que ainda não aproveitou em seu favor. Seu ajustamento sexual apresenta problemas para você. Disciplinado e com autocontrole, você tende a se preocupar e a ser inseguro por dentro. Às vezes, você tem dúvidas se tomou a decisão correta ou se fez a coisa certa. Você prefere certa quantidade de mudanças e variedade, e fica insatisfeito com restrições e limitações. Você tem orgulho por ser um pensador independente e não aceita as opiniões dos outros sem uma comprovação satisfatória. Mas você descobriu que é melhor não ser tão franco ao falar de si mesmo para os outros. Às vezes, você é extrovertido e sociável, mas há momentos em que você é introvertido e reservado. Finalmente, algumas de suas aspirações tendem a fugir da realidade. Segurança é um dos seus maiores propósitos na vida.

Fonte: Forer, 1949, p. 120, tradução nossa.

O texto se encaixou bem para você? Em boa parte, certo? É exatamente esse o ponto: em virtude de nosso feitio cognitivo, que inclui tomar informações genéricas como pessoais, ele se encaixa bem em quase todos nós. E, de modo absolutamente corriqueiro, tal tendência embasa EAs ligadas a leituras psíquicas, à telepatia e a outras formas aparentemente extraordinárias de se obter informações pessoais. Ilusionistas da vertente conhecida como *mentalismo* (em que as mágicas buscam simular capacidades paranormais) utilizam bastante o efeito Forer para iludir e impressionar voluntários.

Ainda no que se refere a aspectos constitutivos do ser humano, nossa percepção (no sentido sensorial) da realidade também é bastante enviesada, o que de maneira semelhante tem potencial para modelar EAs. Assim como a memória, que já discutimos, a percepção não diz respeito ao registro fiel e objetivo da realidade, como se fosse uma máquina fotográfica ou filmadora. Ao contrário, a percepção é dinâmica e criativa, preenchendo as lacunas com aquilo que esperamos perceber, com o que vimos em ocasiões anteriores, com o que acreditamos ser real etc. Nós, seres humanos, temos muitos limites em nossa percepção: enxergamos um espectro muito limitado de cores; ouvimos um espectro muito limitado de sons; habituamo-nos muito rapidamente a estímulos táteis, a ponto de não mais sentir algo que esteja até mesmo tocando em nós (há um segundo, você não estava sentindo o toque de sua roupa sobre a pele, certo?). Diversas outras espécies de animais enxergam, escutam e sentem estímulos dos quais estamos completamente alienados. Ademais, boa parcela dos elementos da realidade que somos capazes de perceber acabam por não ser aprendidos pela consciência, ficando relegados à percepção subliminar, inconsciente. E, finalmente, a nossa atenção também é limitada, de modo que podemos perceber apenas uma fração do ambiente a cada momento.

O caráter dinâmico da percepção acaba justamente por cobrir as lacunas deixadas por aquilo que não é conscientemente percebido, o que motiva todo tipo de EA. O segundo autor desta obra, Leonardo Breno Martins, vivenciou um episódio bastante ilustrativo, ainda que, de modo algum, raro ou isolado (Martins, 2015). Ao investigar um grupo de pessoas que alegava ter contatos espiritualmente instrutivos com alienígenas, foi possível acompanhar suas atividades de campo repletas de EAs, que incluíam visões de luzes no céu, episódios do tipo *poltergeist*, entre outras ocorrências. Em dado momento da madrugada, em uma região erma do Cerrado, alguém anunciou, aos gritos, a aparição de um extraterrestre. Todos olharam na mesma direção e puderam ver um corpo parado algumas dezenas de metros abaixo. Ele era atarracado e tinha os braços compridos, lembrando vagamente o extraterrestre notório do filme de Steven Spielberg. Todos correram na direção da criatura, enquanto muitos já se emocionavam e agradeciam aos "irmãos cósmicos" pela dádiva daquela aparição. Boa parte daquelas pessoas estava bastante convencida de que se tratava mesmo de um alienígena. Apenas após todos se aproximarem, foi possível perceber que se tratava apenas de uma velha bomba d'água desativada. O constrangimento foi geral. O que teria ocorrido se o falso extraterrestre não fosse um objeto estático e de fácil identificação, como a bomba d'água, mas algo que se movesse e se afastasse dos presentes antes de ser corretamente identificado? Teríamos, certamente, mais uma EA sendo alegada.

É impossível estimar a quantidade de EAs que chegam a nosso conhecimento que se devem a semelhante viés na percepção da realidade. O caráter limitado de nossa percepção é compensado facilmente por nossa capacidade de preencher as lacunas e de tirar conclusões apressadamente, podendo resultar no encontro com "fantasmas", "alienígenas", "anjos", "demônios" e todo tipo de anomalia. Cabe ressaltar que isso não significa que toda EA derive de vieses perceptuais ou dos demais tipos aqui tratados. Salientamos apenas que tais hipóteses comumente não podem ser descartadas em casos específicos, além de desempenhar papel decisivo em muitos deles.

Para que não persista a noção de que apenas aparições de entidades se beneficiam dos limites e da criatividade de nossa percepção, abordaremos um fenômeno conhecido como *transliminaridade*. Esse conceito pode ser entendido como a tendência a que conteúdos mentais de qualquer tipo cruzem (*trans*) a fronteira (*limen*) entre processos conscientes e inconscientes, apresentando-se à pessoa como a emergência de imagens, sons e ideias que podem parecer estranhos e "externos" a ela (Thalbourne, 2000). Em outros termos, os sujeitos com alta transliminaridade podem experimentar cotidianamente alucinações dos mais diversos tipos, além de "intuições" e outras vivências que parecem estranhas justamente por serem de origem inconsciente.

A associação potencial entre transliminaridade e EAs já deve estar clara para você, leitor, mas é útil recorrer a um exemplo anedótico sobre o que experimentaria um indivíduo com elevada transliminaridade, de modo a levar o evento a ser interpretado facilmente como paranormal.

imaginemos alguém que atravessava uma velha ponte de madeira diariamente para ir ao trabalho. Em certa manhã, diante da ponte, a pessoa teve a estranha intuição de que não deveria atravessá-la, ainda que tudo parecesse normal. Optou então por outro caminho e soube, mais tarde, que a ponte caiu pouco tempo depois que ela dali se afastara. Muitas pessoas, diante do ocorrido, poderiam suspeitar de uma intuição paranormal. Mas o que a literatura traz sobre transliminaridade oferece uma hipótese mais simples: A ponte, por ser antiga, se encontrava a cada dia mais próxima de um colapso. Contudo, ainda era segura durante os dias em que fora atravessada por nosso personagem. Naquela manhã, o desgaste natural chegou a um ponto crítico em que a madeira começou a ruir sutilmente. O ruído de tal colapso era tão sutil que não foi conscientemente percebido por nosso personagem, mas o foi subliminarmente, capacidade de percepção esta que é chamada de hiperestesia, isto é, uma acuidade particularmente alta dos sentidos. A reação inconsciente a tal percepção subliminar, contudo, foi de rejeição à ponte, a qual, por efeito de um nível suficiente de transliminaridade, emergiu à consciência na forma de uma angústia vaga relacionada à travessia, uma "intuição" aparentemente sem motivo. Conforme esquemas cognitivos construídos através da experiência, nosso personagem compreendeu sua experiência na ponte como paranormal. (Martins, 2015, p. 414-415)

O segundo autor desta obra tem tido oportunidade de investigar e conviver com médiuns e outros perfis de pessoas alegadamente paranormais com evidência de alta transliminaridade (Martins, 2015). Isso possibilitou perceber ocorrências similares (ainda que majoritariamente não tão dramáticas) na vida dessas pessoas: elas percebem estímulos que os demais sujeitos ao redor não percebem, têm intuições sobre soluções de charadas e finais de filmes etc. De modo revelador, muitas vezes, essas intuições se mostram equivocadas ao final. Ou seja, mais parcimoniosa que a explicação sobre se tratar de casos de precognição, a transliminaridade permite entender como processos inconscientes emergem na consciência, os quais também são, naturalmente, sujeitos a erro. No caso acompanhado com mais profundidade pelo segundo autor, as intuições e outros processos sutis de uma médium (também sujeitos a erros verificáveis), por vezes, se manifestam na forma de vozes e visões, que ela prontamente atribui a espíritos e orixás.

A partir de agora, teremos a oportunidade de iniciar o tema dos vieses de ordem cultural e histórica, os quais modelam as EAs. Até aqui, vimos que a **percepção**, a **memória**, as **crenças** e a **atenção** são processos dinâmicos, criativos e sem compromisso definitivo com a realidade, mas, sim – e antes de tudo –, com nossa subjetividade.

Além das características que parecem constitutivas da espécie humana, citadas até aqui e verificadas em pesquisas em diferentes culturas, somos impelidos também por **vieses de ordem grupal**. As crenças que compartilhamos nos grupos aos quais pertencemos, as histórias que são contadas ao nosso redor, as EAs alegadas em cada contexto, tudo isso e tantos outros elementos dessa ordem afetam as EAs relatadas, pois dirigem a interpretação que damos para eventos ambíguos ou em algo misteriosos e nos dizem o que esperar dos acontecimentos da natureza (você se recorda, leitor, de que a percepção e a memória se alimentam também de expectativas?).

O exemplo a seguir reúne outra característica humana universal com aspectos culturais: a **paralisia do sono**. Em termos simples, a paralisia do sono é uma sobreposição entre o estado de sono e o estado desperto de um sujeito, resultando em uma paralisia corporal aliada à capacidade de abrir os olhos e de perceber conscientemente o ambiente. Ao mesmo tempo que a realidade externa é percebida claramente pelo indivíduo, ele também é capaz de sonhar, dado que, "em parte", está dormindo. Os sonhos ocorridos nessas circunstâncias são chamados de *alucinações hipnagógicas* (quando ocorrem no momento que a pessoa começa a dormir) ou de *alucinações hipnopômpicas* (quando ocorrem no momento que a pessoa já se encontrava dormindo e começa a acordar). Tais "sonhos de olhos abertos" costumam ser bastante realistas e, como aparecem sobrepostos às imagens de origem sensorial do ambiente em que o sujeito está, tendem a ser compreendidos como reais. Você pode imaginar, leitor, o impacto psicológico de ver em seu quarto seres e situações extraordinários que costumamos encontrar apenas em sonhos. Um resultado comum é que os indivíduos retornem dessas experiências (quando acordam em definitivo) convencidos de que foram visitados em seus quartos por monstros, ladrões etc. (Adler, 2011).

O aspecto cultural emerge quando as pesquisas mostram que o conteúdo das alucinações durante paralisias do sono tem forte influência do imaginário coletivo local. Quando uma pessoa experimenta o fenômeno da paralisia do sono, ela começa, de modo automático e involuntário, a buscar explicações para a paralisia corporal, a sensação de peso sobre o corpo, a ansiedade e as demais sensações que acompanham o quadro. E o ponto de partida para essa busca por explicações, como prevê a teoria da atribuição de causalidade (Heider, 1958), são os conhecimentos prévios de cada um. Nesse ponto, a cultura desempenha o papel de ensinar aos indivíduos o que ocasiona experiências como essas durante a noite (mesmo que eles nunca tenham se dedicado a pensar seriamente sobre o assunto). E, durante essa busca do cérebro em explicar o que está acontecendo, as alucinações hipnagógicas ou hipnopômpicas acabam por tomar a forma dessas entidades esperadas pela cultura de cada época e local, da mesma forma que sonhamos com pessoas e temas nos quais pensamos durante o dia.

Na América do Norte, circula ativamente na cultura que alienígenas paralisam as pessoas durante a noite para realizar experimentos com os corpos delas. Nos países escandinavos, há séculos de histórias acumuladas sobre duendes que molestam e raptam pessoas à noite. Também nesses países e no restante da Europa, demônios chamados Íncubos e Súcubos molestariam pessoas desde a Idade Média. No interior do Brasil, é conhecida uma entidade folclórica chamada Pisadeira, que, com uma aparência de idosa, roupas esfarrapadas e hálito asqueroso, molestaria pessoas durante o sono pisando sobre seu corpo (daí o nome). Assim, sem qualquer surpresa, sujeitos que experimentam a paralisia do sono acabam tendo fortes tendências a ter alucinações que correspondem às entidades comentadas em cada cultura (Adler, 2011; Martins, 2015).

Por fim, no âmbito da história individual, diversas dimensões da vida podem afetar os contornos e a propensão a EAs. Os indivíduos não são agentes passivos diante da própria biologia e cultura. Ambas as instâncias possibilitam uma margem de comportamentos, emoções e pensamentos possíveis, ao que a idiossincrasia individual exerce seu papel.

Preste atenção!

Entre os tantos exemplos possíveis, **traumas** podem tornar as pessoas mais propensas à dissociação, isto é, a experimentar (de modo saudável ou patológico) algum nível de fragmentação em funções psicológicas que costumam estar integradas, como a consciência e o controle do corpo, entre outras possibilidades.

Estados dissociativos podem envolver comportamentos complexos, como escrever ou dançar sem controle consciente, caminhar ou dirigir até um local distante sem intenção voluntária e manter diferentes identidades dentro da própria mente (como no transtorno dissociativo de identidade, antigamente conhecido como *transtorno de personalidades múltiplas*). É conhecida na literatura científica, por sua vez, a relação entre tendência à dissociação e crenças/experiências paranormais, como a mediunidade (Maraldi, 2014).

Outro tipo de instância pessoal a afetar de modo decisivo as EAs são as **diferenças individuais**. Traços de personalidade, como tendência à fantasia e à busca por experiências, podem predispor pessoas a se abrir a novas possibilidades de crença e comportamento, a participar de rituais, a consumir substâncias psicoativas que induzem experiências passíveis de serem entendidas como "espirituais" etc. Por isso, diversas pesquisas encontram associação entre traços de personalidade como os citados e alegações de contatos com alienígenas, mediunidade, entre outros – um exemplo é a obra de Martins e Zangari (2013).

Em suma, para que não nos estendamos em demasia, fatores individuais, culturais e da espécie humana são decisivos nos processos cognitivos que embasam a compreensão de experiências como sendo anômalas.

1.5
Aspectos metodológicos e fraudes

Como já deve ter sido possível perceber até o momento, o estudo das EAs tem incontáveis pontos delicados, desafiadores e, talvez, até mesmo impeditivos. Trataremos, nesta seção, de alguns desses pontos, propondo soluções ou, ao menos, caminhos para reflexão.

De início, temos de resgatar os conceitos de crença, alegação, experiência e fenômeno, os quais vimos no início deste capítulo. Quando investigamos eventos que acontecem dentro das pessoas e aos quais apenas elas têm acesso direto, como é o caso da maioria das EAs, inauguramos desafios fundamentais. As EAs são eventos subjetivos, mesmo quando algo "objetivo" entra em cena (como quando um objeto se move aparentemente sozinho pela casa e a testemunha entende que a causa é sobrenatural).

Desde o início da psicologia, no século XIX, os pesquisadores tiveram de lidar com essa dificuldade fundamental. Naquele tempo, o recurso fundamental disponível aos pesquisadores para acessar, ainda que indiretamente, as experiências dos voluntários (fossem elas anômalas ou não) era a **introspecção**. Em outras palavras, os indivíduos prestavam atenção ao que sentiam e pensavam durante o experimento e relatavam o resultado aos pesquisadores (Cardeña; Pekala, 2014).

As limitações desse método não demoraram a ser percebidas: os relatos e as experiências (como apresentamos em diferentes momentos deste livro) eram enviesados dos mais diversos modos, o que comprometia a confiabilidade do que era dito aos pesquisadores com relação àquilo que ocorria durante a introspecção. As limitações desse método incluíam o fato de que aquilo que era relatado como produto da introspecção durante os experimentos se restringia ao que os voluntários tinham **consciência**. Toda a pluralidade e complexidade dos processos inconscientes envolvidos na experiência, na recordação de seus detalhes e na confecção do relato não podia ser avaliada.

Tais limitações motivaram a psicologia e áreas afins a desenvolverem outros métodos e concepções de ciência. As primeiras décadas do século XX assistiram ao surgimento dos testes psicológicos, cujos parâmetros eram muito mais confiáveis que o mero relato de uma introspecção. Nas décadas seguintes, consolidaram-se os experimentos com manipulação de variáveis, inclusive na parapsicologia, como na mencionada revolução de Rhine. Somando esses dois momentos, temos análises matemáticas e diversos procedimentos padronizados sendo convocados a auxiliar o estudo das experiências subjetivas (Callegaro, 2011).

Outros métodos e abordagens teóricas surgiram ao longo do século XX, aproximadamente ao mesmo tempo, com enfoque no estudo dos processos mais dinâmicos, como o comportamento dos sujeitos em ambiente natural, comportamentos grupais etc. Assim, ganhamos possibilidades de estudo das EAs e dos contextos em que elas ocorrem, como as diversas técnicas de entrevista e a etnografia.

Preste atenção!

A etnografia é um método antropológico em que os pesquisadores participam dos contextos que lhes são interessantes e os estudam ao vivo por meio da observação, de entrevistas e de outros métodos qualitativos.

Dessa forma, o quadro de métodos de estudo se tornou ainda mais rico e diversificado, lembrando que tais recursos continuaram a se aprimorar desde seu surgimento. A introspecção, por exemplo, ainda que tenha caído em desuso desde o século XX, ganhou novos ares com metodologias renovadas e com a compreensão mais refinada de seus limites e suas possibilidades. Atualmente, há pesquisas que se valem de treinamentos de introspecção, de modo a conferir-lhe mais precisão e utilidade (Cardeña; Perkala, 2014). Além disso, quando a pergunta a ser respondida pela pesquisa diz respeito à subjetividade dos voluntários (como nos estudos chamados *fenomenológicos*, em que o interesse recai no sentido pessoal da experiência), a introspecção acaba por ser, agora com justiça, uma excelente fonte de dados.

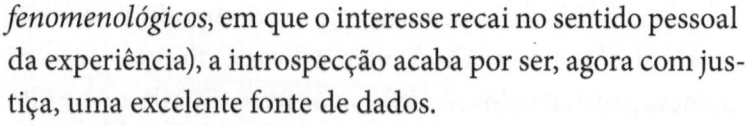

Na década de 1990, tivemos a chamada "década do cérebro", com o desenvolvimento de diversos métodos de pesquisa que permitiram o estudo do cérebro vivo e em atividade. Tais métodos incluem, sobretudo, técnicas de imageamento cerebral, como ressonâncias magnéticas funcionais e tomografias. Assim, aquilo que era relatado pelos participantes das pesquisas pôde ser comparado com o funcionamento do cérebro em tempo real, permitindo o estabelecimento de padrões e conexões reveladoras. No campo das EAs, apenas a título de exemplo, foi possível observar a forte relação entre o lobo temporal do cérebro e EAs de diversos tipos. Voluntários que tinham tal área do cérebro estimulada eram bastante propensos a relatar a sensação de uma presença fantasmagórica no recinto, além do senso de conexão com o universo e outras vivências extraordinárias. Nesses casos, como é possível perceber, há a junção de medidas mais "objetivas" do cérebro com introspecções detalhadas e reveladoras (Persinger, 1983).

O panorama atual é composto por uma pluralidade de recursos estatísticos, experimentais, etnográficos, de observação cotidiana e de testagem psicológica altamente sofisticados, como demonstraremos ao longo de todo o livro. Esse mosaico de sofisticações científicas permitiu adicionar diversas camadas de segurança sobre os dados científicos então obtidos, o que inclui, justamente, a questão da fraude.

No século XIX, quando grandes médiuns, como Daniel Dunglas Home (1833-1886) e Eusápia Palladino (1854-1918), foram estudados por diversos grandes cientistas da época, como William Crookes (1832-1919), era comum que a pesquisa se restringisse a realizar versões embrionárias de experimentos e a observar a *performance* desses pretensos paranormais nas condições que eles estipulassem (normalmente em meio à penumbra e em local que lhes fosse confortável). Isso abria margem potencial para fraudes e manipulações de todo tipo, o que nos força a considerar com grandes reservas os resultados das pesquisas daquele tempo, além de servir de lição sobre a falibilidade da avaliação de fenômenos paranormais em condições cotidianas (Maraldi, 2014). Um número inestimável de pessoas acredita no paranormal em razão de sua avaliação similarmente falha, ocorrida em condições de limitação análoga àquelas do século XIX, o que nos leva a alertar sobre não confiar nas conclusões das pessoas no dia a dia.

Como indicamos anteriormente, foi o casal Rhine que introduziu, de modo sistemático, a experimentação como forma de se estudar, com maior rigor, ocorrências pretensamente parapsicológicas.

Ainda assim, mesmo as sofisticações atuais não impedem a ocorrência de fraudes, ainda que reduzam drasticamente suas chances. Na década de 1970, houve a popularização de um pretenso paranormal israelense chamado Uri Geller (1946-), capaz de entortar talheres, de ler a mente das pessoas e de outras proezas semelhantes. O interesse sobre Geller só era comparável às acusações de fraude feitas sobre ele, pois mágicos da modalidade conhecida como *mentalismo* conseguiam replicar seus feitos com facilidade. A certa altura, um time de cientistas submeteu Geller a uma rodada de experimentos, resultando daí a pretensa confirmação de seus poderes paranormais, o que também foi objeto de grande repercussão. Foi quando o mágico e cético James Randi (1928-2020), que sempre fora o principal crítico de Geller, treinou dois jovens mágicos para que parecessem ter poderes paranormais diante de um grupo de cientistas, em moldes semelhantes aos que ocorreram com o israelense. Quando os cientistas asseveraram, após experimentos pretensamente rigorosos, que os dois jovens realmente detinham poderes paranormais, eles vieram a público revelando a farsa e deixando, como legado, a missão de que o estudo científico do paranormal, mesmo quando é experimental, não pode prescindir do conhecimento sobre ilusionismo (Randi, 1983a, 1983b).

Durante toda a história da humanidade, ocorreram fraudes no domínio do extraordinário, entendidas aqui como a simulação consciente de fenômenos paranormais com o objetivo de enganar pessoas e obter vantagens materiais ou de outra ordem. De místicos e religiosos a simples golpistas, indivíduos se valeram de conhecimentos de ilusionismo e de áreas afins para simular poderes excepcionais. Mesmo famosos paranormais ou médiuns se envolveram com acusações sérias de fraudes, como Eusápia Palladino e, para citar um exemplo brasileiro, Thomaz Green Morton (1947-) – o famoso "Homem do Rá". Quando pegos, muitos deles se defendem dizendo que as fraudes são recursos válidos quando as faculdades mentais paranormais não estão em funcionamento adequado naquele dia, por motivos situacionais, conforme o segundo autor já teve a oportunidade de registrar (Martins, 2015).

Todavia, a intersecção entre fraudes e EAs não pode se render a dicotomias simples. "Fraude deliberada" ou "verdadeiro poder paranormal" não são as únicas possibilidades no cenário. Para recorrermos a um exemplo famoso e de grande valor científico, temos o caso de Quesalid, um jovem indígena da etnia Kwakiutl, da costa noroeste do Pacífico, que tinha suspeitas sobre as curas e demais feitos extraordinários dos xamãs de seu povo. Para desmascarar seus conterrâneos, Quesalid se iniciou no xamanismo e se tornou, por fim, um grande feiticeiro e curandeiro, sofisticando, inclusive, recursos criativos de seus colegas para emular curas, como uma elaborada prestidigitação para fazer aparecer doenças "materializadas". Em suma, o jovem conseguiu seu objetivo: ele aprendera os "truques" usados pelos demais xamãs e ainda os aprimorou. Contudo, em vez de bradar as fraudes entre seu povo, Quesalid não apenas se manteve como xamã, como procurou auxílio de outros xamãs quando ele mesmo precisou (Lévi-Strauss, 2015).

O caso de Quesalid, bem como o de outros tantos já pesquisados – confira alguns destes em Martins (2011, 2015) –, revela que a cognição humana é criativa e versátil o suficiente para acomodar crenças potencialmente dissonantes, como indicamos na seção sobre aspectos cognitivos das EAs. Assim, mesmo ocorrências que, para olhos externos, pareceriam fraudes evidentes podem ganhar sentidos alternativos e aceitáveis em seu contexto cultural de origem e entre as pessoas envolvidas. Portanto, ainda que tenhamos de investigar com máxima atenção a questão da fraude (especialmente se o objetivo do estudo é a verificação do pretenso fenômeno paranormal), precisamos estar sensíveis para os múltiplos sentidos e juízos de valor envolvidos.

Síntese

Neste capítulo, abordamos aspectos básicos da área de psicologia anomalística, com destaque para os conceitos de alegação, experiência, crença e fenômeno. Essas referências precisam ficar bem claras para você, leitor. Como foi demonstrado, as experiências anômalas (EAs) têm impacto sobre as pessoas, suas atitudes, seus valores, suas crenças e a forma como tomam decisões, e tudo isso está relacionado aos três primeiros conceitos (alegação, experiência e crença). Podemos afirmar que uma parcela grande da psicologia anomalística se ocupa dessas instâncias, independentemente da existência efetiva ou não de algum fenômeno anômalo. O fato de alguém experienciar, acreditar e relatar uma EA, mesmo que o fenômeno subjacente seja algo conhecido, justifica a existência da psicologia anomalística, em virtude do impacto disso na vida das pessoas e da quantidade de indivíduos que vivenciam tais experiências. Entretanto, compreender o fenômeno, seja ele normal ou anômalo, é também um dos objetivos das pesquisas dessa área.

Também apresentamos, de forma breve, algumas instituições e indivíduos que contribuíram ou ainda contribuem para o desenvolvimento da parapsicologia e, atualmente, da psicologia anomalística. Cabe ressaltar que, entre as instituições brasileiras citadas, apenas algumas continuam na ativa. O Instituto Pernambucano de Pesquisas Psicobiofísicas (IPPP), criado por Walter da Rosa Borges, permanece em atividade por meio de seus seguidores, com destaque para Ronaldo Dantas e Jalmir Brelaz de Castro, líderes atuais do instituto. O mesmo vale para a Universidade de São Paulo

(USP), outra instituição que teve importância revolucionária no desenvolvimento da psicologia anomalística, graças ao esforço contínuo e dedicado de Wellington Zangari e Fátima Machado. Ao criarem a possibilidade do desenvolvimento de pesquisas em nível de mestrado e doutorado na USP, esses estudiosos multiplicaram exponencialmente o desenvolvimento da área – nós, autores deste livro, somos um dos muitos exemplos de ex-alunos e ex-orientandos do casal. Aliás, esta obra somente foi possível de ser escrita em função das realizações desses dois pioneiros.

Atividades de autoavaliação

1. Há relatos de experiências extraordinárias ao longo de toda a história humana. Elas são interpretadas por diversos prismas: religioso, esotérico, conspiratório, pseudocientífico e, menos frequentemente, científico. É usual para muitas pessoas a confusão entre essas abordagens. A psicologia anomalística é uma ciência que busca auxiliar na compreensão de como a psicologia lida com esses eventos; afinal, existe uma distinção entre alegações, experiências, crenças e fenômenos. No que se refere a essa diferença, assinale V para as afirmativas verdadeiras e F para as falsas.

   ( ) Alegações são os relatos ditos por pessoas, como um médium que afirma ver um espírito ou um meditador que diz ter vivido uma experiência de contato com o universo.

   ( ) As alegações correspondem aos fatos, visto que as memórias sempre refletem o que vivemos, ou seja, são fidedignas.

( ) Experiências são eventos internos, ou seja, são as vivências subjetivas que temos. Se uma pessoa percebe seu foco de consciência em local diferente de seu corpo, podendo enxergá-lo desse local, essa percepção e tudo o que ela implica (emoções, por exemplo) é sua experiência.

( ) Crenças são as interpretações/conclusões que formulamos sobre os acontecimentos; é o julgamento de valor, de significado, de causa que atribuímos a nossas experiências.

( ) Fenômenos são os fatos reais por trás das experiências. Por exemplo, um mal-estar orgânico, como uma inflamação (fenômeno), pode gerar dor, a qual pode ser interpretada (crença) como um "mau-olhado". A percepção direta do futuro (fenômeno) pode gerar um alerta no corpo, como o medo, e orientar uma tomada de decisão. Nesse caso, são necessários vários estudos para se evidenciar a natureza do fenômeno.

Agora, assinale a alternativa que corresponde à sequência correta:

a) V, F, V, V, V.
b) V, V, V, F, F.
c) F, V, F, F, V.
d) F, F, V, F, V.
e) F, V, F, V, V.

2. Ao longo da história, as experiências anômalas (EAs) foram consideradas principalmente por religiosos, místicos, filósofos e artistas. Desde o século XVIII, esse quadro começou a se modificar. No que se refere ao contexto histórico do estudo das EAs, assinale V para as afirmativas verdadeiras e F para as falsas.

( ) Franz Anton Mesmer curava as pessoas por meio da manipulação do magnetismo animal, cujo desequilíbrio causa doenças.

( ) A Sociedade para Pesquisa Psíquica, fundada em 20 de fevereiro de 1882, buscou estudar de forma aberta (sem preconceito e sem predisposição) fenômenos como mediunidade, telepatia, clarividência e outros.

( ) J. B. Rhine e sua esposa, L. E. Rhine, desenvolveram, na Universidade de Duke (Estados Unidos), estudos sobre fenômenos anômalos relacionados à psi mediante uma nova forma de pesquisa. Eles testaram grandes médiuns ou paranormais ("psíquicos") que eram solicitados a produzir seus efeitos extraordinários (algumas vezes físicos) sob condição de laboratório.

( ) O baralho Zener, também conhecido como *baralho ESP*, é composto por cartas com cinco símbolos (onda, quadrado, círculo, cruz e estrela), as quais se repetem cinco vezes em todo o baralho, totalizando 25 cartas. Ele foi usado para pesquisar a percepção extrassensorial (PES) sob condições de controle, em laboratório.

( ) A década de 1960 nos Estados Unidos representou uma revolução cultural que inspirou pesquisadores a desenvolver métodos mais motivadores, que fossem mais semelhantes à forma com a qual as EAs ocorriam no dia a dia: os métodos de respostas livres.

Agora, assinale a alternativa que corresponde à sequência correta:

a) V, F, V, V, V.
b) V, V, V, F, F.
c) F, F, F, V, V.
d) F, V, V, F, V.
e) F, V, F, V, V.

3. No Brasil, surgiram vários grupos e instituições voltados à pesquisa de experiências anômalas (EAs) e fenômenos psi. Correlacione as instituições com seus respectivos criadores.

1) Instituto Brasileiro de Pesquisas Psicobiofísicas (IBPP)
2) Centro Latino-Americano de Parapsicologia (Clap)
3) Instituto Pernambucano de Pesquisas Psicobiofísicas (IPPP)
4) Curso Livre de Parapsicologia das Faculdades Integradas Espírita (FIES)
5) Eclipsy e InterPsi (USP)

( ) Wellington Zangari e Fátima Machado
( ) Hernani Guimarães Andrade
( ) Octávio Melchíades Ulysséa e Neyda Nerbass Ulysséa
( ) Óscar González-Quevedo Bruzón
( ) Valter da Rosa Borges

Agora, assinale a alternativa que corresponde à sequência correta:

a) 5, 1, 3, 2, 4.
b) 1, 3, 4, 2, 5.
c) 5, 1, 4, 2, 3.
d) 4, 2, 5, 1, 3.
e) 1, 4, 2, 3, 5.

4. A parapsicologia e, mais recentemente, a psicologia anomalística têm se desenvolvido em várias partes do mundo, seja em instituições paralelas ao mundo acadêmico, como institutos de pesquisa em universidades, seja em parceria direta com elas. Correlacione os países a seguir às instituições situadas em seu território.

1) Alemanha
2) Austrália
3) Estados Unidos
4) Itália
5) Japão
6) Reino Unido
7) Suécia

( ) Faculdade Universitária Liverpool Hope – Grupo de Pesquisa em Parapsicologia
( ) Universidade de Lund – Centro para Pesquisa da Consciência e Psicologia Anômala
( ) Instituto das Áreas Fronteiriças da Psicologia e da Saúde mental (IGPP) em parceria com a Universidade de Friburgo
( ) Universidade de Gotemburgo
( ) Universidade de Adelaide – Unidade de Pesquisa em Psicologia Anomalística
( ) Universidade Saybrook – cátedra de Estudos da Consciência
( ) Universidade de Northampton – Centro de Estudos de Processos Psicológicos Anômalos
( ) Universidade de Padova
( ) Laboratório de Comunicação Científica – Universidade de Meiji

Agora, assinale a alternativa que corresponde à sequência correta:

a) 6, 1, 7, 1, 2, 6, 6, 2, 3.
b) 3, 3, 4, 2, 5, 6, 3, 1, 7.
c) 2, 7, 4, 1, 3, 3, 5, 6, 5.
d) 6, 7, 1, 7, 2, 3, 6, 4, 5.
e) 6, 7, 1, 1, 7, 3, 5, 4, 2.

5. Percepção, memória, crenças e atenção são alguns processos pelos quais construímos aquilo que chamamos de *realidade*. Esses processos, no entanto, são flexíveis e criativos, intimamente ligados a nossa subjetividade.

Compreendê-los minimamente é essencial para podermos observar criticamente as experiências e os fenômenos anômalos. Observe a seguir algumas afirmações a esse respeito, e assinale V para as verdadeiras e F para as falsas.

( ) Buscar e reconhecer/criar padrões é uma característica básica de nossas mentes, visto que, ao fazê-lo, aumentamos nossas chances de sobrevivência. Um exemplo é a pareidolia, ou a tendência a ver formas significativas onde elas não existem. Por exemplo, enxergamos rostos, formas humanas, animais etc. em manchas na parede, nas nuvens, em troncos de árvores etc.

( ) A tendência a detectar presenças (agentes) mesmo em sua ausência é chamada de *dispositivo hipersensível de detecção de agentes* (Hadd). Esse viés cognitivo pode estar na base de muitos enganos relacionados às experiências anômalas (EAs).

( ) Hipnose é um recurso cientificamente seguro para recuperar memórias e, por isso, tem sido utilizado para auxiliar pessoas a se recordar de EAs – por exemplo, aquelas relacionadas à abdução de alienígenas ou a vidas passadas.

( ) Temos uma tendência a modificar nossas crenças quando são apresentadas evidências contrárias a elas. Por essa razão, somos menos suscetíveis à manutenção de crenças equivocadas.

( ) Diferenças individuais, em especial os traços de personalidade relacionados à tendência à fantasia e à busca por experiências, podem nos predispor a experiências novas, incluindo EAs.

( ) A paralisia do sono é um estado modificado de consciência, desde o qual podemos fazer contatos com seres espirituais, místicos ou extraterrestres.

Agora, assinale a alternativa que corresponde à sequência correta:

a) V, F, V, V, V, F.
b) V, V, F, F, V, F.
c) F, V, F, V, V, F.
d) F, V, V, F, V, V.
e) F, F, F, V, V, V.

6. A pesquisa científica em geral e os estudos da psicologia analítica, especificamente, precisam considerar atentamente as possibilidades de fraude deliberada ou mesmo não consciente. Em vários momentos da história e até da atualidade, médiuns ou supostos paranormais foram pegos fraudando. Diante disso, avalie as afirmações a seguir e assinale V para as verdadeiras e F para as falsas.

( ) Se, no passado, houve fraudes, os aprendizados retirados dessas experiências, somados à pluralidade de recursos estatísticos, experimentais, etnográficos, de observação e testagem psicológica da pesquisa atual, impedem totalmente qualquer possibilidade de fraude, tanto por parte dos participantes quanto dos experimentadores.

( ) Uri Geller foi um grande paranormal, o qual teve seus poderes confirmados cientificamente. Dessa forma, jamais se levantou a suspeita de fraude sobre seus fenômenos.

( ) Mágicos foram treinados pelo cético James Randi e se passaram por paranormais. Foram testados por cientistas que atestaram sua paranormalidade. Esse evento trouxe à tona a fragilidade dos métodos utilizados, a ingenuidade dos pesquisadores e a necessidade de conhecimentos sobre ilusionismo para o estudo das experiências anômalas (EAs).

( ) Thomaz Green Morton (o Homem do Rá) nunca foi pego fraudando, o que é uma evidência de sua paranormalidade.

( ) A dicotomia simples entre "fraude deliberada" e "verdadeiro poder paranormal" é uma referência importante para a pesquisa de EAs, visto que aspectos culturais não devem ser considerados quando realizamos ciência.

Agora, assinale a alternativa que corresponde à sequência correta:

a) F, F, V, F, F.
b) F, V, V, F, F.
c) V, V, F, V, V.
d) F, V, V, F, V.
e) F, F, F, V, V.

Atividades de aprendizagem

Questões para reflexão

1. Tome um caso de experiência anômala (EA) como exemplo. Pode ser uma situação que você passou, que outra pessoa lhe contou ou, ainda, imaginada por você com base nas informações que possui, obtidas neste livro e/ou em outras fontes. Inicialmente, faça um relato escrito dessa experiência. Depois, em uma folha A4 (ou mesmo de caderno), virada na horizontal, faça um retângulo grande, quase do tamanho da folha. Divida-o, então, em quatro colunas, e, no topo de cada uma, escreva as expressões: (1) alegações, (2) experiência, (3) crenças e (4) fenômenos. Você já deve ter deduzido o que faremos, correto? Considerando o significado relacionado a cada uma dessas expressões (se tiver dúvidas, retorne ao texto para esclarecê-las), você deve preencher cada coluna do conceito que estiver analisando. Por exemplo, na coluna *alegações*, você deve descrever o relato daquilo que lhe foi dito, verbalizado, se foi dito por outra pessoa. Se foi você mesmo(a) que viveu a experiência, deve registrar como a relatou para os outros. Se for uma situação imaginada, deve registrar como imaginou que alguém contaria (ou contou) essa experiência. Capriche nos detalhes, pois eles são muito importantes. Na coluna seguinte, *experiências*, registre aquilo que foi vivido pela pessoa ou por você, seja isso real ou imaginário. Recorde-se de que a experiência não precisa ser igual àquilo que é relatado, ou seja, às alegações. Usualmente, não relatamos exatamente o que vivemos, até porque isso é muito difícil – por vezes, impossível –, então a

experiência pode acontecer de uma forma e o relato, de outra. Há também outra questão: quando investigamos casos, algumas alegações não correspondem aos relatos, ou seja, a pessoa que alega alguma coisa não teve a experiência, mas a construiu por alguma razão.

Na terceira coluna, *crenças*, registre as interpretações que foram dadas para essa experiência. Como a experiência foi interpretada, qual causa lhe foi atribuída, que sentido ou valor ela tem para quem a vivenciou? Nessa coluna, registre não apenas as crenças que foram relatadas ou imaginadas, mas também construa outras possibilidades. Faça isso sem qualquer pretensão de desqualificar as conclusões anteriores, somente pelo exercício, frequentemente difícil, de explorar outras possibilidades. Por vezes, não nos damos conta de que temos pouca flexibilidade de interpretação, ou seja, nossas crenças condicionam nossa interpretação de uma maneira muito forte, ou até mesmo total. A ideia aqui não é mudar as crenças, mas "brincar" com outras possibilidades, além de treinar a flexibilidade cognitiva, de interpretação.

Por fim, na quarta coluna, *fenômenos*, faça um exercício semelhante ao da coluna anterior. Escreva qual fenômeno escolhemos como o mais óbvio. Vamos, depois, registrar outras possibilidades. Exercitando o senso crítico e a flexibilidade, explore fenômenos que você não acredita que poderiam ter ocorrido.

Use sua criatividade para inventar fenômenos que poderiam ter gerado aquela experiência, sua interpretação (crenças) e seus relatos (alegações). Talvez pareça que essas duas últimas categorias são muito semelhantes, de modo a gerar registros ou ideias iguais. Não há problema nisso; porém, se ocorreu, use sua criatividade para inventar novos fenômenos para a mesma experiência. Não se preocupe se isso condiz ou não com a realidade. Nosso exercício não está relacionado a isso, mas ao treinamento da mente para olhar uma mesma experiência sob diferentes aspectos. Lembre-se de que, usualmente, construímos a realidade com base em vários elementos e consideramos que nossa percepção e interpretação correspondem à realidade. Os neurocientistas chamam isso de *realismo ingênuo*. Explorar outras possibilidades de construção da realidade é um exercício para se tornar menos ingênuo. Não vamos deixar de ser realistas ingênuos, pois isso é da nossa "natureza"; é assim que construímos a realidade. Todavia, podemos treinar para ser menos ingênuos, desconfiando principalmente de nós mesmos, especialmente quando nossa confiança sobre alguma coisa é muito grande. Essa pode ser uma pista sobre nossa ingenuidade, pois a confiança em exagero tem sido relacionada a alguns vieses, inclusive a falsas memórias.

2. Esta questão é complementar à anterior. Sugerimos a você, leitor, que reflita sobre possíveis enganos, vieses que poderiam estar presentes na percepção, na interpretação e, até mesmo, na lembrança dos fatos que foram relatados anteriormente. Para ajudá-lo, vamos indicar alguns vieses, enganos ou outras possibilidades. Marque aqueles que julgar apropriados e indique como poderiam ter ocorrido – use sua criatividade. Lembre-se: estamos treinando uma forma de percepção crítica da realidade; portanto, use sua fantasia para treinar seu senso crítico.

- Viés da perseverança da crença
- Dispositivo hipersensível de detecção de agentes (Hadd)
- Falsas memórias
- Efeito Forer/Barnum
- Pareidolia
- Transliminaridade
- Paralisia do sono
- Hipnose
- Perfil de personalidade relacionado à tendência à fantasia e à busca por experiências

Atividade aplicada: prática

1. A atividade prática que propomos aqui é uma continuação das duas anteriores. Com isso, buscamos possibilitar uma experiência de crescimento cognitivo e emocional.

   De posse do roteiro visto anteriormente, faça uma entrevista com uma pessoa – preferencialmente um(a) amigo(a) – que você saiba que tenha alguma experiência anômala (EA) para lhe contar. Você pode anotar as partes mais importantes do relato ou mesmo gravar, se achar conveniente e possível. Naturalmente, para gravar a entrevista, você precisa pedir autorização para a pessoa. É também importante que você explique por que está fazendo essa prática, ou seja, para treinar habilidades baseado em um livro que está lendo. Também é imprescindível que não use esses recursos para avaliar objetivamente a experiência relatada. Não é esse o objetivo! Aqui retomamos as perspectivas ontológica e fenomenológica descritas anteriormente. Na primeira (ontológica), buscamos saber sobre o fenômeno. Você vai fazer isso, mas de forma muito discreta, como um exercício pessoal, não como uma pesquisa. Isso é para você, não para a pessoa! Na segunda (fenomenológica), buscamos compreender os sentidos da experiência para a pessoa, a fim de aceitar sua experiência tal como é apresentada.

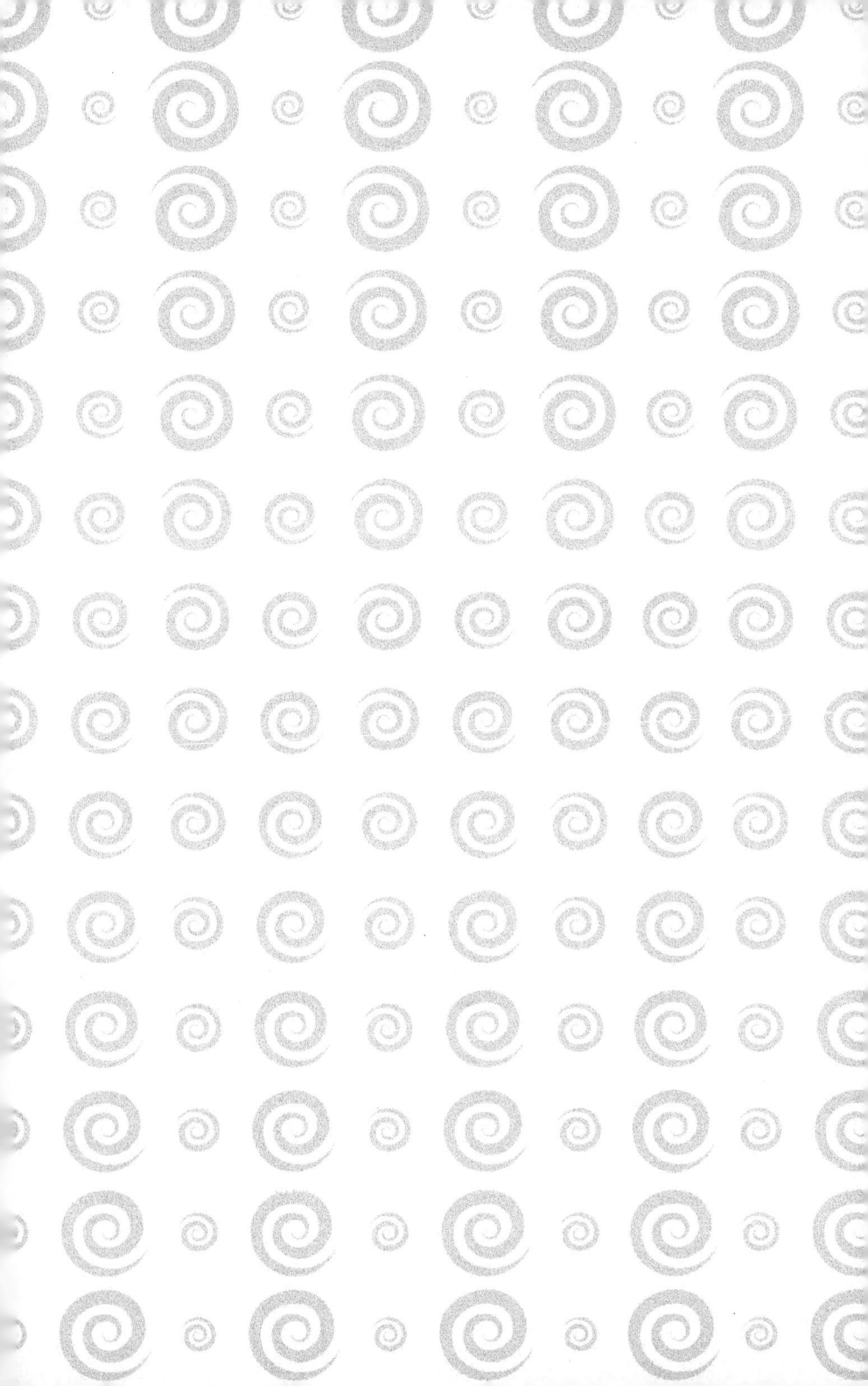

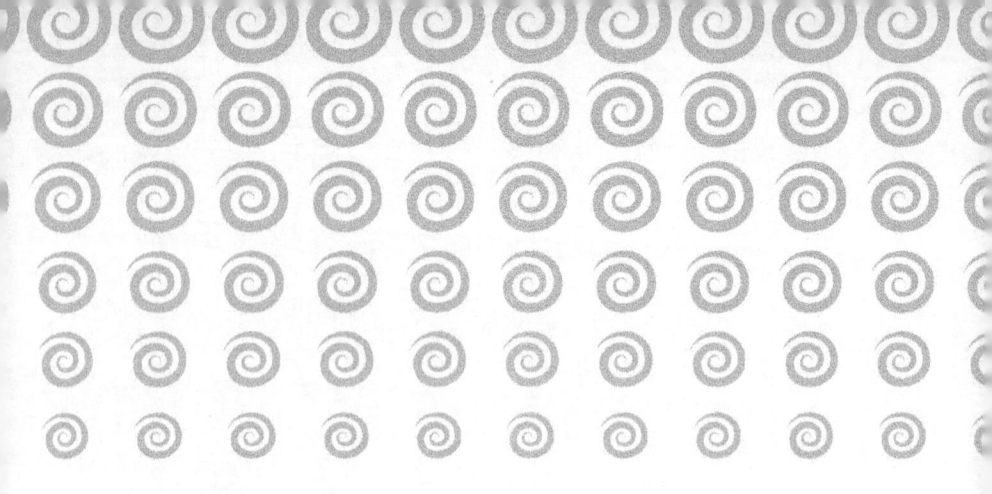

2
Variedade das experiências anômalas

Até aqui abordamos diversos aspectos históricos e conceituais das experiências anômalas (EAs). Com essa introdução, buscamos ambientá-lo, leitor, com relação ao tema, de modo que possamos prosseguir em nosso estudo. Todavia, precisamos agora definir alguns dos principais tipos de EA, além de sumarizar as pesquisas feitas a respeito do tema.

2.1
Experiências de quase morte (EQM)

Após se recuperar de um grave problema cardíaco no hospital, um motorista de caminhão de 55 anos relatou uma série de estranhas experiências. De início, ele afirmou ter visto, de uma perspectiva externa ao seu próprio corpo, os procedimentos cirúrgicos. Mas a vivência não terminou aí. Ele teria então entrado em uma espécie de túnel de luz que o conduziu a um lugar de paz e amor, habitado por parentes falecidos, como sua mãe e um cunhado. Em uma comunicação aparentemente telepática, a mãe teria lhe dito que era o momento de ele retornar ao seu corpo, o que teria prontamente ocorrido. O motorista acordou após a cirurgia, e, mais tarde, passou a levar uma vida dedicada a ajudar os outros (Greyson, 2014). Esse episódio ilustra as chamadas *experiências de quase morte* (EQM), um tipo de vivência particularmente desafiadora.

As EQM são definidas como experiências subjetivas complexas e realistas que podem ocorrer em situações de morte clínica ou de risco imediato de morte. No entanto, devemos notar que também há casos de EQM em situações nas quais não há risco concreto de morte, mas "apenas" uma percepção subjetiva de tal risco. As EQM contêm alguns elementos típicos, embora não necessariamente únicos, como sensação de estar fora do corpo físico (geralmente como se a consciência flutuasse e pudesse observar o próprio corpo), visões de túneis de luz e contato com pessoas falecidas. É comum que, após essas experiências, seus protagonistas vivenciem algum tipo de bem-estar persistente, acompanhado de outros efeitos, como perda do medo da morte e desenvolvimento de atitude solidária em relação às outras pessoas (Carunchio, 2017; Greyson, 2014).

A relação com a religião ocorre em diversos níveis, tanto em aspectos pontuais das experiências (por exemplo, na visão de entidades de cunho explicitamente religioso, como anjos) quanto nas intepretações dadas às experiências (como ocorre no comum entendimento de que a pessoa visitou "o além", em vez de simplesmente pensar que houve algum tipo de alucinação).

É certo que os episódios de contornos positivos são mais conhecidos e, aparentemente, mais comuns. Contudo, isso não pode nos impedir de reconhecer a existência de EQM assustadoras. Carunchio (2017) apresenta o episódio de um brasileiro de 42 anos que teve uma EQM após se afogar. A descrição em primeira mão da experiência é bastante exemplar dessa categoria de experiência entendida como negativa:

> Faz 3 anos que eu me afoguei e fui para um lugar horrível. Era escuro e sujo, pessoas gritando e chorando. Tinha um homem que ria enquanto levava muitas pessoas presas numa corrente. Ele me viu e diz [sic] que logo iria me levar. Eu não gosto de contar isso porque ou acham que sou louco, ou então acham que sou [...] uma má pessoa por ter ido pra esse lugar. Eu acho que fui para o inferno. Nada nunca mais foi igual. Não tem uma noite que eu durmo bem e não tenho pesadelo com isso. Sinto uma falta de ar, me sinto vigiado pelo mal. Quando penso nisso eu tenho medo e também muita vergonha, não sou uma pessoa ruim. (Carunchio, 2020, p. 180)

Como é possível perceber, as EQM sugerem, ao menos do ponto de vista daqueles que as vivenciaram, uma independência entre a consciência (ou o "eu") e o corpo físico. Caso estivéssemos realmente diante de fenômenos anômalos, eles pesariam fortemente a favor da noção – bastante antiga na humanidade – de que existe algo como uma "alma". O grande realismo das EQM, experimentado no encontro com pessoas falecidas e na percepção evidente de que se está fora do corpo, reforça essa questão. Ademais, as experiências apresentam paralelos relevantes com experiências místicas nas quais a pessoa experimenta o senso de conexão com realidades maiores (Carunchio, 2017).

Contudo, podemos ir além da percepção e das convicções daqueles que vivenciaram esses episódios. A ciência conta com um leque de possibilidades explicativas para as EQM, o qual devemos observar com cuidado. Não será possível, em razão do espaço, explorá-lo completamente nesta obra. Ainda assim, iremos citar as principais possibilidades. É comum que a ocorrência desses episódios em momentos de morte clínica sugira para muitos – inclusive pesquisadores – sua realidade ontológica. Afinal, não havendo mais circulação sanguínea, o cérebro não mais receberia oxigênio e não poderia experimentar alucinações ou recordar qualquer coisa. Todavia, alguns pesquisadores recordam-nos de que, com o fim da circulação sanguínea, o cérebro teria "reservas de combustível", digamos assim, por poucos minutos, o que poderia – talvez – ser suficiente para algumas experiências que depois seriam reinterpretadas pela pessoa que fosse reanimada. Outro ponto é que a própria carência de oxigênio poderia ser responsável por, ao menos, parte da experiência, pois a anóxia (a efetiva ausência de oxigênio) e a hipóxia (baixa oxigenação) podem causar sentimentos de bem-estar e visões de túneis de luz, além de poder se associar à liberação de endorfinas, comum em momentos de risco de morte.

Greyson (2014), entretanto, alerta que esses quadros de anóxia e hipóxia geralmente se associam a experiências angustiantes, conforme os relatos de pilotos de caça que desmaiam durante as acelerações extremas, por exemplo. Esse cenário já diverge significativamente daquele típico das EQM. Também não podemos deixar de considerar que o cérebro interpreta o quadro como um todo, em vez de elementos isolados, de modo que os sentimentos derivados ou associados ao evento dependem também do contexto, das expectativas etc. Outros elementos importantes são os medicamentos usados durante cirurgias ou demais processos clínicos associados à manutenção da vida, assim como disfunções metabólicas e cerebrais que podem desempenhar algum papel em determinados episódios (Carunchio, 2017). Há, ainda, explicações no domínio da psicologia, como a noção de que as EQM poderiam ser uma defesa psicológica diante do prejudicial estresse dos momentos de grave risco (Carunchio, 2017).

Como as EQM são variadas, talvez explicações isoladas e não anômalas não bastem para compreendermos todo o fenômeno. Contudo, não podemos descartar a possibilidade de que as explicações combinadas possam, eventualmente, fazê-lo. O mesmo vale para as demais categorias de EA, em que dificilmente uma única explicação é suficiente.

Preste atenção!

O Projeto AWARE foi uma engenhosa iniciativa de pesquisa, realizada em diversos hospitais de diferentes países, que buscou evidenciar se pacientes cardíacos atendidos poderiam mesmo ver o próprio corpo e o ambiente do alto, como normalmente alegam. Para isso, os pesquisadores fixaram painéis ou bandejas no teto, cujas imagens somente poderiam ser vistas por alguém que estivesse efetivamente flutuando pela sala. Os aparatos foram instalados em salas de emergência cardíaca de 15 hospitais. Os pesquisadores entrevistaram mais de 2 mil pessoas que relataram EQM nas salas que tinham as bandejas. A maioria não conseguiu identificar corretamente as imagens; apenas um paciente forneceu algumas informações fidedignas sobre os procedimentos médicos aos quais foi submetido (Parnia et al., 2014).

Desse modo, permanecemos sem a evidência científica definitiva sobre a natureza das intrigantes EQM, restando-nos as convicções frequentemente inabaláveis vindas dos protagonistas, entusiastas e céticos, cada qual com contornos específicos.

2.2
Experiências anômalas (EAs) relacionadas à psi

Em todas as culturas, sejam elas contemporâneas, sejam elas tradicionais, as pessoas relatam experiências que parecem transcender os limites conhecidos de tempo e espaço. Entre os exemplos mais conhecidos, estão: a clarividência – quando pessoas relatam perceber uma informação de um local ao qual não têm acesso sensorial convencional; a telepatia – quando indivíduos teriam comunicação direta com a mente de outro sujeito sem auxílio tecnológico, percebendo seus pensamentos, sentimentos ou sensações; a precognição e a retrocognição – quando pessoas acessariam uma informação do futuro ou do passado, respectivamente, sem que isso seja, aparentemente, produto do acaso ou da dedução com base em informações do presente, ou, ainda, quando se sonha com algo improvável e se verifica posteriormente que os fatos do sonho aconteceram na realidade. Outro tipo de EA, relatada com menos frequência, é aquela na qual as pessoas percebem que sua mente parece agir diretamente no mundo físico, pretensamente movimentando um objeto sem tocá-lo ou exercendo alguma ação indireta.

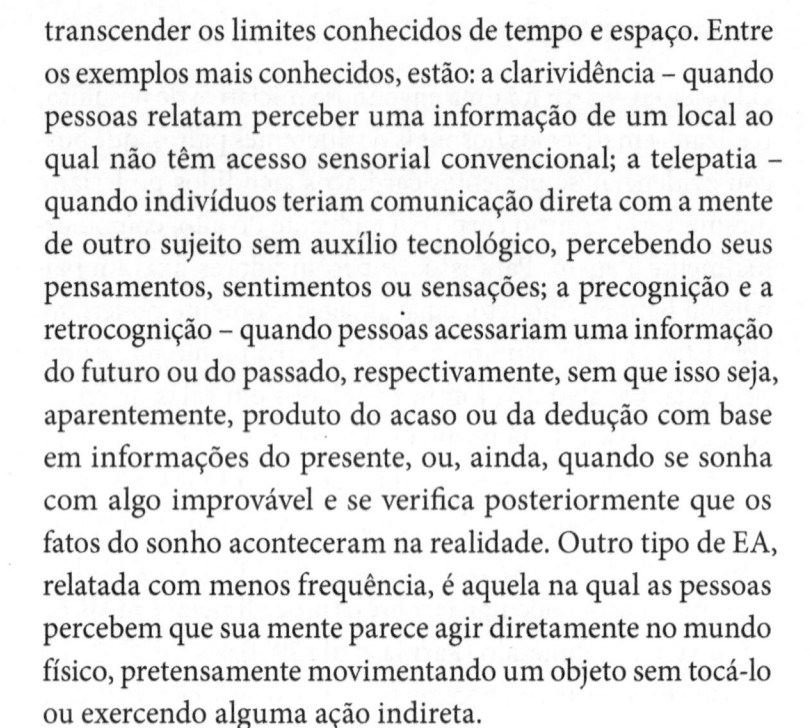

Essas experiências podem ser consideradas extrassensório--motoras e são avaliadas como anômalas ou paranormais pelas pessoas que as vivenciam, o que não significa dizer que existam processos anômalos subjacentes a elas. Elas podem se constituir em experiências prosaicas que são interpretadas como anômalas em função de crenças, falhas perceptivas, coincidências ou outras questões. A princípio, tais episódios poderiam também envolver processos anômalos. Nessa perspectiva, teríamos a hipótese de fenômenos psi, que pode ser testada em estudos experimentais. Além disso, as experiências poderiam ser fruto de disfunções mentais ou psicopatologias. Essas duas últimas possibilidades são exploradas ao longo do livro. No momento, trabalharemos com relatos subjetivos de psi, ou EAs relacionadas à psi envolvendo a percepção extrassensorial (PES) e a psicocinese (PK) (Targ; Schlitz; Irwin, 2000; Watt; Tierney, 2014).

Tais relatos têm sido avaliados por pesquisas de levantamento, realizadas em muitos países, as quais apontam que mais da metade das pessoas consultadas nas amostras indicam já ter vivenciado, ao menos, uma dessas experiências. Isso é válido para diversos países da América do Norte, da Europa, do Oriente Médio e da Oceania (Targ; Schlitz; Irwin, 2000). Estudos recentes têm demonstrado uma discreta variação com relação a essa prevalência (Watt; Tierney, 2014).

Estudos brasileiros sugerem a predominância dessas experiências, talvez pela influência cultural/religiosa. Zangari e Machado (1997) investigaram 181 universitários paulistas, dos quais 89,5% indicaram já ter vivenciado, no mínimo, uma experiência psi. Já na pesquisa de Machado (2009), 82,7% dos 306 respondentes reportaram ao menos uma experiência psi ao longo da vida. Silva (2017), por sua vez, registrou a prevalência de 88,1% de experiências psi entre 310 estudantes e profissionais de Curitiba. Por fim, Reichow (2017) reportou um surpreendente achado: entrevistando 158 pessoas da região Sudeste do Brasil (incluindo 42 ateus), 100% deles relataram a ocorrência de ao menos uma EA em sua vida (incluindo também psi). Devemos notar, entretanto, que as amostras dos estudos sumarizados neste parágrafo são pequenas e não representativas, o que salienta a importância de estudos novos e mais robustos. A despeito disso, o ponto principal é que esses episódios estão bastante presentes no cotidiano cultural brasileiro.

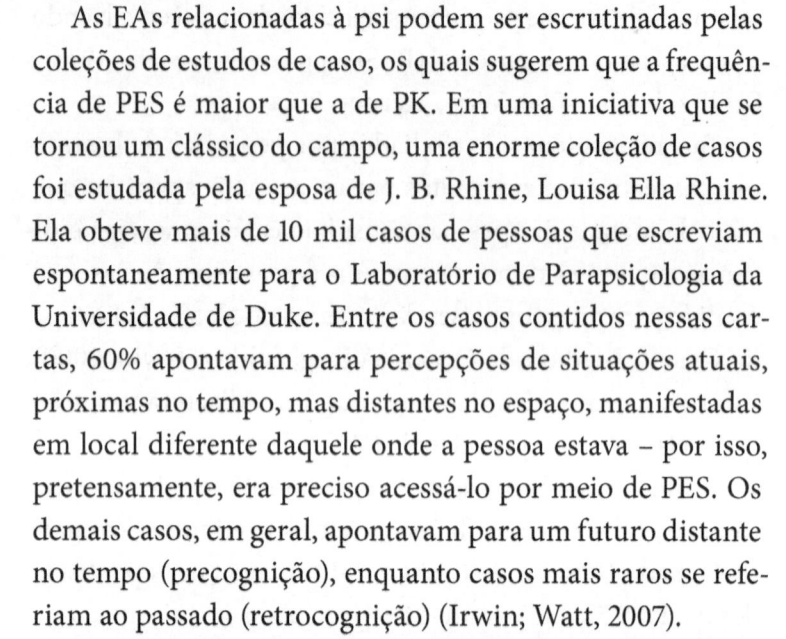

As EAs relacionadas à psi podem ser escrutinadas pelas coleções de estudos de caso, os quais sugerem que a frequência de PES é maior que a de PK. Em uma iniciativa que se tornou um clássico do campo, uma enorme coleção de casos foi estudada pela esposa de J. B. Rhine, Louisa Ella Rhine. Ela obteve mais de 10 mil casos de pessoas que escreviam espontaneamente para o Laboratório de Parapsicologia da Universidade de Duke. Entre os casos contidos nessas cartas, 60% apontavam para percepções de situações atuais, próximas no tempo, mas distantes no espaço, manifestadas em local diferente daquele onde a pessoa estava – por isso, pretensamente, era preciso acessá-lo por meio de PES. Os demais casos, em geral, apontavam para um futuro distante no tempo (precognição), enquanto casos mais raros se referiam ao passado (retrocognição) (Irwin; Watt, 2007).

Louisa percebeu que as experiências envolviam quatro formas diferentes pelas quais a consciência da pessoa percebia a informação aparentemente extrassensorial:

> **Impressões intuitivas**. Essas experiências extrassensoriais consistem em uma simples impressão ou palpite irracional. Não há imagens acompanhando a experiência, nem qualquer processo consciente de pensamento racional linear que leve à impressão. O indivíduo relata de repente "apenas saber" algo que, após investigação, foi confirmado. Em casos ocasionais, o elemento informativo é mínimo e a experiência compreende pouco mais do que uma emoção forte e inesperada; geralmente, no entanto, o experimentador tem alguma apreciação da identidade da pessoa a quem, ou da situação à qual, a emoção sentida se relaciona. (Irwin; Watt, 2007, p. 32, tradução nossa)

Essa forma de PES aparece em 26% dos relatos da coleção de Louisa Rhine. Vejamos a categoria seguinte de experiência:

> **Alucinações.** Em uma experiência alucinatória de PES, a "mensagem" é transmitida na forma de uma alucinação sensorial. Por exemplo, no momento da morte inesperada de um ente querido em algum lugar distante, muitas pessoas relatam ter visto uma aparição do indivíduo ou ouvir sua voz chamando-o. (Irwin; Watt, 2007, p. 33, tradução nossa)

A forma alucinatória de uma PES está presente apenas em 9% dos casos, e envolve também a visão de aparições. Examinemos agora os casos de PES em sonhos:

> **Sonhos realistas.** Em algumas experiências extrassensoriais, a informação aparentemente é adquirida por meio de uma imagem mental clara e realista. De longe, a forma mais comum desse tipo é um sonho que mais tarde é confirmado. Foi com base nisso que Louisa Rhine designou experiências desse tipo de "sonhos realistas". O termo, no entanto, não é totalmente apropriado, visto que a categoria também contempla imagens de vigília (por exemplo, uma "visão") que não são projetadas no ambiente (como é o caso de uma experiência alucinatória). (Irwin; Watt, 2007, p. 33-34, tradução nossa)

As imagens visuais realísticas ou sonhos realistas de PES são os mais predominantes no estudo em foco, aparecendo em 44% dos relatos. Tais imagens se apresentam muito detalhadas, indicando os eventos referidos de forma direta. Por fim, há a última categoria:

Sonhos irreais. Estas são semelhantes às experiências de sonhos realistas, mas aqui as imagens são de um tipo fantasioso e irreal. Embora esses casos incluam algumas experiências de vigília, a categoria é predominantemente de sonhos. Às vezes, a informação transmitida pela experiência extrassensorial é dramatizada como uma fantasia. (Irwin; Watt, 2007, p. 34, tradução nossa)

As imagens visuais não realísticas ou sonhos irreais como forma de PES se mostram em 21% dos casos. Diferentemente da categoria anterior, há um conteúdo simbólico envolvido, ou seja, as imagens são representações associativas do fato em questão. "A maioria das experiências precognitivas ocorria em sonhos com imagens visuais realistas, enquanto que os relatos relacionados a fatos presentes ocorriam marginalmente mais frequentes sobre a forma intuitiva (33%)" (Silva, 2009, p. 19).

Outro aspecto importante observado nessa pesquisa pioneira é que as EAs relacionadas à psi parecem trazer a informação completa com relação ao que representam. Em outras palavras, elas indicam o que acontece e com qual pessoa. Nesse sentido, o índice de completude varia de acordo com a maneira como a experiência se apresenta. Por exemplo, as **imagens visuais realistas** mostram 91% de completude, ao passo que, nas **imagens não realistas**, esse índice cai para 72%. As intuições ficam logo atrás, com 55%; e, por último, estão as experiências alucinatórias, com apenas 32% de índice de completude (Targ; Schlitz; Irwin, 2000; Irwin, 1999; Irwin; Watt, 2007).

Verificou-se também que comumente há vínculo afetivo entre quem tem a experiência e a pessoa à qual a experiência se refere, o que também foi verificado em outros estudos. Essa informação sobre a importância do vínculo emocional para as experiências psi é utilizada em alguns estudos experimentais como um dos critérios para seleção das duplas de participantes. Outra informação importante, que também foi aproveitada nas pesquisas experimentais, diz respeito ao conteúdo das experiências narradas nos estudos de caso, que, em geral, é significativo para os indivíduos que as vivenciam, seja ele positivo ou negativo, como risco à sobrevivência ou crises das pessoas às quais a experiência diz respeito. Nesses casos, a experiência pode gerar significativo estresse (Targ; Schlitz; Irwin, 2000; Irwin, 1999; Irwin; Watt, 2007; Silva; Pilato; Hiraoka, 2003).

Ainda considerando as amostras investigadas, quando indivíduos vivenciam essas experiências, 36% alegam acreditar que elas apontam para fatos objetivos e, quando a informação surge na consciência sob a forma de "intuição", esse valor sobre para 84%. Tal confiança declina em 19% se a experiência emergir por meio de imagens visuais não realistas (Targ; Schlitz; Irwin, 2000; Irwin, 1999).

As EAs relacionadas à psi ocorrem predominantemente (dois terços) quando os indivíduos não estão acompanhados. No entanto, isso não é válido quando a psi se apresenta por meio da intuição. A psi parece se manifestar predominantemente (90%) em situações em que a pessoa está fazendo pouco esforço e/ou movimento – por exemplo, quando está parada em pé, sentada ou dormindo (Targ; Schlitz; Irwin, 2000; Irwin, 1999; Irwin; Watt, 2007).

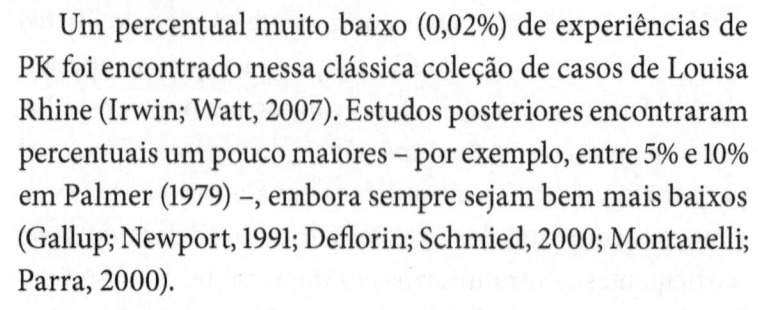

Um percentual muito baixo (0,02%) de experiências de PK foi encontrado nessa clássica coleção de casos de Louisa Rhine (Irwin; Watt, 2007). Estudos posteriores encontraram percentuais um pouco maiores – por exemplo, entre 5% e 10% em Palmer (1979) –, embora sempre sejam bem mais baixos (Gallup; Newport, 1991; Deflorin; Schmied, 2000; Montanelli; Parra, 2000).

A situação na qual as experiências de PK ocorria, em geral, envolvia duas pessoas com forte vínculo afetivo. A experiência de PK acontecia tipicamente com uma delas (A) e tinha relação com a outra (B), que passava por um momento de crise, usualmente com sua sobrevivência em risco. De forma alegórica, é como se a pessoa B pedisse ajuda para a pessoa A, que produziria um efeito físico no ambiente de B para avisá-la de que esta estava em perigo. Outra possibilidade especulativa é de que a pessoa A acessaria a crise da pessoa B por meio de PES; porém, como esse conteúdo é desagradável, a pessoa o reprimiria e, com isso, produziria o efeito PK, como se fosse uma mensagem de seu inconsciente sobre a situação em foco. Exemplos desses fenômenos incluem a movimentação de objetos sem causa aparente e a paralisação de relógios (Irwin, 1999; Irwin; Watt, 2007).

Tais reflexões baseadas em dados fenomenológicos, naturalmente, não auxiliam na confirmação da existência desses fenômenos hipotéticos. No entanto, se trouxerem *insights* para a compreensão destes – por exemplo, de que a PK funciona amplamente de forma não consciente e envolve um significado/mensagem pessoal relativo às pessoas envolvidas –, isso pode colaborar com os estudos experimentais, que usualmente negligenciam os dados fenomenológicos (Heath, 2003).

Preste atenção!

Heath (2003) entrevistou oito participantes que: (a) supostamente produziam efeitos de PK, os quais tinham sido observados por outra pessoa considerada respeitável; (b) obtiveram relativo sucesso em estudos experimentais de PK; e/ou (c) tinham reputação de produzirem os referidos fenômenos. Nessa entrevista, a pesquisadora encontrou características-chave que poderiam estar associadas a experiências de PK. São elas:

> estado alterado de consciência com estreitamento da atenção; perda do senso do ambiente; [...] senso de conexão [com algo além de si mesmo]; dissociação da identidade do eu individual; suspensão do intelecto; presença frequente de emoções de pico ou ironia; [...] sensação de energia; intenção focalizada; falta de esforço; atenção liberada; abertura [mental] para experiência [aceitação]; sensação de impacto, e uma "compreensão" [do que estaria acontecendo], uma sobreposição entre os estados de *ESP* e *PK* e/ou [alguma forma de] energia. (Silva, 2009, p. 20-21)

Esses atributos foram percebidos por quatro participantes como relacionados às experiências de PK que ocorrem espontaneamente, bem como àquelas tentativas realizadas em laboratório, ou no contexto da pesquisa experimental. Um dos interesses dessa pesquisadora é justamente o treino de PK, ou seja, estratégias que possam levar alguém a produzir esse fenômeno pela vontade (Heath, 2003).

2.3 Experiências de contato com "alienígenas"

Embora pareça um tema muito recente, as alegações de contato com alienígenas – estes entendidos das mais variadas formas – ocorrem há séculos. Apresentaremos alguns exemplos extraídos de um universo muito mais amplo.

Um caso antigo e bastante influente no imaginário dos séculos seguintes sobre extraterrestres data de 1758, quando o então famoso cientista sueco Emanuel Swedenborg (1688-1772) publicou o tratado *Concerning Earths in the Solar World, Wich are Called Planets; and Concerning Earths in the Starring Heavens; and Concerning Their Inhabitants; and Likewise Concerning the Spirits and Angels There from Thing Seen and Heard* (Coisas vistas e ouvidas sobre Terras no mundo solar, que são chamadas de planetas; e sobre Terras nos céus estrelados; e sobre os seus habitantes e mesmo sobre espíritos e anjos de lá, em tradução livre). Na obra, Swedenborg relata com copiosos detalhes suas viagens fora do corpo para planetas habitados por seres diversos, o que se constitui em um marco da literatura ocidental sobre viagens a mundos fantásticos.

Já a famosa médium francesa Hélène Smith (1861-1929) alegou ter visitado o planeta Marte em experiências fora do corpo (EFC), tendo, inclusive, aprendido o idioma marciano. Ela fez diversos desenhos com o intuito de retratar paisagens marcianas e seus habitantes.

Desde a década de 1950, os pretensos contatos com alienígenas relatados passaram a se dar não mais por meios espirituais e afins, mas de forma plenamente física, dado que esses seres tripulariam os famosos discos voadores. Apenas nas últimas décadas, com o advento de formas contemporâneas de esoterismo, tem-se verificado um retorno às alegações de contatos com alienígenas mediante EFC, sonhos, memórias de "vidas passadas" ou vivências semelhantes (Martins, 2015).

Outro exemplo são os relatos de sequestro de pessoas por alienígenas, as famosas **abduções**. O primeiro episódio a ganhar notoriedade foi reportado no final da década de 1950 pelo jovem agricultor mineiro Antônio Villas Boas (1934-1991). Existem relatos que fazem referência a décadas anteriores. Contudo, até onde sabemos, essas narrativas foram registradas mais tarde, de modo que não podemos considerá-las como narrativas mais antigas que a de Villas Boas.

O formato e os detalhes das abduções mudaram ao longo do tempo. Se, na época de Villas Boas, os alienígenas eram descritos como truculentos, arrastando as pessoas para dentro de suas naves e realizando com eles experimentos físicos e sexuais, a década de 1980 assistiu ao início de uma mudança que veio a se consolidar. A partir de então, os alienígenas passaram a ser majoritariamente descritos como menos violentos, além de hábeis em influenciar a vontade e a consciência dos sequestrados – conhecidos cada vez mais como *abduzidos* – por meio de algum tipo de aptidão telepática. Os contornos sexuais/reprodutivos dos episódios continuaram, com a alegada coleta de óvulos e sêmen pelos alienígenas para a pretensa confecção de bebês híbridos para fins obscuros. Tudo isso é descrito com muitos detalhes e com grande emoção pelos abduzidos, costumeiramente (mas não exclusivamente) em sessões de hipnose. Isso já conduz a um significativo problema: a hipnose tende a produzir falsas memórias, inclusive em outros contextos além daquele relacionado a alienígenas (Martins, 2015).

Preste atenção!

Nem só de relatos isolados vive o universo dos contatos com alienígenas. Em uma parcela minoritária de episódios, há dados de radar, pretensos implantes sob a pele dos abduzidos e testemunhas adicionais. Um exemplo bastante conhecido é a pretensa abdução do lenhador Travis Walton, em 1975, no Arizona (Estados Unidos). Walton teria sido abduzido diante de cinco amigos, que foram submetidos a testes de polígrafo – o famoso e controverso detector de mentiras (Walton, 1996). Apenas recentemente têm surgido críticas e acusações mais robustas a esse caso.

Muitos abduzidos também reportam a presença de cicatrizes que pretensamente não se faziam presentes anteriormente, além de pesadelos recorrentes e outros indícios circunstanciais que, não raro, os levam a buscar técnicas como hipnose para se lembrar do que, presumivelmente, os alienígenas apagaram de sua memória (Bullard, 1989; Martins, 2011, 2015).

O caráter estranho das experiências de abdução acabou motivando uma dedicação quase exclusiva a esse assunto por parte dos cientistas, quando o tema é contato com alienígenas. É válido ressaltar, no entanto, que isso originou um viés na literatura, pois o leitor desavisado pode acreditar que os demais tipos de alegação de contato com extraterrestres são incomuns e irrelevantes.

No Brasil, os estudos acadêmicos sobre alegações de contato com alienígenas são posteriores a esse impulso inicial dos anos 1990. Contudo, os contatos ditos amistosos, com claros elementos religiosos e esotéricos, encontraram em solo brasileiro crescente interesse de pesquisadores de áreas como antropologia, ciência da religião e psicologia social (Martins, 2011, 2015).

Como destaca Bullard (1989), alguns aspectos básicos das experiências de abdução são reincidentes, o que nos impele à busca por explicações complementares de outros tipos. Enquanto simpatizantes do tema – ufólogos e esotéricos, por exemplo – podem entender que os contatados por alienígenas têm características morais, mediúnicas ou de outros tipos que concretamente os levariam a ser objeto de interesse dos alienígenas, estudos científicos buscam características mais parcimoniosas em comum entre esses protagonistas.

Diversos estudos identificam traços individuais associados aos relatos de abduções por alienígenas. Os traços mais encontrados nas pesquisas – ainda que com alguma controvérsia – são tendência à fantasia, abertura à experiência e tendência à dissociação. É possível encontrar uma breve revisão desses resultados em Appelle et al. (2014).

Preste atenção!

Na única pesquisa brasileira conhecida sobre o tema (Martins; Zangari, 2012; Martins, 2011), conduzida pelo segundo autor desta obra durante seu mestrado, abduzidos e contatados por alienígenas não evidenciaram maior tendência à fantasia, tampouco maior neuroticismo (tendência a experimentar emoções negativas), algo que poderia motivá-los a uma busca por fantasias compensatórias.

A abertura à experiência, por sua vez, se fez presente de modo significativo, como em pesquisas realizadas em outros países. Os resultados interessantes não se encerram aí, havendo na pesquisa em questão achados antes insuspeitos, como uma maior tendência, por parte desses indivíduos, à valorização de aspectos estéticos, à assertividade, à busca por atividades variadas, a ideias e a valores não convencionais e à valorização dos sentimentos. Como essas tendências ocasionariam experiências concretas? Isso ainda é objeto de reflexão (Martins, 2015).

Como esses achados já evidenciam, predisposições pessoais para essas experiências tão insólitas podem ser saudáveis. Ainda na pesquisa de mestrado em questão, que também envolveu entrevistas prolongadas com abduzidos e contatados, foi possível evidenciar aquilo que a literatura psiquiátrica conhece como **características** ou **traços pré-mórbidos**, isto é, indicadores de desenvolvimento futuro de um transtorno mental (Martins, 2011; Martins; Zangari, 2012). Entretanto, ainda que se destaque a amostra pequena que foi possível acessar, nenhuma dessas pessoas evidenciou, na vida adulta, o desenvolvimento de transtornos mentais que poderiam explicar suas experiências. Além disso, esses sujeitos tipicamente mantêm o senso crítico e vivenciam outras dificuldades usualmente impostas por transtornos mentais, ainda que relatem "ver coisas que outros não veem" e tenham crenças incompatíveis com aquelas advogadas pela maioria – o que, no cenário dos transtornos mentais, caracterizaria alucinações e delírios.

Diante da comum controvérsia na literatura científica sobre traços individuais – que ora estão presentes, ora estão ausentes – relacionados a contatos com alienígenas, temos de considerar com mais cuidado o papel da cultura. Na pesquisa de doutorado do segundo autor (Martins, 2015), foi possível observar o papel de diferentes contextos culturais ao se realizar uma imersão em diversos locais e grupos ufológicos. Assim, foi possível perceber que crenças prévias, valores coletivos e imaginário cultural têm papel fundamental no estabelecimento das experiências individuais. Bullard (1989) chega a semelhante conclusão ao estudar as abduções mediante uma perspectiva folclórica.

Vejamos algumas possibilidades explicativas adicionais para elementos pontuais dessas histórias. Os implantes misteriosos dos abduzidos ainda não se revelaram feitos de elementos incomuns ou de tecnologia excepcional, podendo resultar de materiais terrenos acidental ou propositalmente inseridos sob a pele, além de poderem ser nódulos benignos, coágulos e afins. As pintas na pele, que acidentalmente descobrimos de vez em quando, revelam como é possível que pequenas e mundanas cicatrizes também estejam presentes sem que os pretensos abduzidos as tenham notado antes.

Como adiantamos anteriormente, a hipnose pode estimular o surgimento de convincentes falsas memórias de abdução, tal como ocorreu nos anos 1990 na América do Norte acerca de alguns inexistentes abusos sexuais em rituais satânicos. A aparente convergência entre muitos desses relatos pode ser inicialmente compreendida como resultante do contexto cultural compartilhado pelos protagonistas, que fornece uma noção bastante detalhada de como seria uma abdução por extraterrestres. Temos também a paralisia do sono, fenômeno já detalhado neste livro. Os elementos essenciais de uma típica abdução alienígena encontram plena similaridade com os componentes da paralisia do sono, como a incapacidade de realizar movimentos amplos, a visão de seres estranhos ao redor da cama e sensações corporais como toques e manipulações (Appelle et al., 2014; Martins, 2011, 2015).

Preste atenção!

Talvez você esteja se perguntando sobre as fraudes. Elas acontecem, sem dúvida. O segundo autor desta obra tem sua quota de casos desmascarados, como fraudes ora grosseiras, ora sofisticadas. Contudo, no domínio geral dos contatos com alienígenas e no campo particular das pretensas abduções, fraudes parecem ser minoritárias. Erros de interpretação de fenômenos conhecidos pela ciência – muitos dos quais citamos neste livro – são mais comuns.

Essa combinação de fraudes e erros é suficiente para explicar todos os casos? Não podemos afirmar com segurança. As pesquisas continuam, tendo o segundo autor particular interesse nos casos que parecem mais difíceis de se explicar.

De qualquer forma, nenhuma explicação isolada é suficiente para todos os casos. Alienígenas são como um enorme guarda-chuva, capaz de cobrir uma ampla gama de fenômenos e possibilidades. A ausência momentânea de evidências para confirmarmos explicações mais simples para todos os casos não é evidência dessa ausência em termos definitivos, como gostava de dizer o famoso astrônomo e divulgador científico norte-americano Carl Sagan (1934-1996). Precisamos, especialmente diante de narrativas tão fascinantes, seguir com cautela.

2.4
Experiências de mediunidade e "vidas passadas"

Aos 36 meses de idade, na Índia, Ajendra Chauhan começou a dar pistas do que seria uma vida passada. Suas aparentes lembranças incluíam a cidade onde vivia, o modo como morreu e outros detalhes particulares, como a ocasião em que bateu na esposa e ela revidou tentando envenená-lo. Diante da intrigante história, pesquisadores levaram Ajendra à cidade em questão (que ele pretensamente não conhecia "nesta vida"), e lá encontraram pessoas e outros detalhes convergentes com a narrativa do jovem indiano. Chegaram mesmo a descobrir o suposto nome de Ajendra na vida passada: Naresh Gupta. Contudo, e isso é de grande importância em casos assim, diversos detalhes básicos e importantes da "vida passada" de Ajendra não coincidiram com as informações verificadas sobre Naresh Gupta, o que costuma ser ignorado ou subestimado por entusiastas em casos assim. Além disso, diante das chamativas divergências, a probabilidade de convergências por mero acaso não pôde ser determinada (Mills; Tucker, 2014).

O exemplo de Ajendra Chauhan ilustra bem o tema *vidas passadas*. Lembranças desse tipo de experiência estão no domínio da memória, em que o sujeito parece se recordar de detalhes biográficos diversos – ou seja, os detalhes são percebidos como pessoais, relativos à sua história de vida. Contudo, tais detalhes não se encaixam na atual linha biográfica do indivíduo, como se tivessem ocorrido em um passado distante. Em outras palavras, lembranças de vidas passadas dizem respeito à emergência de aparentes lembranças, mas em período anterior ao nascimento da pessoa, quando ela teria outra identidade. As lembranças e correspondentes alegações podem ser acompanhadas de alguns elementos aparentemente comprobatórios, embora muito raramente todos eles se façam presentes: profecias sobre o local em que determinada pessoa falecida reencarnaria, marcas físicas ou deficiências coerentes com a causa da morte na suposta vida passada (cicatrizes aparentemente condizentes com uma facada, por exemplo) e comportamentos pretensamente compartilhados nas diferentes vidas, como fobias e manias (Mills; Tucker, 2014).

Ainda que pessoas possam experimentar lembranças de "vidas passadas" nos mais variados contextos e situações, incluindo as problemáticas regressões hipnóticas, esses episódios são muito mais comuns em culturas mais simpáticas à noção de reencarnação, como a indiana. Esse efeito é particularmente forte para lembranças espontâneas, que não utilizam técnicas e rituais para sua facilitação, e em relatos de crianças muito jovens. Vários exemplos famosos de casos assim vêm do trabalho do pesquisador canadense Ian Stevenson (1918-2007), que colecionou relatos de crianças sobre aparentes vidas passadas (Stevenson, 1981). Ele obteve grande parcela de seus casos em países do Oriente, em que tanto a crença na reencarnação quanto as narrativas infantis com esse perfil são culturalmente valorizadas. Essa constatação não surpreende quando consideramos o papel da cultura sobre crenças e experiências, o que é muito estudado por áreas como psicologia social, antropologia, história e sociologia. Pela mesma razão, são proporcionalmente bem poucos os casos desse tipo no Ocidente, além de estes serem bem menos detalhados e intrigantes que os casos orientais da coleção de Stevenson. Não podemos, entretanto, ser simplistas na busca pela explicação mais fácil. Tais fenômenos são complexos, como ocorre com relatos de crianças ocidentais criadas em famílias que não sustentam crenças reencarnacionistas (Mills; Tucker, 2014).

A maioria dos estudos sobre o fenômeno das lembranças de vidas passadas se dedica à coleção de casos investigados de modo pontual, em busca de detalhes que corroborem ou não a hipótese da sobrevivência da alma. Os acertos (ou coincidências, se preferir) acabam mantendo viva a chama do interesse pelo tema, enquanto os erros e demais aspectos delicados (como vimos no caso de Ajendra Chauhan) convidam à prudência – uma ampla revisão crítica dessas pesquisas pode ser encontrada em Mills e Tucker (2014).

> **Importante!**
>
> Boa parte do imaginário coletivo sobre vidas passadas se sustenta ou depende de uma concepção equivocada sobre o funcionamento da memória. Ao contrário das aparências, a memória não funciona como um depósito em que guardamos imagens, sons... enfim, memórias. Trata-se de um processo de recriação de vivências. Toda vez que nos recordamos de algo, o cérebro recria a experiência, usando, para isso, experiências passadas pontuais, mas também expectativas, crenças e vieses criativos e inconscientes de outros tipos. Em outras palavras, aquilo que nos recordamos – extraordinário ou não – é produto não apenas do que nos aconteceu, mas também das histórias que ouvimos de nossos pais sobre nossa infância, dos filmes que assistimos, de nossos desejos etc. Ao mesmo tempo, precisamos confiar em nossas memórias. Caso contrário, a vida se tornaria muito incerta e não conseguiríamos executar, com o mínimo de competência, até mesmo as tarefas mais simples.

O funcionamento criativo da memória e nossa necessidade de confiar nela estão na base do fenômeno das falsas memórias – e das memórias em geral, como esperamos que você tenha percebido. Isso justifica toda a nossa prudência com o tema. Até mesmo Stevenson tinha esse cuidado, apesar de seu envolvimento pessoal com o tema, referindo-se frequentemente a alguns desses casos como **sugestivos de reencarnação**. A investigação desses casos acaba, pois, por compartilhar algumas ou muitas dificuldades de estudo científico das EAs de outras categorias.

Um tema associado à reencarnação, pois depende fundamentalmente da noção de sobrevivência da alma após a morte física, e que detém enorme impacto cultural, é a **mediunidade** (Cardeña; Moreira-Almeida, 2011). De forma simplificada, a mediunidade é a pretensa capacidade – maior em algumas pessoas do que em outras – de entrar em contato com o presumido mundo espiritual. Diversas religiões brasileiras têm na mediunidade um de seus pilares fundamentais, como o espiritismo kardecista, a umbanda, o candomblé e o catimbó. No entanto, as religiões mediúnicas mais conhecidas não devem nos impedir de observar aquelas mais recentes e pouco familiares à maioria de nós. Algumas delas se baseiam no contato mediúnico – ou algo semelhante, como a canalização – com entidades desencarnadas, mas que não seriam espíritos de humanos falecidos; tratar-se-iam de extraterrestres fora de seu corpo físico ou seres ditos *ultradimensionais* (Martins, 2015).

As experiências mediúnicas variam nos objetivos, podendo se associar a processos de evolução de consciência, cura de questões físicas, obtenção de informações de ordem espiritual, entre outras possibilidades permitidas ou esperadas por cada sistema de crença. Essas possibilidades acabam produzindo variações nas experiências em si, havendo médiuns psicógrafos (que transmitem ideias dos pretensos espíritos pela escrita), médiuns de cura (que fazem cirurgias espirituais, passes etc.), médiuns de efeitos físicos (capazes de produzir fenômenos como levitações e materializações), médiuns sensitivos (que sentem a presença de espíritos), médiuns videntes (que veem espíritos), médiuns audientes (que ouvem espíritos), entre outras incontáveis variações.

Ainda que experiências mediúnicas e experiências resultantes de transtornos mentais, como a esquizofrenia, tenham elementos em comum (como ouvir vozes, por exemplo), as pesquisas sugerem que a maioria dos médiuns não tem transtornos mentais. Ao contrário, as experiências mediúnicas, independentemente de sua causa, tendem a estar associadas à saúde mental e ao bem-estar subjetivo.

Para saber mais

Para uma ampla revisão sobre esses estudos, consulte as obras a seguir.

MARALDI, E. de O. **Dissociação, crença e identidade**: uma perspectiva psicossocial. 629 f. Tese (Doutorado em Psicologia Social) – Universidade de São Paulo, São Paulo, 2014. Disponível em: <https://www.teses.usp.br/teses/disponiveis/47/47134/tde-18032015-105415/publico/maraldi_original.pdf>. Acesso em: 6 set. 2022.

MARALDI, E. de O. **Metamorfoses do espírito**: usos e sentidos das crenças e experiências paranormais na construção da identidade de médiuns espíritas. 782 f. Dissertação (Mestrado em Psicologia) – Universidade de São Paulo, São Paulo, 2011. Disponível em: <https://www.teses.usp.br/teses/disponiveis/47/47134/tde-29042011-114125/publico/maraldi_me.pdf>. Acesso em: 6 set. 2022.

Vale relembrar, em razão do comum costume de pensarmos nos fenômenos em termos dicotômicos – verdade *versus* mentira –, que a ausência de relação entre transtornos mentais e experiências mediúnicas não implica na realidade ontológica do contato com o mundo espiritual. Diversas explicações alternativas têm de ser consideradas. Entre elas, há variações saudáveis da aptidão humana normal para a dissociação, isto é, a capacidade de separar o funcionamento de processos cognitivos e comportamentais, como ocorre quando escrevemos sem controlar conscientemente a mão, por exemplo. Diversas pesquisas têm encontrado relação entre tendência à dissociação – que pode ser medida em testes psicológicos – e experiências mediúnicas. Essa relação pode ser potencializada pela cultura, como ocorre quando centros espíritas e afins promovem cursos, oficinas ou atividades semelhantes de treinamento mediúnico (Maraldi, 2011, 2014).

Por sua vez, há pesquisas tentando encontrar evidências da realidade ontológica de fenômenos anômalos relacionados à mediunidade. Rocha et al. (2014) estudaram cartas psicografadas pelo notório médium Chico Xavier (1910-2002), em busca de informações precisas que o escritor, em tese, não poderia saber. Embora os autores tenham levantado alguns indícios interessantes, o estudo – assim como outros semelhantes – tem importantes problemas metodológicos, que incluem uma inadequada confiança no testemunho de terceiros sobre o aparente fato de que "ninguém além de mim sabia" de alguma informação dada pelo médium e a impossibilidade de controle sobre a eventual contaminação cultural de informações-chave, que poderiam circular na família ou na comunidade sem que as pessoas envolvidas no estudo tivessem como saber.

2.5
Experiências místicas

Aproximadamente em 2008, o segundo autor estava em um local isolado, cercado pela natureza, praticando tai chi chuan, aquela famosa arte chinesa com movimentos lentos e harmoniosos. Não estava sob efeito de qualquer substância. Nada excepcional prometia advir dali, até que algo novo começou a ocorrer.

De modo inesperado, as cores começaram a parecer mais vivas e brilhantes. As árvores estavam mais verdes; o céu, mais azul. Até o ar parecia resplandecer, com uma espécie de brilho tênue. O autor foi tomado, suave e gentilmente, por uma gradual sensação de paz e de conexão com tudo. Foi como se cada pedra, cada folha, cada nuvem, cada planeta e cada galáxia estivessem conectados a ele. Não houve perda de sua identidade pessoal. Se houvesse necessidade de responder, o autor saberia dizer quem era, onde morava etc. Ao mesmo tempo, seu senso de si (ou seja, seu "eu" ou "*self*") se expandiu a ponto de contemplar todo o ambiente e as demais formas de vida. A paz era tamanha que, se morresse naquele momento, ainda assim tudo estaria bem. O tempo parou. Foi como se cada segundo durasse uma eternidade, sem que isso fosse entediante. Em algum momento, o autor se perguntou "Será isso a tal iluminação budista? Terei de largar tudo e me tornar monge?" Como ele somente percebeu mais tarde, esses angustiados questionamentos demonstravam que a experiência havia terminado, pois nela não havia lugar para dúvidas e angústias.

Eis um bom exemplo, ainda que não completamente representativo, de experiência mística. Como demonstraremos, experiências místicas dependem tanto do contexto cultural para defini-la quanto podem ter variadas formas. Assim, nenhum episódio é completamente representativo desse universo, o que não nos impede de discutir certos padrões e detalhes (Wulff, 2014).

Ainda que uma definição ampla e única de experiência mística seja inviável, temos de ter algum ponto de partida. Consideremos tais experiências como algum tipo subjetivo de arrebatamento ou elevação a níveis ou dimensões de existência aparentemente muito superiores à realidade mundana. Características comuns dessas experiências incluem sentidos mais aguçados, sentimentos de paz profunda e de conexão com o ambiente, quebra da lógica cotidiana, sensação de encontro direto e arrebatador com algo que parece transcendental, alterações drásticas nas noções de tempo e espaço e dissolução ou ampliação do "eu". Freud (2014) descreveu semelhante vivência com uma analogia interessante, embora repleta de uma questionável conotação negativa: o **sentimento oceânico**.

Preste atenção!

Uma das narrativas mais famosas de uma experiência mística é o êxtase de Santa Teresa d'Ávilla (1515-1582), eternizada na escultura de Bernini (1652).

Figura 2.1 – *O êxtase de Santa Teresa*, de Bernini

BERNINI, G. L. **O êxtase de Santa Teresa**. 1647-1652. Escultura: 350 × 138 cm. Igreja Santa Maria della Vittoria, Roma.

O relato da famosa santa inclui visões de Jesus e de um anjo, este munido de uma lança flamejante que teria transpassado seu corpo, causando-lhe profunda e magnífica dor espiritual e física, um êxtase diante do insuportável amor de Deus.

Apesar de subjetivas e variadas, as experiências místicas podem ser estudadas. Uma das descobertas mais imediatas diz respeito ao papel decisivo da cultura, de modo que há tantas formas de experiências místicas quanto culturas

(Wulff, 2014). Assim, os episódios podem ou não envolver a percepção subjetiva de Deus, anjos, antepassados, planetas, energias, entre outros. As culturas fornecem elementos-chave para a compreensão e a interpretação dessas experiências.

A despeito dessa variabilidade potencial, vejamos mais alguns pontos frequentemente compartilhados. Já na década de 1920, Rudolf Otto (2016) apontou a existência de dois grandes grupos de experiências, algo que pesquisadores das décadas seguintes também validaram: as experiências voltadas para dentro e as voltadas para fora. Na primeira categoria, as pessoas experimentam uma espécie de retirada de si em relação ao mundo exterior, como um mergulho interno, vivenciando aí, nas entranhas da própria subjetividade, sensações de infinitude e paz. No segundo tipo, como o nome sugere e como a narrativa do começo desta seção exemplifica, os indivíduos vivenciam um mergulho para fora de si, fundindo-se ao entorno – ao universo, às demais formas de vida etc. Otto (2016) fez a ressalva de que poderia haver outras categorias de experiência. Contudo, os dados que ele tinha em mãos apontavam para esses dois tipos.

Um dos grandes nomes fundadores da psicologia moderna, William James (2019), evidenciou duas características principais nas experiências místicas: a **inefabilidade** (a impossibilidade de exprimi-las satisfatoriamente em palavras) e a **qualidade noética** (que passa intrinsecamente à margem do intelecto discursivo). Tais características básicas, que também estão presentes na experiência exemplificada no começo desta seção, apresentam uma implicação imediata para as pesquisas: os êxtases místicos não parecem ser satisfatoriamente verbalizáveis, ficando, em essência, restritos a quem os vivenciou. Naturalmente, de modo geral, o mesmo ocorre com qualquer experiência humana: a linguagem consegue transmitir apenas uma parte dela. Contudo, visto que a linguagem é construída no cotidiano da cultura, a excepcionalidade das experiências místicas ajuda a torná-las particularmente difíceis de comunicar, restando àqueles que desejam partilhá-las apenas metáforas bastante insatisfatórias.

Além das características essenciais mencionadas, James (2019) aponta duas características secundárias: a **transitoriedade** (os êxtases místicos se dissolvem após minutos ou, com sorte, poucas horas) e a **passividade** (faz com que o protagonista se sinta passageiro da experiência, como se fosse guiado por algo à sua revelia). A depender da cultura e das crenças pessoais, esse "algo" pode ser Deus, as energias do universo ou o cérebro.

Estudos mais recentes têm salientado como aspectos mais básicos o senso de conexão com uma realidade maior – Deus, o universo ou o que for –, o realismo da experiência e a conotação de sagrado ao que aconteceu, independentemente do que seja esse "sagrado" (Wulff, 2014).

Preste atenção!

De forma semelhante ao que ocorre com a experiência em si, os impactos ocasionados pelo episódio na vida da pessoa também dependem do ambiente e das características desta. No exemplo citado no início da seção, a ausência de perspectivas religiosas específicas tornou a vivência uma oportunidade de autoconhecimento sobre as possibilidades do organismo humano.

Comecemos pela cultura. A inserção ou a proximidade do sujeito de contextos em que experiências místicas são esperadas, encorajadas ou incentivadas aumenta significativamente a chance de sua ocorrência. Como vemos em diferentes momentos deste livro, somos muito sensíveis aos comportamentos das demais pessoas. Isso nos permite imaginar como seria uma eventual narrativa de êxtase de Santa Teresa se ela fosse hindu ou daoísta. Parece não haver limites para o quanto a cultura pode afetar o formato desses episódios, como vemos nos casos em que as pessoas se sentem conectadas a extraterrestres e naves espaciais (Martins, 2015).

Consideremos agora aqueles aspectos basilares das experiências que parecem ser relativamente alheios à cultura. Um deles diz respeito à ocorrência relativamente frequente de experiências místicas menos superlativas. Em uma pesquisa de meados da década de 1970, 35% de 1.460 norte-americanos apontaram ter vivido algo assim ao menos uma ou duas vezes na vida (Greeley, 1975). Já em uma pesquisa britânica da mesma época, 30,4% de 1.865 pessoas alegaram ter vivido esse tipo de experiência (Hay; Morisy, 1978). Ainda que pesquisas posteriores tenham chegado a resultados semelhantes, o cuidado adicional de se entrevistar participantes tem revelado que muitas dessas experiências não seriam propriamente místicas (Wulff, 2014).

Vejamos mais algumas descobertas interessantes desses estudos. Parece que há alguns fatores associados a uma maior chance de se vivenciar experiências místicas. Sua probabilidade aumenta com a idade, o nível educacional e de renda. Isso também ocorre em relação ao envolvimento com grupos, práticas e crenças esotéricas contemporâneas, o que talvez ajude a compreender um papel importante da cultura como mediadora. A despeito do conhecido estereótipo, mulheres não parecem experimentar esses episódios com mais frequência do que homens. O estereótipo possivelmente se deve, conforme costuma argumentar a professora Fátima Machado (2009), à expectativa cultural em relação aos gêneros, de modo que mulheres tendem a se sentir mais à vontade para reportar EAs.

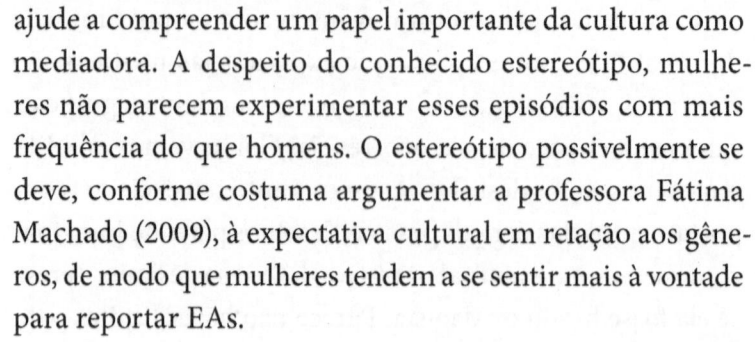

Não podemos dizer muito, a partir das pesquisas, sobre êxtases místicos em crianças e adolescentes (Wulff, 2014). Os dados conflitantes a esse respeito fazem sentido quando consideramos que a imaginação e a distinção entre fantasia e realidade estão em desenvolvimento nessas fases da vida.

Tal como ocorre com outras categorias de EA, o traço *abertura à experiência* também parece associado a uma maior propensão para experiências místicas (Wulff, 2014). Abertura à experiência é um traço não patológico de personalidade associado a uma maior ou menor disponibilidade pessoal para vivenciar novidades. Na prática, tal abertura pode favorecer experiências e comportamentos diversos: viagens, comidas novas, parceiros sexuais, autoconhecimento etc. Para comparação, a pesquisa de mestrado do segundo autor identificou a relação entre abertura à experiência e alegações de contato com alienígenas (Martins, 2011).

Esses achados fazem bastante sentido quando pensamos que pessoas com alta abertura à experiência tendem a se colocar em situações facilitadoras de experiências místicas, como ao viajar a lugares místicos, ao participar de grupos esotéricos, ao experimentar substâncias psicodélicas etc. Tais comportamentos também facilitam o desenvolvimento de crenças e expectativas favoráveis à ocorrência de experiências místicas. Como demonstramos em diferentes momentos deste livro, as EAs estão fortemente associadas a crenças e expectativas.

Outros traços individuais e também potencialmente saudáveis têm sido associados a êxtases místicos, como criatividade, hipnotizabilidade (maior ou menor propensão a ser hipnotizado), transliminaridade (propensão maior ou menor a experimentar conscientemente conteúdos inconscientes), absorção (propensão maior ou menor a ficar absorto nos próprios pensamentos e em experiências internas), crença no paranormal, propensão à fantasia e pensamento mágico (tendência a compreender a realidade de forma supersticiosa e mágica).

Algo pouco considerado no senso comum é que fatores ambientais também aumentam a chance de ocorrência de experiências místicas, como flores, incensos, ambientes místicos ou religiosos e nascer ou pôr do sol. Cabe ressaltar que patologias como a esquizofrenia podem ocasionar experiências semelhantes a êxtases místicos, embora, como veremos mais adiante, experiências patológicas estejam mais relacionadas à desorganização mental e ao sofrimento – uma ampla revisão da literatura pode ser encontrada em Wulff (2014).

Síntese

São populares as noções sobre o "paranormal", o "sobrenatural", como se esse domínio fosse homogêneo e integrado. Contudo, como demonstramos neste capítulo, o paranormal é composto por diversos tipos de experiência e de alegação, com crenças distintas envolvidas e causas diferentes em jogo.

O assunto é tão complexo que, mesmo nós, autores, discordamos em alguns pontos; este livro pretende também refletir essas tensões.

Neste capítulo, buscamos apresentar experiências como as de quase morte (EQM), aquelas relacionadas à psi, os contatos com supostos alienígenas, a mediunidade, supostas vidas passadas e experiências místicas, cada uma delas com suas peculiaridades e pesquisas, mas com o ponto em comum – e potencialmente enganoso: sua aparência extraordinária.

Dicotomias populares acerca da existência ou não do paranormal/sobrenatural escondem uma coleção infindável de sutilezas. Pode haver conexões insuspeitas entre duas ou mais categorias aparentemente muito distintas de experiências, e a ciência ainda precisa avançar nos estudos no sentido de identificar algum detalhe sutil que ninguém percebeu. Talvez determinada categoria de fenômeno anômalo realmente exista, enquanto todas as demais são exclusivamente fruto de farsas ou erros de interpretação de fenômenos já conhecidos pela ciência. Se algo semelhante a isso for verdadeiro, como lidar com o aparente fato de que todas as categorias de experiências anômalas (EAs) têm ocorrências (mesmo que minoritárias) que desafiam explicações convencionais? As possibilidades e desafios são muitos. Tudo isso sugere que a continuidade e a sofisticação dos estudos são imensamente necessárias.

Por fim, há um desafio que, por vezes, passa despercebido, em razão de nossas crenças enraizadas, que acabam por exercer efeitos de modo inconsciente: se uma anomalia for detectada, como garantir que se trata daquela considerada no início? Imaginemos, para efeitos de ilustração, um suposto médium que diz algo muito pessoal a respeito da consulente, algo que, ao fim, não poderia ser, de modo algum, explicado por vias convencionais. Imaginemos que tal conclusão fosse possível em dado caso. Teríamos então de assumir que algo extraordinário aconteceu. Segundo o médium, ele recebeu tal informação de uma voz em sua mente. Essa voz viria mesmo de um espírito (como ele acredita) ou de uma telepatia inconsciente, por exemplo? E se, em vez de ouvir espíritos, o médium tivesse grandes aptidões telepáticas, interpretando o que capta da mente dos consulentes como sensações vindas de espíritos de pessoas falecidas? Como descartar uma ou outra possibilidade? O ponto derradeiro é que (eventualmente) detectar uma anomalia não implica ter igual convicção sobre sua natureza. Em virtude de nossos vieses para a compreensão da realidade, podemos nos enganar tanto na interpretação de uma EA quanto na identificação de uma eventual ocorrência realmente anômala. Os desafios explicativos não cessam, portanto, com a demonstração de que algo "paranormal" eventualmente aconteceu. E talvez a ciência, ao trabalhar com os elementos fornecidos pelo universo natural, não tenha elementos para ir além desse ponto.

Atividades de autoavaliação

1. Assinale a alternativa verdadeira com relação às experiências de quase morte (EQM).
   a) EQM somente são possíveis em situações de parada cardíaca, afogamento e outras situações em que o corpo já começa a entrar em processo de morte física.

b) A ausência de circulação sanguínea no cérebro demonstra que as EQM não podem ser atribuídas a algum tipo de alucinação ou fenômeno cerebral.
c) Do ponto de vista científico, EQM, seguramente, não existem.
d) Pesquisas demonstraram a realidade concreta das EQM.
e) EQM nem sempre são positivas, agradáveis ou construtivas.

2. Analise as informações a seguir sobre as experiências psi e assinale V para as afirmações verdadeiras e F para as falsas.
( ) Experiências psi englobam o domínio dos diferentes tipos de percepção extrassensorial (PES) e da psicocinese (PK).
( ) A prevalência de experiências psi na população em diversos locais do mundo é maior do que 50%.
( ) Aparentemente, experiências de PES são mais comuns do que experiências de PK.
( ) Experiências psi ocorrem de modo equânime entre as pessoas, independentemente de se conhecerem ou de qualquer conexão emocional.

Agora, assinale a alternativa que apresenta a sequência correta:

a) V, F, F, V.
b) F, V, F, F.
c) V, V, V, F.
d) F, F, V, V.
e) V, V, F, F.

3. Com relação às experiências de contato com "alienígenas", assinale a alternativa correta.
   a) Contatos com alienígenas começaram a ser reportados no século XX, com o desenvolvimento da tecnologia aeroespacial, a qual afetou o imaginário coletivo.
   b) Experiências anômalas (EAs) de outros tipos, como mediunidade, podem se sobrepor a experiências de contatos com alienígenas.
   c) As características das alegações de contatos com "alienígenas" se mantêm estáveis quando comparadas em diferentes épocas e culturas, demonstrando que explicações de ordem cultural não são adequadas para o fenômeno.
   d) A ausência de relação entre contatos com alienígenas e transtornos mentais sugere fortemente que as experiências são reais.
   e) Podemos afirmar com segurança, do ponto de vista científico, que alegações de contato com alienígenas são sempre resultantes de transtornos mentais.

4. Sobre a mediunidade e as lembranças de vidas passadas, assinale a alternativa correta.
   a) As características da cultura e da época em que as lembranças de vidas passadas emergem não desempenham papel nos episódios em si.
   b) Do ponto de vista da ciência, a única religião verdadeiramente mediúnica é o espiritismo kardecista.
   c) Características pessoais, como tendência à dissociação, não estão associadas a experiências mediúnicas.

d) A pesquisa de casos sugestivos de vidas passadas não foi capaz, ao menos até os dias atuais, de encontrar episódios sobre os quais não existam dúvidas acerca de sua veracidade.
e) Não é possível estudar cientificamente algo que depende tanto da fé, como é o caso dos fenômenos de ordem espiritual.

5. Analise as informações a seguir sobre as experiências místicas e assinale V para as afirmações verdadeiras e F para as falsas.
( ) Experiências místicas podem variar bastante em suas características, de modo que episódios particulares dificilmente são representativos de todo o fenômeno.
( ) Características como senso de conexão com o universo e de contato com algo "sagrado" estão entre as mais comuns durante êxtases místicos.
( ) As experiências místicas se mantêm homogêneas mesmo quando comparadas em diferentes culturas.
( ) Experiências místicas têm semelhante impacto em pessoas que já se encontram em uma "vida mística" e em pessoas que não têm rotina associada a esses temas.

Agora, assinale a alternativa que apresenta a sequência correta:

a) V, V, F, F.
b) V, F, V, V.
c) F, V, F, V.
d) F, F, V, F.
e) F, F, F, V.

Atividades de aprendizagem

Questões para reflexão

1. Experiências anômalas (EAs) são um tema delicado, que mexe com nossas crenças mais enraizadas. Tais crenças podem, inclusive, enviesar nossa escrita e nossa leitura. Tente agora pensar criticamente a esse respeito: o quanto você acha que suas convicções prévias afetaram suas impressões sobre este capítulo?

2. Considerando tudo o que você leu neste capítulo e seu conhecimento anterior à leitura deste livro, o que seria necessário para que você mudasse de ideia sobre a natureza de alguma das experiências anômalas (EAs) que você considera mais estranhas? O critério necessário estipulado por você para mudar de ideia é realmente possível de se obter, caso exista?

Atividade aplicada: prática

1. Uma das melhores formas de se verificar no cotidiano alguns dos pontos fundamentais trazidos neste capítulo é conversando com pessoas próximas sobre experiências anômalas (EAs) que possam ter vivenciado. É bastante possível que você descubra, tal como aconteceu conosco, autores deste livro, em nossos primeiros anos de curiosidade sobre o assunto, que pessoas bastante próximas a você – e cuja inteligência e sobriedade você respeita – têm suas próprias EAs, inclusive as mais "estranhas". Desde que perceba que não há dificuldades emocionais da parte delas em abordar o tema, converse com elas sobre essas experiências. Inicie o assunto em uma roda de amigos ou em conversas mais privadas e se surpreenda com o resultado.

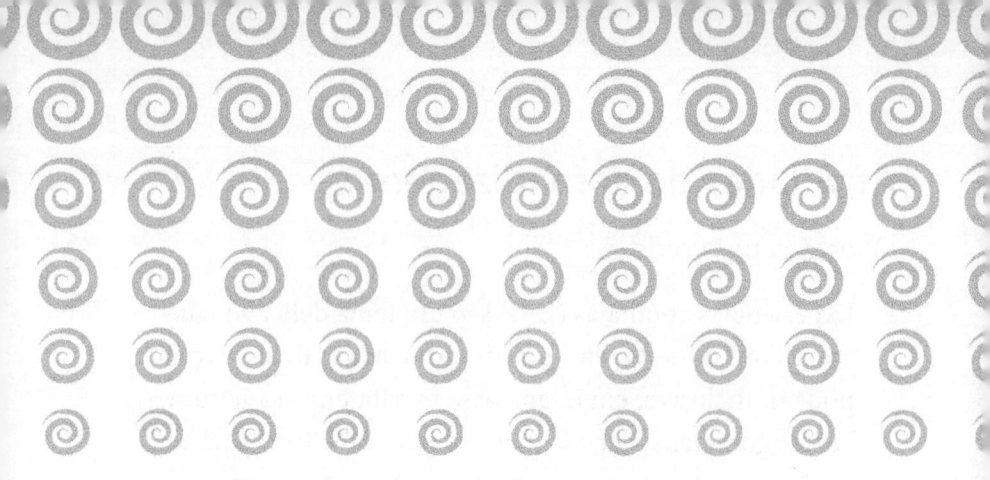

3
Métodos de estudo e principais linhas de pesquisa das experiências e dos fenômenos anômalos

Em diferentes momentos deste livro, apresentamos diversas áreas de estudo e métodos de pesquisa, visto que cada categoria de experiência anômala (EA) constitui uma área de estudo. Assim, os pesquisadores dos campos da psicologia anomalística e da parapsicologia costumam se dedicar especialmente – ainda que não exclusivamente – a uma categoria específica de experiência. Cada um dos autores deste livro, por exemplo, é especializado em um campo de pesquisa: o primeiro autor é especializado em pesquisa psi experimental, ao passo que o segundo é mais dedicado a casos espontâneos, com ênfase em alegações de contatos com alienígenas. Neste capítulo, você conhecerá um pouco mais sobre duas formas de pesquisa: estudo de caso e pesquisa experimental.

3.1
Áreas de estudo e métodos de pesquisa

Um modo mais abrangente de organizar o estudo de EAs e os respectivos métodos de pesquisa envolve duas grandes categorias: estudos ontológicos e fenomenológicos (Giesler, 1984). Você provavelmente deve ter notado a aparição desses termos antes. Mas é necessário detalharmos cada um deles.

Os **estudos fenomenológicos** têm como objetivo a compreensão da subjetividade das pessoas e do sentido que elas dão para suas experiências. Assim, perguntas de pesquisa que movem estudos fenomenológicos incluem exemplos como: Experiências mediúnicas afetam o bem-estar dos médiuns? Pessoas que tiveram experiências fora do corpo (EFC) mudam o modo como compreendem a vida e seu papel no mundo? Crenças em alienígenas desempenham funções psicológicas semelhantes à religião? As possibilidades são intermináveis, embora busquem sempre compreender a subjetividade das pessoas estudadas. Note que nenhum dos exemplos citados diz respeito à existência – ou à inexistência – concreta de espíritos comunicantes, EFC e alienígenas. Isso é assunto para as pesquisas ontológicas.

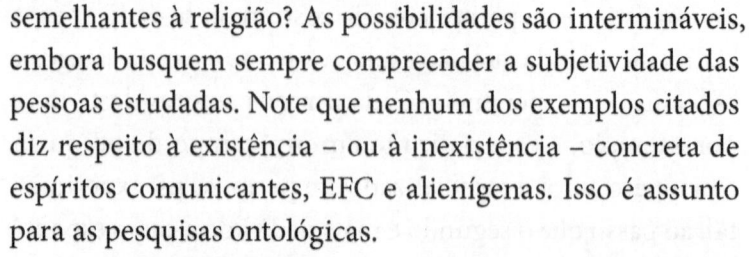

Já os **estudos ontológicos** se dedicam a explicar a ontologia das EAs, ou seja, sua origem e suas causas. *Ontologia* é um termo que, desde Aristóteles, diz respeito àquilo que as coisas "são", à sua natureza e a suas propriedades. Daí o uso do termo para estudos que pretendem descobrir o que aconteceu em determinado episódio ou a respeito de certos fenômenos. Estudos ontológicos investigam, portanto, hipóteses como alucinações, fraudes, falsas memórias, erros de interpretação de fenômenos conhecidos e causas eventualmente paranormais. Perguntas a serem respondidas nessas pesquisas têm contornos como: Abduções por alienígenas podem ser explicadas como alucinações durante episódios de paralisia do sono? O caso de *poltergeist* relatado por fulano é uma fraude? Telepatia realmente existe? Novamente, as possibilidades são inúmeras, assim como os tipos e as ramificações de EAs.

Diante de tantas possibilidades para explicar as EAs, é necessário estabelecer um ponto de partida. Um princípio fundamental que vem demonstrando seu valor para a ciência há séculos é a **lei da parcimônia**, também conhecida como *princípio da economia das hipóteses* ou *navalha de Occam*. O princípio foi formulado por um monge franciscano chamado Guilherme de Occam (1285-1347) e determina que, se duas ou mais hipóteses são igualmente boas para explicar algo, deve-se escolher a mais simples. Nesse caso, a hipótese mais simples corresponde àquela com elementos menos extravagantes e em menor quantidade. Justamente por ser mais descomplicada e por apelar para possibilidades mais prosaicas, as hipóteses mais simples têm mais chances de acontecer, isto é, são mais prováveis. Daí o motivo do nome: o princípio proposto por Occam corta as hipóteses desnecessariamente complexas como uma navalha.

Todos aplicamos semelhante bom senso, de modo intuitivo, no dia a dia. Quando uma criança diz que o cachorro comeu seu dever de casa, consideramos primeiramente a possibilidade mais simples de que ela apenas não fez sua tarefa e está, convenientemente, culpando o cachorro. De forma análoga, quando alguém relata que foi visitado por um gnomo ou um alienígena em seu quarto à noite enquanto se encontrava paralisado, a hipótese mais simples é a de que se tratou de um episódio de paralisia do sono, pois contém menos elementos que a hipótese dos seres extraordinários, além de evocar apenas um fenômeno cuja existência não permite dúvida razoável a respeito, diferentemente da controversa existência de gnomos ou de alienígenas.

Importante!

Perceba, contudo, que a **hipótese mais simples** não é, necessariamente, a que explica adequadamente, ao final, o fenômeno estudado. Isso porque a realidade não tem de seguir, obrigatoriamente, o caminho mais simples. Essa é, apenas, a via mais provável; de forma nenhuma é a única possibilidade.

Retomando os exemplos anteriores, o cachorro poderia realmente ter devorado o dever de casa. E, contra as probabilidades, alienígenas poderiam eventualmente realizar visitas noturnas a humanos. Assim, a hipótese mais simples deve servir de ponto de partida para uma investigação mais aprofundada, porém, de forma alguma, é suficiente por si mesma. Se a hipótese mais simples fosse necessariamente a correta, a pesquisa ontológica não seria necessária, bastando, para explicar os fenômenos, que a hipótese mais simples fosse formulada pelo exercício da razão. As hipóteses devem ser testadas, a começar, portanto, pelas mais simples.

Os métodos escolhidos para cada pesquisa dependem fundamentalmente do tipo de questão que os pesquisadores pretendem responder. As pesquisas ontológicas buscam testar as hipóteses por meio de diferentes métodos que permitem comparar e descartar possibilidades explicativas, como testes e experimentos. Se desejamos, por exemplo, verificar se possessões demoníacas podem ser explicadas como desdobramentos de transtornos mentais, podemos aplicar testes psicológicos que diagnosticam transtornos mentais. Isso permitiria confirmar ou não tal hipótese. Já as pesquisas fenomenológicas utilizam tipicamente métodos como entrevistas e observações de campo, os quais permitem o registro de manifestações da subjetividade das pessoas. Se a pesquisa busca, por exemplo, compreender o sentido que histórias sobre fantasmas têm para coveiros, as entrevistas são um caminho natural para verificarmos suas opiniões, seus medos e os significados que atribuem para o tema. Quando você se defrontar com algum método de pesquisa sendo comentado neste livro, pergunte-se sobre o tipo de pesquisa a que ele pertence, se é ontológico ou fenomenológico.

3.2
Estudos de caso de experiências anômalas (EAs)

Estudos de caso são aqueles em que, como o nome sugere, o interesse de pesquisa recai sobre um caso específico e ilustrativo de qualquer fenômeno; aqui, referimo-nos a um caso anômalo qualquer, como um médium ou paranormal em particular, um caso específico de contato com alienígenas ou um episódio de *poltergeist*.

O estudo de caso pode se encaixar em ambas as categorias descritas anteriormente, sendo objeto de interesse ontológico ou fenomenológico. Contudo, em ambas as possibilidades, o que vier a ser aprendido com o estudo de determinado caso, pessoa ou grupo não pode ser irrefletidamente generalizado para outros casos, sujeitos e grupos, pois não temos como asseverar, sem um estudo mais amplo e complementar, que tal caso consegue contemplar e representar os demais. Assim, o interesse pelo estudo de caso costuma recair em, pelo menos, uma das seguintes possibilidades: (1) o caso é interessante ou revelador por si mesmo, merecendo ser estudado; e/ou (2) o caso tem potencial para ser representativo, ilustrativo ou elucidativo de um fenômeno mais amplo, podendo contribuir para o conhecimento deste, como uma pequena peça de um quebra-cabeças maior.

Como mencionamos, os estudos iniciais de EAs no século XIX e no início do século XX se dedicavam aos grandes paranormais e ocorriam, principalmente, por meio da observação naturalista dos fenômenos. Os pesquisadores participavam, então, de sessões mediúnicas convencionais ao lado dos médiuns, tentando observar o máximo que conseguiam, procurando indícios de fraude e controlando algumas poucas variáveis de forma quase artesanal. É compreensível que isso ocorresse porque estamos nos referindo a uma época em que as ciências dedicadas ao estudo do ser humano estavam em seu início, com pouquíssimos recursos disponíveis. Assim, tais observações faziam sentido naquele tempo, ao passo que outras possibilidades que nos são familiares atualmente não eram sequer cogitáveis na época.

Também demonstramos que o estudo de casos pela via da observação em seu contexto natural apresenta incontáveis armadilhas, especialmente se o objetivo do estudo for a verificação de um eventual fenômeno anômalo. Se o objetivo do estudo for compreender o significado das experiências e as crenças dos envolvidos e seus comportamentos, toda nuance envolvida constitui um dado interessante. Mesmo eventuais fraudes, que possam passar desapercebidas pelos pesquisadores, não apresentam grande problema porque uma análise sensível a essa mera possibilidade discutirá o sentido dos dados obtidos à luz tanto da possibilidade de fraude quanto de experiências legítimas. Como já ressaltamos, pesquisas fenomenológicas não estão preocupadas com a causa última das experiências, o que inclui as fraudes. Contudo, se a pesquisa é de viés ontológico, o estudo de caso terá de considerar as mais diversas possibilidades de explicação, inclusive o engodo.

Diversos aspectos que poderiam ser interessantes referentes ao estudo de caso foram ou serão apresentados em outros pontos deste livro, entre eles a importância da familiaridade dos princípios da arte mágica (ilusionismo) e a pluralidade de métodos científicos adequados à pesquisa conforme o tipo de fenômeno e a pergunta de pesquisa a ser respondida. Assim, cumpre-nos adicionar alguns aspectos relativos à observação e às entrevistas a serem conduzidas com pessoas envolvidas nos casos estudados.

Inicialmente, é preciso compreender que EAs podem representar, para o pesquisador, algo inescapavelmente diferente, contraintuitivo – e tal alteridade inaugura diversos desafios.

Entre os tantos exemplos fornecidos pela carreira de pesquisador, o segundo autor deste livro se recorda de um caso investigado em que um contatado por alienígenas disse que o único alimento terráqueo que os alienígenas conseguem consumir é gelatina de supermercado. Se o pesquisador não estiver ciente da alteridade representada pelas EAs, o estranhamento pode acometê-lo sem aviso, causando riscos, desconforto, resistência a escutar e a observar de modo aberto, patologização automática, consideração exclusiva de explicações intrapsíquicas, entre outras possibilidades. O pesquisador também precisa estar ciente quanto a expectativas, interesses e resistências comuns associadas ao tipo de caso investigado. Evidentemente, muitas informações dessa natureza resultarão da pesquisa, mas é comum, por exemplo, que a figura do cientista seja percebida em contextos esotéricos como associada à arrogância e a um tipo negativo de ceticismo, o que deve ser levado em conta pelo pesquisador durante sua aproximação dos envolvidos. Como o estudo de caso se configura como uma pesquisa qualitativa– comumente, embora não exclusivamente –, isso implica flexibilidade e também a escolha, durante o processo, das teorias que embasarão a análise de dados.

Para saber mais

Os estudos de casos anômalos se beneficiam bastante de reconstituições detalhadas e detetivescas, o que já permitiu ao segundo autor descortinar diversas fraudes e erros de interpretação de fenômenos conhecidos. Para uma investigação mais aprofundada desses pontos, recomendamos a leitura a seguir.

MARTINS, L. B. Epistemological, Methodological and Ethical Aspects of Conducting Interviews About Anomalous Experiences. **Paranthropology**, v. 4, n. 1, p. 15-24, Jan. 2013. Disponível em: <http://paranthropologyjournal.weebly.com/uploads/7/7/5/3/7753171/paranth_vol4no1a.pdf>. Acesso em: 6 set. 2022.

3.3
Linhas experimentais contemporâneas de pesquisa psi I: visão remota, sonhos e Ganzfeld

Considerando-se a perspectiva fenomenológica, quando buscamos compreender os episódios do ponto de vista subjetivo de quem os vivencia, em geral, percebemos que esses indivíduos creem que as experiências são, de fato, anômalas. Talvez sejam mesmo... ou não. Para se ter uma referência mais objetiva sobre isso, ou seja, averiguar o caráter eventualmente extraordinário dessas alegações, utilizamos estudos de laboratório – que são ontológicos. Sem esse recurso, não há como reconhecer se as experiências e o sentido anômalo que parecem ter resultam de um processo efetivamente extraordinário ou da interpretação enviesada das pessoas que as relatam.

Para poder proceder essa avaliação experimental, consideramos a psi como uma hipótese, que envolve processos anômalos de intercâmbio de informação e/ou "energia" entre um ou mais organismos vivos e/ou, ainda, entre esses organismos e seu meio. Como demonstraremos a seguir, algumas linhas de pesquisa experimental ofertam evidências para a hipótese psi. No entanto, tais evidências são controversas e, por isso, foco de acalorada e saudável discussão científica.

Agora, avancemos para conhecer algumas das principais linhas experimentais contemporâneas de pesquisa psi.

3.3.1
Técnica de *remote viewing* (RV)

A expressão *remote viewing* (visão remota) foi criada pelos físicos Harold E. Puthoff (1936-) e Russell Targ (1934-), que realizaram pesquisas no Instituto de Pesquisa de Stanford (Stanford Research Institute – SRI). Até 1970, o SRI pertencia à Universidade de Stanford, mas, no término daquele ano, tornou-se autônomo, sob o nome de SRI International. Outro participante da criação do termo VR foi Ingo Swan, que não era um acadêmico, mas um artista plástico que participou dos experimentos (Targ; Puthoff, 1978; May; McMoneagle, 1998).

O programa foi iniciado no SRI International nos anos 1970, pois o governo dos Estados Unidos queria utilizar a RV como meio de espionagem mais seguro e barato. As informações possivelmente obtidas por meio dessa técnica poderiam ser integradas àquelas obtidas de maneira "convencional", de modo a fornecer um mosaico híbrido (Radin, 1997; Targ; Katra, 1998).

Edwin May, outro físico, juntou-se à equipe em 1976. Em 1982, Targ deixou a equipe; em 1985, Puthoff fez o mesmo. Nesse momento, houve outra mudança de nome para Cognitive Sciences Laboratory (Laboratório de Ciências Cognitivas), e May tornou-se o novo coordenador. Entre 1985 e 1989, houve uma maior expansão do laboratório, incluindo mais 12 cientistas (Radin, 1997; May; McMoneagle, 1998).

Novas mudanças ocorreram em 1991, com o surgimento da Corporação Internacional de Aplicações da Ciência (Science Applications International Corporation – Saic), que desenvolveu pesquisas mais controladas, orientadas por um comitê científico interdisciplinar, composto de 50 consultores e vários subcontratantes. O projeto foi encerrado, contudo, em 1994, após duas décadas de patrocínios governamentais e o recebimento de cerca de US$ 20 milhões. Entretanto, ressurgiu em 1996, sob a alcunha Laboratório para Pesquisa Fundamental (Laboratories for Fundamental Research – LFR), dando continuidade às pesquisas por meio da obtenção de diferentes "investidores" (Utts, 1995; Radin, 1997; May; McMoneagle, 1998). Durante o processo de produção desta obra, o *site* do LFR[1] permanecia ativo, ainda que não indicasse pesquisas em curso.

Na forma padrão de pesquisa, um participante buscava perceber (desenhar ou descrever) uma informação-alvo, a distância, a qual poderia ser uma fotografia, um objeto, um videoclipe ou um local distante. Essa tentativa era feita sem que o participante tivesse qualquer informação prévia – sensorial ou lógica – sobre o alvo. Algumas vezes, o participante era acompanhado por um pesquisador que também não conhecia o alvo, ao passo que, em outras, atuava de maneira solitária. Ao final da experiência, usualmente os participantes recebiam *feedback* relativo ao alvo. Algumas pesquisas incluíam outra pessoa que atuava como "emissora", a qual tinha acesso ao alvo antes do experimento ou, conforme

---

1 LFR – Laboratories for Fundamental Research. Disponível em: <https://www.lfr.org/lfr>. Acesso em: 6 set. 2022.

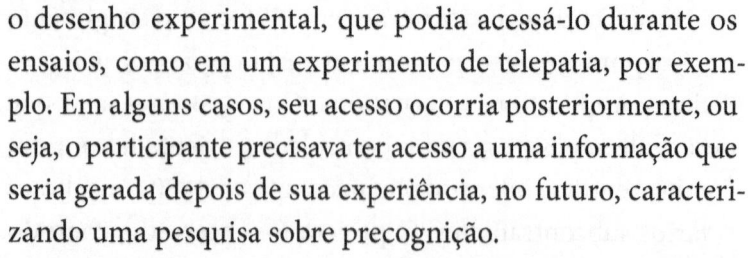

o desenho experimental, que podia acessá-lo durante os ensaios, como em um experimento de telepatia, por exemplo. Em alguns casos, seu acesso ocorria posteriormente, ou seja, o participante precisava ter acesso a uma informação que seria gerada depois de sua experiência, no futuro, caracterizando uma pesquisa sobre precognição.

Em algumas pesquisas que usavam locais como alvo, os emissores visitavam o lugar e registravam suas impressões e os detalhes deste, o que servia de parâmetro de comparação com as descrições feitas pelos participantes da pesquisa que atuavam como receptores da possível informação.

Em cada rodada da pesquisa, os alvos eram aleatorizados, garantindo que não houvesse vieses, na forma de repetições ou padrões que pudessem ser detectados. A avaliação era costumeiramente feita por juízes "cegos", ou seja, que não sabiam qual era o alvo correto. Em geral, eles observavam cinco possíveis alvos, entre os quais um era verdadeiro e os demais, falsos. Eles os comparavam com as respostas dos participantes e atribuíam uma posição para cada alvo, como em um *ranking*, de modo que aquele que era colocado em primeiro lugar (valor um) deveria ser o mais parecido com a descrição do participante, e assim sucessivamente, até o valor cinco para o alvo considerado menos semelhante à resposta do colaborador da pesquisa.

Na análise estatística feita a seguir, médias significativamente menores que três nessas numerações atribuídas pelos juízes aos alvos corretos parecem indicar **evidência para percepção anômala**. Isso porque tais notas baixas representam a noção de que, diferentemente do esperado pelo puro acaso, os alvos corretos tendem a receber notas próximas a um (Targ; Puthoff, 1978; Utts, 1995). Avaliações estatísticas dessa técnica, incluindo as metanálises (análises de conjuntos de experimentos), são vistas no Capítulo 4, referente a evidências científicas sobre a existência de fenômenos anômalos.

3.3.2
Estudos psi através de sonhos

Historicamente, fenômenos psi e sonhos têm sido associados, em geral, ao sentido sobrenatural, como nos incontáveis sonhos entendidos como proféticos (Eysenck; Sargent, 1993). Em um estudo clássico de levantamento, comentado anteriormente, Louisa E. Rhine coletou milhares de relatos de psi, observando que a maioria deles (65%) era vivenciada durante os sonhos (Cardeña; Lynn; Krippner, 2013).

Foi no século XIX que surgiram as primeiras pesquisas sobre sonhos. No entanto, a maior parte delas continha falhas no método (Castle, 1977). Foi na década de 1960, no Laboratório de Sonhos do Centro Médico de Maimônides (CMM), na cidade de Nova York (Estados Unidos), que o rigor dos métodos teve seu marco inicial histórico. Trata-se de uma série de pesquisas sobre psi em sonhos coordenada pelo psiquiatra Montague Ullman (1916-2008), em parceria com o psicólogo Stanley Krippner e outros pesquisadores (Eysenck; Sargent, 1993). Os estudos geraram mais de 50 publicações e, posteriormente, em 1970, uma monografia chamada *Estudos de sonhos e telepatia*. Em 1973, Ullman, Krippner e Vaughan publicaram o livro *Sonhos Telepáticos* (*Dream Telepathy*, no original), uma versão simplificada da monografia. O livro foi revisado e reeditado 16 anos depois (Castle, 1977; Ullman; Krippner; Vaughan, 1989).

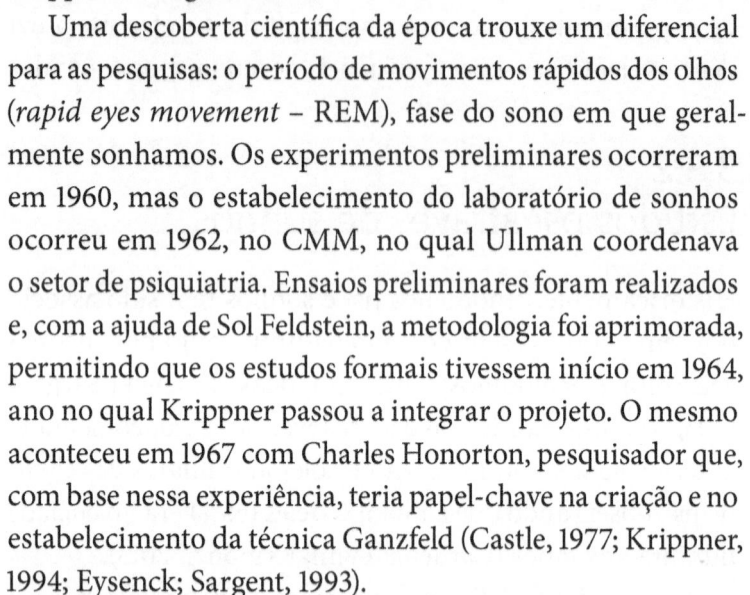

Uma descoberta científica da época trouxe um diferencial para as pesquisas: o período de movimentos rápidos dos olhos (*rapid eyes movement* – REM), fase do sono em que geralmente sonhamos. Os experimentos preliminares ocorreram em 1960, mas o estabelecimento do laboratório de sonhos ocorreu em 1962, no CMM, no qual Ullman coordenava o setor de psiquiatria. Ensaios preliminares foram realizados e, com a ajuda de Sol Feldstein, a metodologia foi aprimorada, permitindo que os estudos formais tivessem início em 1964, ano no qual Krippner passou a integrar o projeto. O mesmo aconteceu em 1967 com Charles Honorton, pesquisador que, com base nessa experiência, teria papel-chave na criação e no estabelecimento da técnica Ganzfeld (Castle, 1977; Krippner, 1994; Eysenck; Sargent, 1993).

Tipicamente, o participante desses estudos que agia como receptor permanecia no laboratório de sonhos, dormindo em uma sala isolada acusticamente. Durante toda a noite, seus sinais eram monitorados via eletroencefalograma (EEG) por um pesquisador, situado em outra sala. Após o receptor cair no sono, ocorria a aleatorização de uma reprodução artística, a fotografia de uma pintura que serviria como alvo para o experimento.

Por questão de segurança metodológica, todos os alvos (as imagens de pinturas) ficavam dentro de envelopes opacos lacrados. Oculto dessa forma, o alvo era entregue ao participante que agia como emissor ou agente, o qual, inspirado nas imagens selecionadas, tentaria influenciar os sonhos do receptor. Somente uma imagem era utilizada por noite.

Apenas após chegar à sala de emissão é que o emissor poderia abrir o envelope opaco e descobrir qual imagem tentaria "transmitir" aos sonhos do receptor (que estaria dormindo). A distância entre as salas do emissor e do receptor variava de acordo com os desenhos experimentais, indo de 9,7 m a 22,5 km (Castle, 1977).

Localizado em sala diferente daquela na qual ficavam emissor e receptor, um assistente acompanhava durante toda a noite o EEG do receptor, permitindo que ele pudesse saber quando o receptor estava no período REM, ou seja, provavelmente tendo um sonho. Logo que o receptor entrava nesse período, o assistente enviava um sinal eletrônico ao emissor para que iniciasse ou reiniciasse as atividades de emissão. O assistente acompanhava o período de REM do receptor e, após cerca de 10 a 20 minutos, chamava-o por intermédio de um comunicador eletrônico, para que pudesse acordar e relatar seu sonho, o qual era registrado em uma fita.

Por meio desse método, as atividades de emissão eram sincronizadas com os momentos de sonhos, e o fato de o receptor ser acordado durante ou logo após ter tido seu sonho permitia que ele o recordasse com mais facilidade. Ao final de cada ciclo, receptor e emissor dormiam novamente, até que fossem acordados novamente pelo assistente, para reiniciarem as atividades. Assim acontecia durante toda a noite (Castle, 1977; Eysenck; Sargent, 1993).

Pela manhã, ao receptor era solicitado que revisasse seus relatos e tentasse fazer novas associações. Ele ainda precisava observar entre 8 e 12 fotografias de arte (a quantidade variava de uma pesquisa para outra), ordenando-as e atribuindo-lhes um valor/grau de certeza (de 1 a 100), conforme a semelhança dessas imagens com os conteúdos e sentimentos contidos nos seus relatos da noite anterior. Uma das imagens observadas era idêntica à utilizada pelo emissor, na tentativa de influenciar os sonhos do receptor na noite anterior. A pessoa que solicitava as associações e orientava essa avaliação por parte do sujeito não sabia qual era o alvo correto. Essa avaliação também era realizada por três juízes externos, os quais recebiam apenas os relatos do receptor e as fotografias utilizadas e, naturalmente, não conheciam a identidade correta do alvo. O processo de escolha dessas fotografias (alvos) era feito de forma aleatória, a partir de um conjunto de centenas de reproduções artísticas (Castle, 1977; Eysenck; Sargent, 1993).

Radin (1997) fez uma metanálise das pesquisas realizadas no CMM, considerando os experimentos entre 1966 e 1973, que totalizaram 450 sessões de sonhos. Combinados, os resultados apresentam a média de acertos de 63%, em vez de 50%, que seriam esperados por acaso, o que renderia uma probabilidade aproximada de $1,33^{-11}$.

Belvedere e Foulkes (citados por Castle, 1977) tentaram repetir essas pesquisas na Universidade de Wyoming. Uma possibilidade aventada para a falha nessa tentativa de replicação – embora não seja, de modo algum, a única possibilidade – refere-se a fatores de comunicação interpessoal. Os pesquisadores dos estudos originais buscavam estabelecer um clima de amizade e descontração com os participantes, ao passo que aqueles que tentaram replicar a pesquisa mantiveram uma postura de formalidade. As pesquisas seminais conduzidas no CMM estimularam e ainda estimulam vários estudos em diferentes universidades e centros de pesquisa ao redor do mundo. Mais dados estatísticos sobre esses experimentos serão vistos a seguir.

Para saber mais

Para uma revisão dos conteúdos abordados nesta seção, indicamos os textos a seguir.

BAPTISTA, J.; DERAKHSHANI, M.; TRESSOLDI, P. Explicit Anomalous Cognition: a Review of the Best Evidence in Ganzfeld, Forced Choice, Remote Viewing and Dream Studies. In: CARDEÑA, E.; PALMER, J.; MARCUSSON-CLAVERTZ, D. (Ed.). **Parapsychology**: a Handbook for the 21st Century. Jefferson: McFarland, 2015. p. 192-214.

BAPTISTA, J.; DERAKHSHANI, M.; TRESSOLDI, P. E. A Review of the Best Evidence in Ganzfeld, Forced--Choice, Remote Viewing and Dream Studies. In: CARDEÑA, E.; PALMER, J.; MARCUSSON--CLAVERTZ, D. (Ed.). **Parapsychology**: A Handbook for the 21st Century. Jefferson: McFarland, 2015. p. 557-619.

SHERWOOD, S. J.; ROE, C. A. An Updated Review of Dream ESP Studies Conducted since the Maimonides Dream ESP Program. In: KRIPPNER, S. et al. (Ed.). **Advances in Parapsychological Research 9**. Jefferson: McFarland, 2013. p. 61-123.

3.3.3
Estudos psi com a técnica Ganzfeld

A palavra alemã *Ganzfeld* tem sido traduzida como "campo completo" ou "campo homogêneo". Trata-se de um termo que surgiu nas clássicas pesquisas da Gestalt sobre percepção espacial. Foi Wolfgang Metzger (1899-1979) que inicialmente usou a expressão em 1930. Em suas pesquisas, os participantes permaneciam em um ambiente com baixa iluminação e, sob essas condições, tinham sua percepção espacial modificada, enxergando um nevoeiro envolvendo o ambiente.

Em 1958, Hochberg, Triebe e Seaman cobriram os olhos dos participantes de uma pesquisa com meias bolas de pingue-pongue com o objetivo de testar a habituação perceptiva de cores. Como o material das bolas de pingue-pongue é fino, a ideia era criar um campo visual que filtrasse parcialmente a luz externa, gerando um estímulo contínuo e homogêneo de cor, o qual deveria deixar de ser percebido (habituação perceptiva) pela exposição continuada, tornando-se cromaticamente neutro. Os resultados confirmaram essas predições e verificaram que o verde desaparecia ou se neutralizava em 6 minutos, o que também acontecia com o vermelho em 3 minutos (Dalton, 1997c, 1997d).

Em outro estudo conduzido em 1958 por Bentox e Scott (citados por Dalton, 1997d), os participantes permaneciam 24 horas dentro de um pequeno cubículo, que propiciava isolamento sonoro e luminoso. Essas pessoas somente saíam desse local fechado para suprir suas necessidades fisiológicas. A privação sensorial prolongada gerava falhas de atenção dos participantes, como se fossem pequenos "apagões".

Os resultados revelaram mudanças cognitivas e afetivas nos participantes, entre elas uma que foi denominada *fome* ou *desejo de estímulos*, ou seja, a necessidade de vivenciar estímulos sensoriais ao se estar privado destes. Esses participantes supriam essa necessidade cantando, assoviando ou falando consigo mesmos. Também mergulhavam em alucinações, sonhos acordados ou períodos de escurecimento visual.

Os relatos desses participantes se assemelhavam àqueles feitos momentos imediatamente antes de dormirmos, ou seja, o chamado *estado hipnagógico*. Isso levou Witkin e Lewis (citados por Dalton, 1997d) a usar a técnica Ganzfeld para estudar esse estado. Esses pesquisadores incluíram um estímulo sonoro homogêneo e continuado, um chiado branco, visando estimular o sono leve dos participantes, de modo a permitir que observassem e relatassem o fluxo de sua consciência durante a experiência. Eles eram solicitados a verbalizar continuamente pensamentos, imagens mentais e sentimentos. Novamente, as meias bolas de pingue-pongue foram colocadas sobre seus olhos, a fim de que incidisse uma luz vermelha. Buscava-se, com isso, criar o campo homogêneo (Ganzfeld) de coloração avermelhada, estímulo que ajudaria a manter a consciência desperta, ainda que sonolenta. Os participantes também ficavam acomodados em uma poltrona reclinada, favorável ao relaxamento físico. Os resultados desses experimentos levaram os pesquisadores Bertini e Witkin (citados por Dalton, 1997c), em 1969, a sugerir que o método Ganzfeld poderia reproduzir, em condições experimentais, estados semelhantes ao do sonho, por exemplo, envolvendo experiências visuais alucinatórias.

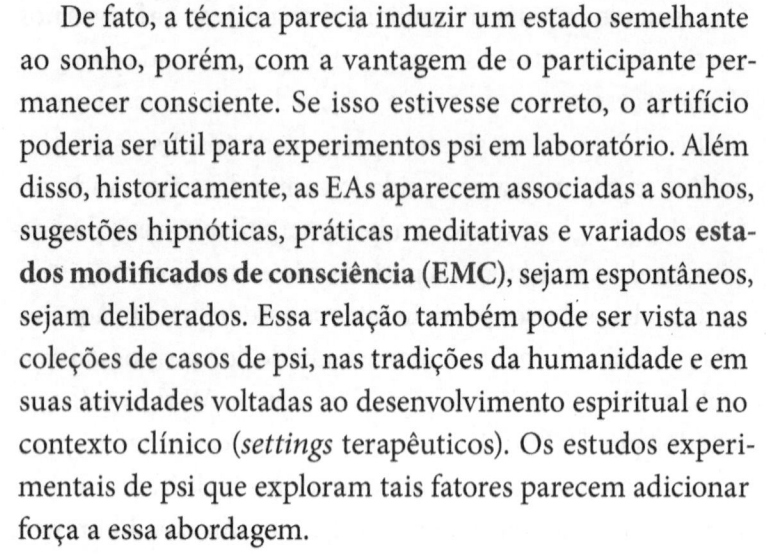

De fato, a técnica parecia induzir um estado semelhante ao sonho, porém, com a vantagem de o participante permanecer consciente. Se isso estivesse correto, o artifício poderia ser útil para experimentos psi em laboratório. Além disso, historicamente, as EAs aparecem associadas a sonhos, sugestões hipnóticas, práticas meditativas e variados **estados modificados de consciência (EMC)**, sejam espontâneos, sejam deliberados. Essa relação também pode ser vista nas coleções de casos de psi, nas tradições da humanidade e em suas atividades voltadas ao desenvolvimento espiritual e no contexto clínico (*settings* terapêuticos). Os estudos experimentais de psi que exploram tais fatores parecem adicionar força a essa abordagem.

Charles Honorton (1977) estudou tanto as tradições (por exemplo, Sutras de Patanjali) quanto realizou experimentos com esses temas, tendo participado dos estudos em Maimônides, por exemplo. Ele integrou todos esses dados e chegou à conclusão de que a informação psi poderia se constituir em um "fraco sinal" facilmente coberto pelo ruído sensorial e somático. Dessa forma, a privação dos sentidos sensoriais, presente nos EMC, seria o elo que integra todos esses fatores e que poderia contribuir para a percepção da psi.

Seguindo essa lógica, Honorton propôs o **modelo da redução do ruído** e indicou que o procedimento Ganzfeld é o instrumento adequado para testar seu modelo na pesquisa psi. Procedendo dessa forma inovadora, ele fundou um novo paradigma de pesquisa, ainda vigente na atualidade.

Honorton e Harper (1974) fizeram o primeiro estudo Ganzfeld voltado a testar a psi. Nele, 30 colaboradores tentaram obter informação extrassensorial de rolos de gravuras estereoscópicas relacionadas por temas, conseguindo acertos significativos (p = 0,017). Na mesma época, dois pesquisadores, Adrian Parker (1975b) e Willian Braud (Braud; Wood; Braud, 1975), conduziam pesquisas com a mesma técnica. Eles não sabiam das iniciativas uns dos outros.

Figura 3.1 – Sibele Pilato fixando as meias bolas de pingue-pongue em uma colaboradora de nossa pesquisa Ganzfeld no Centro Integrado de Pesquisa Experimental, em Curitiba

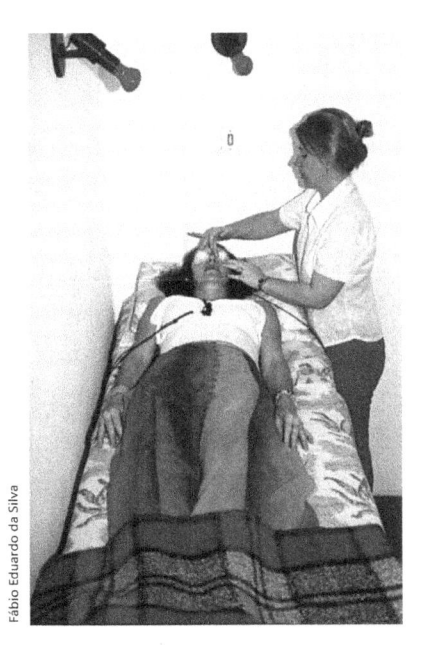

Na técnica psi Ganzfeld padrão, utiliza-se duas pessoas, uma como emissora e outra como receptora, as quais permanecem em salas diferentes e distantes uma da outra, a fim de reduzir (em tese, inviabilizar) a possibilidade de vazamentos sensoriais, ou seja, de comunicação sensorial convencional não prevista no experimento (Dalton, 1997c).

Inicialmente, os participantes são recepcionados de forma acolhedora, buscando-se criar um ambiente tranquilo, afetivamente protegido e favorável à conexão interpessoal entre pesquisadores e colaboradores. Nesse ambiente, o receptor é conduzido à sua sala para acomodar-se confortavelmente em uma poltrona ou deitar-se em uma maca, como foi o caso do estudo que envolveu o primeiro autor (Silva; Pilato; Hiraoka, 2003). Na sequência, os suprimentos técnicos são colocados, incluindo as meias bolas de pingue-pongue. A(s) luz(es) vermelha(s) – entre 25 a 50 w – incidem sobre as meias bolas de pingue-pongue, produzindo a habituação visual, comentada anteriormente.

O relaxamento físico e mental, considerado como parte do estado Ganzfeld, é estimulado por meio de sugestões gravadas, com duração, geralmente, entre 15 e 25 minutos. Ao final das sugestões de relaxamento, é sugerido que o participante concentre sua atenção ou imagine a informação-alvo da pesquisa (usualmente um vídeo). No entanto, a ele é sugerida uma postura de passividade em relação à experiência, ou seja, não deve fazer esforços para obter a informação-alvo, mas apenas permanecer receptivo durante a experiência.

Após essas instruções, inicia-se o ruído ou chiado branco, com duração aproximada de 20 a 30 minutos. Esse chiado, um estímulo auditivo homogêneo, também deixa de ser percebido pela habituação perceptiva, em um período de aproximadamente 12 minutos. Isso também auxilia o isolamento do participante em relação aos sons externos, visto que deixam de ser percebidos.

A preparação inicial do receptor, usualmente acompanhada por um pesquisador, é seguida pela preparação do emissor, que segue para sua sala. Este, após se acomodar confortavelmente, também ouve as induções de relaxamento físico e mental, o que também ocorre com o pesquisador após este retornar à sua sala. Assim, todos os participantes da pesquisa buscam relaxar antes da tarefa psi. No entanto, o chiado branco somente é tocado para a pessoa que faz o papel de receptor (Dalton, 1997c).

Figura 3.2 – Maurício Yanês da Silva e um participante da pesquisa Ganzfeld, que contou com a participação do primeiro autor

Após o relaxamento, o emissor interage com o estímulo-alvo (fotografia, imagem impressa ou vídeo) e tenta "transmiti-lo" mentalmente para o receptor, o qual ouvirá o chiado branco e relatará sua experiência, como sensações corporais, pensamentos, imagens ou vozes mentais.

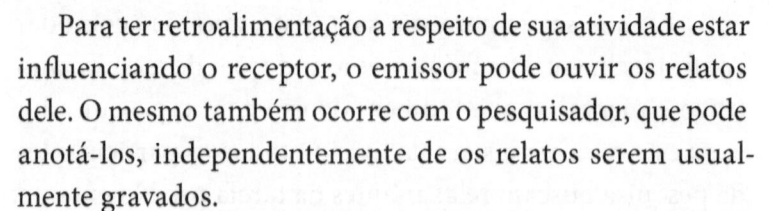

Para ter retroalimentação a respeito de sua atividade estar influenciando o receptor, o emissor pode ouvir os relatos dele. O mesmo também ocorre com o pesquisador, que pode anotá-los, independentemente de os relatos serem usualmente gravados.

Ao final do chiado branco, que coincide com o período de emissão, o receptor retira suas meias bolas de pingue-pongue e passa avaliar (período do julgamento) quatro ou cinco alvos (isso varia conforme o estudo), sabendo que precisa escolher entre eles aquele que teria sido assistido por seu colega na função de "emissor". O receptor escolhe o que mais se relaciona com sua experiência Ganzfeld, ou seja, as imagens mentais e as sensações que vivenciou (Dalton, 1997c; Silva; Pilato; Hiraoka, 2005).

O emissor segue ouvindo e acompanhando a distância o receptor durante o período de julgamento e, mentalmente, continua tentando influenciar o receptor para que faça a escolha do alvo correto. Após essa fase, participantes e pesquisadores se encontram para a revelação do alvo correto. Eles também conversam sobre a experiência, buscando aprendizados adicionais, tanto pessoais quanto referentes ao objetivo de pesquisa (Dalton, 1997c; Silva; Pilato; Hiraoka, 2005).

A metodologia descrita foi gradualmente substituída pelo método **Ganzfeld digital** (ou **Digiganz**), caracterizado, principalmente, pela automação de todos os procedimentos. Esse método foi desenvolvido em algumas universidades, como as de Northampton, de Gotemburgo e a Liverpool Hope. Em termos de pesquisa psi, esse método ou paradigma experimental continua a ser um dos mais importantes da atualidade, com muitos estudos sendo realizados em várias universidades e/ou centros de pesquisa.

3.4
Linhas experimentais contemporâneas de pesquisa psi II: estudos com variáveis (neuro)fisiológicas

As variáveis fisiológicas são aquelas medidas no corpo dos participantes, como batimentos cardíacos, eletrocondutividade da pele, medidas cerebrais obtidas por métodos de sensoriamento, como EEG e ressonância magnética funcional (IRMf), entre outras. Elas são usadas em pesquisas de psi para (Alexander,1998; Radin, 2015):

- compreender processos mentais que refletem em processos (neuro)fisiológicos;
- medir de forma objetiva processos inconscientes;
- detectar diferentes estados mentais, cada qual relacionado a um padrão fisiológico;
- estudar mecanismos físicos relacionados ao fenômeno psi;
- explorar a autorregulação (neuro)fisiológica por meio de retroalimentação, como o *neurofeedback*.

É possível classificar essas pesquisas em: (1) correlações psicofisiológicas mediante percepção consciente da psi ou do desempenho psi, ou experimentos do "estado do cérebro" – visto que as medidas neurofisiológicas se tornaram preferidas nesses estudos; e (2) medidas fisiológicas como detectoras inconscientes da psi (Morris, 1977; Radin, 1997, 2015; Alexander, 1998). Confira mais detalhes a seguir.

3.4.1
Correlações psicofisiológicas mediante percepção consciente da psi ou do desempenho psi, ou experimentos do "estado do cérebro"

Esses estudos utilizaram várias medidas dos estados cerebrais enquanto participantes desempenhavam tarefas psi, também chamadas *cognição anômala* (CA) ou *perturbação anômala* (PA). Conforme a questão geral de pesquisa, segundo Radin (2015, p. 375, tradução nossa), alguns estudos podem ter direcionamentos distintos:

> (1) Algumas frequências cerebrais se correlacionam com o desempenho de CA?
> (2) O treinamento de biofeedback cerebral melhora o desempenho da CA e da PA?
> (3) O que pode ser aprendido ao se estudar a atividade cerebral de "psíquicos" ou "sensitivos" conhecidos? [...]

Certas frequências cerebrais se correlacionam com o desempenho cognitivo anômalo?

Um dos parâmetros bastante utilizados é o registro EEG, que busca observar se padrões específicos – por exemplo, a abundância de ondas alfa (banda alfa de 8-12 Hz) – correlaciona-se com o desempenho em tarefas psi. Exemplos clássicos incluem Cadoret (1964), Wallwork (1952), Honorton (1969), Stanford e Lovin (1970), Stanford e Palmer (1975) e Stanford et al. (1972).

De acordo com Radin (2015, p. 375, tradução nossa), experimentos semelhantes mais recentes incluem as seguintes pesquisas:

(1) McDonough e colegas coletaram dados de EEG do próprio McDonough durante dois dos sete testes em que ele fez chamadas ESP de escolha forçada usando o programa ESPerciser baseado em computador de Honorton (Honorton, 1987; McDonough; Don; Warren, 1996); (2) Hirasawa e Yamamoto relataram um experimento no qual um único participante tentou identificar um dos quatro sons que foram previamente selecionados aleatoriamente por um computador (Hirasawa; Yamamoto, 1996); e (3) Yoichi e colegas exploraram, no laboratório de Yamamoto, o uso de espectrofotometria de infravermelho próximo para medir mudanças na oxigenação do sangue nos lobos temporais do cérebro durante uma tarefa de ESP (não especificada) com dois participantes do sexo masculino (Yoichi et al., 2002).

Os resultados obtidos com esses estudos revelaram algumas correlações interessantes; porém, em geral, foram confusos e, até certo ponto, contraditórios. Em outras palavras, os achados não podem ser considerados robustos.

O treinamento de *biofeedback* cerebral melhora o desempenho da CA e da PA?

Alguns estudos clássicos buscaram explorar o *biofeedback* por meio de EEG, visando aumentar o desempenho psi. O primeiro deles, realizado por Honorton e Carbone (1971), contou com sessões de *biofeedback* de modo a obter ondas alfa, seguidas de sessões de tarefa psi, com cartas ESP (baralho Zener).

Também foram conduzidos testes sem as sessões prévias de *biofeedback*. As rodadas psi com a condição de *biofeedback* não apresentaram escores significativos. De maneira complementar, as rodadas sem a condição *biofeedback* evidenciaram uma correlação negativa significativa, com porcentagem total de magnitude alfa.

Em outro estudo, Honorton, Davidson e Bindler (1971) expuseram 23 participantes a um treinamento de *biofeedback* para aumentar e inibir a produção de ondas alfa. Dessa vez, os resultados psi em testes com cartas ESP indicaram que os escores mais positivos estavam diretamente relacionados aos níveis mais elevados de alfa. Grosso modo, quanto mais alfa, mais psi no processo de treinamento de *biofeedback*. Aparentemente, pesquisas semelhantes suportaram essa relação (Lewis; Schmeidler, 1971; Rao; Feola, 1973); ainda assim, tiveram casos em que, apesar de se produzir o efeito alfa, não houve correlação com a produção de resultados psi (Pleshette, 1974; Venturino, 1978). Esses estudos foram apresentados por Radin (2015) e Radin e Pierce (2015), os quais defendem que, como um todo, esses estudos fornecem alguma evidência de que o *biofeedback* pode ser útil. Ainda assim, não se trata de resultados robustos.

Como é possível perceber, esses estudos são relativamente antigos e, apesar da área de pesquisa ser potencialmente muito importante, tivemos dificuldades em encontrar estudos mais recentes. Em um deles, Storm e Burns (2007) ofertaram *neurofeedback* intermitente a participantes quando faziam atividades normais e psi – no caso, tentativa de micropsicocinesia (micro-PK) ou PA. Durante as atividades normais, foi solicitado aos participantes que mantivessem o ritmo alfa EEG acima do limite e/ou amplitude do eletromiograma (EMG) abaixo do limite. O *feedback* dessa tarefa foi monitorado por meio de uma animação, a imagem de um "homem giratório", que girava quando um ou ambos os objetivos eram alcançados. Essa retroalimentação sobre o estado mental não foi ofertada durante o modo "paranormal", o que talvez tenha constituído o problema dessa pesquisa. Nesse modelo, era pedido aos participantes que mantivessem o homem girando. Porém, eles não sabiam que, se o homem girasse, era porque estavam interferindo de forma anômala no sistema (mudanças micro-PK).

O estudo previu que: (1) anomalias de vídeo ocorreriam durante o modo paranormal (micro-PK) e que, também durante essa condição, (2) o ritmo alfa no EEG se apresentaria acima do limite e/ou amplitude do EMG abaixo dele. Os dados refutaram ambas as hipóteses.

Três supostos efeitos anômalos ocorreram durante o estudo, mas, como não foram previstos – e seguindo uma perspectiva de parcimônia –, foram atribuídos a falhas no programa (*software*). Entre suas reflexões, os pesquisadores consideraram que a falta de *feedback* (sobre o estado mental) durante o modo paranormal pode ter inibido o efeito desejado.

Thilo Hinterberger, Joop Houtkooper e Boris Kotchoubey (2004) solicitaram a quatro participantes que controlassem mudanças lentas em seus sinais de linha de base de EEG. Eles recebiam *feedback* visual sobre seus potenciais corticais lentos, alternados com o *feedback* de um gerador de eventos aleatórios (GEA), que acreditavam ser o mesmo *feedback* de suas ondas lentas. Os dois participantes mais motivados (S2 e S3), que participaram em mais de um dia, conseguiram controlar seus potenciais corticais lentos e obtiveram um controle significativamente maior sobre o GEA do que aqueles menos motivados (S1 e S4).

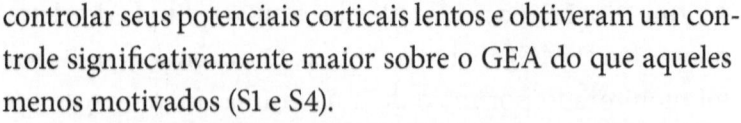

Se ambos os modos de *feedback* forem considerados, é possível perceber uma correlação significativa entre a exigência de tarefa predefinida e o desvio do que é esperado por acaso pelo GEA (p = 0,02). Isso foi entendido pelos pesquisadores como um efeito micro-PK, ou psicocinético, ou seja, a mesma estratégia mental para controlar ondas lentas perece ter influenciado significativamente o resultado do GEA.

Esses dois estudos contemporâneos com resultados diversos evidenciam a complexidade e a dificuldade de se desenvolver pesquisas nessa área, fato que não retira sua importância iminente para compreensão das experiências ou fenômenos anômalos.

O que pode ser aprendido ao se estudar os cérebros de "paranormais" bem conhecidos?

Essas pesquisas revelam uma tendência importante de se considerar os sujeitos que fornecem evidências de psi (ou CA) em laboratório, pois buscam compreender seus fatores neurofisiológicos quando realizam atividades relacionadas à CA.

Ingo Swann (1933-2013) e Sean Lalsingh Harribance (1939-) são dois desses pretensos "sensitivos" conhecidos dos pesquisadores psi. Harribance, provavelmente, é o mais estudado. Por isso, consideraremos apenas seu caso para exemplificar essa linha de pesquisa. Entre os estudos iniciais, o psicólogo Robert Morris e seus colaboradores (Morris et al., 1972) mediram as ondas alfa no córtex occipital de Harribance, quando realizava testes de clarividência. Em uma dessas atividades,

Harribance buscou adivinhar o gênero de pessoas em fotografias ocultas. Durante as rodadas nas quais obtinha maior pontuação, verificou-se um percentual maior dessas frequências do que durante as jogadas na qual obtinha resultados aleatórios. Algo semelhante foi observado em outra tarefa, na qual buscava adivinhar cartas ESP. Em um estudo posterior, realizado por Kelly e Lenz (1975), Harribance teve suas ondas cerebrais do córtex parietal medidas por EEG, quando realizava uma tarefa de clarividência com opções binárias, controlada por um GEA. Os escores psi ocorreram dentro do acaso; no entanto, verificou-se que a atividade cerebral do participante foi capaz de distinguir significativamente entre os acertos e os erros.

Passados mais de 20 anos, a psicóloga Alexander e seus colaboradores (Alexander et al., 1998) coletaram dados de Harribance via EEG e tomografia computadorizada por emissão de fóton único (*Single-Photon Emission Computerized Tomography* – Spect) durante testes de psi:

> Esses dados foram coletados no ano de 1997 por dois diferentes laboratórios. O primeiro objetivo da coleta de dados EEG foi determinar a atividade eletrocortical dominante e a sua localização durante o tempo que o sujeito realizava duas leituras psíquicas (utilizando fotografias), duas séries de testes com cartas ESP e um teste de Visão Remota. Os resultados obtidos nessas análises mostraram: a) alfa dominante bilateralmente na região paraoccipital com o poder alfa mais forte no lobo parietal direito no eletrodo colocado em P4 e b) uma atividade alfa fraca nos lobos frontal e temporal. Os exames do cérebro envolvendo o Tc-99m SPECT ECD, foram realizados

> em dois momentos, um quando SH estava em tarefa Psi e o outro com SH na linha de base, condição de repouso. Desta forma, foi possível identificar as áreas ativas do cérebro em ambas as condições. Os resultados obtidos mostraram: a) um levantamento da atividade cerebelar, no lóbulo paracentral e parietal superior do hemisfério direito, somente para a condição de tarefa Psi e b) um suave decréscimo da função nas regiões frontal, temporal e Tálamo para ambas as condições. Os resultados dos dois laboratórios foram consistentes entre si e sugerem um correlato neurofisiológico estável entre ambos os tempos e condições. (Silva, 2010, p. 5)

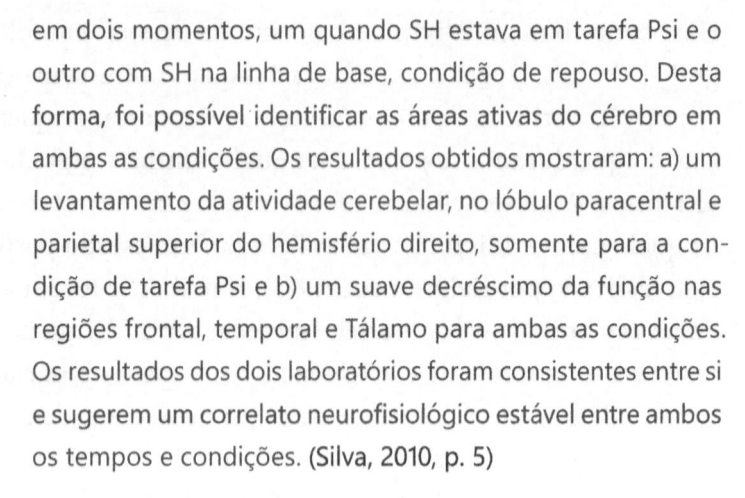

Ainda naquele ano, dois colaboradores do estudo anterior, o psicólogo William Roll e o neurocientista Michael Persinger (1998), mediram o cérebro de Harribance (EEG) durante a realização de leituras psíquicas (tarefa psi) de fotografias ocultas de pessoas. Quando seus resultados eram moderados ou muito precisos nessa atividade, seu cérebro mostrava uma amplitude maior de ondas alfa do que quando obtinha resultados imprecisos. Posteriormente, William Roll e seus colaboradores (Roll et al., 2002) voltaram a encontrar resultados interessantes, como o aumento da atividade nas regiões parietal e occipital do hemisfério direito de Harribance durante a realização de tarefas psi.

Dez anos depois, Persinger e Saroka (2012) voltaram a estudar o cérebro de Harribance, dessa vez usando a tomografia eletromagnética de baixa resolução (*Standardized Low Resolution Electromagnetic Tomography* – sLORETA). Nesse estudo, compararam seu estado cerebral durante a consciência normal com estados "intuitivos", ou seja, quando sentia que estava tendo experiências psi. Nesses momentos, foi observado um aumento de potência das frequências beta (20 a 30Hz) na região para-hipocampal direita.

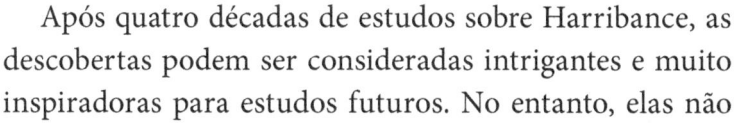

Após quatro décadas de estudos sobre Harribance, as descobertas podem ser consideradas intrigantes e muito inspiradoras para estudos futuros. No entanto, elas não podem ser prontamente generalizadas para outras pessoas, visto o caráter particular desse estudo de caso (Radin, 2015; Persinger, 2010).

3.4.2
Medidas fisiológicas como detectoras inconscientes da psi

Dados sugerem uma correlação entre psi e fatores fisiológicos mensuráveis. Isso contrasta com o nível cognitivo, no qual a manifestação de psi parece ocorrer de forma complexa, confusa, talvez até mesmo incorreta ou enviesada. Algumas respostas fisiológicas parecem correlacionar com o começo da exibição do estímulo-alvo, ao passo que os relatos, um aspecto cognitivo consciente, raramente conseguem tal correlação. Talvez a eventual psi seja menos processada de forma consciente, ou se apresente distorcida para esse nível. De modo simplificado, o organismo parece dar sinais de que percebeu algo, mas a mente, em um nível consciente, não se dá conta disso e/ou interpreta a situação de forma equivocada. Por essa razão, alguns pesquisadores entendem que é mais apropriado mensurar a psi por meio de processos fisiológicos do que cognitivos, como veremos a seguir (Morris, 1977; Radin, 2015).

3.4.3
Direct mental interaction on living systems (DMILS) com seres humanos

Em vários estudos de interação mental direta sobre sistemas vivos (*direct mental interaction on living systems* – DMILS), um agente, em momentos aleatórios, busca influenciar o sistema nervoso de um percipiente, focando sua atenção sobre ele, estando ambos em isolamento sensorial um em relação ao outro. As expressões *agente/emissor* e *receptor/percipiente* indicam apenas a dinâmica dos experimentos, não a natureza dos supostos fenômenos.

O psicólogo William Braud, da Universidade de Houston, realizou em parceria com seus colegas uma sequência sistemática desses experimentos. Em muitos deles, havia períodos de influência mental voltados a produzir alerta no receptor, intercalados por momentos sem essa intenção (controle) ou calmantes, nos quais o emissor tentava relaxar o receptor a distância. Os resultados eram obtidos pela comparação dos dados fisiológicos do receptor com os diferentes períodos – ativação, calma e controle (Radin, 2015).

Os pesquisadores Braud e Schlitz (Braud; Schlitz, 1991; Radin, 2015) sintetizaram 17 anos de suas pesquisas, totalizando 37 experimentos, usando diversas variáveis fisiológicas, como taxa de hemólise e pressão sanguínea, reações motoras, tremores musculares e atividade elétrica da pele. Além disso, alguns experimentos também deram enfoque ao movimento de diminutos animais e à direção de peixes.

Treze experimentadores conduziram 655 sessões experimentais com 153 indivíduos agindo como emissores e 449 sujeitos ou animais no papel de receptores.

Com um nível de significância de 0,05, 57% dos experimentos alcançaram relevância estatística, ou seja, associados a uma probabilidade menor ou igual a 0,05. Por efeito do acaso, apenas 5% deles deveriam ter resultados relevantes. A combinação desses resultados ocorreria uma vez a cada 100 trilhões de vezes. A tabela 3.1 apresenta uma síntese dos experimentos e seus resultados.

Tabela 3.1 – Dados estatísticos das pesquisas DMILS

Sistema de alvo	Número de sessões	Z de Stouffer	(ES)Tamanho de efeito médio	Percentual de experimentos significativos
Atividade elétrica da pele (influência)	323	4,08	0,25	40%
Atividade elétrica da pele (atenção)	78	1,68	0,18	100%
Reações ideomotoras	40	2,98	0,39	67%
Tremor muscular	19	-0,59	-0,14	0%
Pressão sanguínea	41	1,91	0,36	50%
Orientação de peixes	40	3,78	0,56	75%
Locomoção de pequenos animais	40	3,81	0,58	75%
Taxa de hemólise	74	4,20	0,46	67%

(continua)

(Tabela 3.1 – conclusão)

Sistema de alvo	Número de sessões	Z de Stouffer	(ES)Tamanho de efeito médio	Percentual de experimentos significativos
Combinação de todos os sistemas	655	7,72*	0,33	57*

*p = $2{,}58 \times 10^{-14}$ unilateral

Fonte: Braud; Schlitz, 1991, p. 30, tradução nossa.

Posteriormente, Braud e seus colaboradores desenvolveram outros experimentos, como aquele que avalia a crença cultural de que é possível saber quando alguém está nos observando mesmo quando não estamos vendo esse fato. O experimento "a sensação de estar sendo observado", também conhecido como *fitar a distância*, será apresentado na próxima seção. Outra variação dos experimentos originais ficou conhecida como *ajuda remota* ou *facilitação da atenção a distância*. Como o próprio nome sugere, nesse experimento, um agente, a distância, tenta auxiliar uma pessoa a manter sua atenção em um único foco – no caso, a chama de uma vela. Em vez de utilizar uma medida fisiológica, o receptor aperta um botão toda vez que percebe que sua atenção se distrai da chama da vela, ou seja, quando sua mente está divagando. O agente remoto mentalmente tenta aumentar a atenção do receptor em momentos aleatoriamente definidos. Dessa forma, a medida utilizada é a quantidade de apertos do botão durante os períodos de ajuda *versus* controle (não ajuda), sendo que, naturalmente, o receptor não tem conhecimento de quais são esses momentos (Radin, 2015).

Os experimentos DMILS conduzidos por Braud e seus colegas foram considerados de sucesso (Braud, 2003; Braud; Schlitz, 1989; Schlitz; Braud, 1997, citados por Radin, 2015), levando outros pesquisadores a replicá-los (Delanoy; Sah, 1994; Delanoy; Morris, 1998; Radin et al., 1995, 2000, 2008; Rebman et al., 2008; Schlitz; LaBerge, 1997; Schlitz et al., 2006; Wiseman; Schlitz, 1997, citados por Radin, 2015). Alguns desses estudos usaram as mesmas medidas da condutância elétrica da pele, enquanto outros consideraram a atividade elétrica do sistema gastrointestinal, o fluxo periférico sanguíneo, a taxa cardíaca e a atividade elétrica do cérebro (Radin, 2015).

Estudos sobre o fitar a distância

Como mencionamos, o fitar a distância[2] é um dos tipos de estudo sobre DMILS. Nele, um emissor é instruído a observar um monitor de vídeo que apresenta imagens da filmagem do receptor, em sua sala. As imagens são mostradas em momentos aleatórios; nos demais momentos, a tela fica em branco. Quando a imagem do receptor aparece na tela, o emissor é solicitado a concentrar sua atenção nela. Nos momentos de controle (tela em branco), o emissor deve focar sua atenção em outros temas. A ideia principal avaliada é se o organismo do receptor modifica sua fisiologia ao ser observado a distância, mesmo que o receptor não saiba quais são esses momentos. A condutividade elétrica da pele (ou resposta galvânica) do receptor, medida do sistema autônomo, é registrada continuamente durante o experimento, permitindo que esses dados sejam comparados aos momentos de observação

• • • • •
2 Os estudos se baseiam na crença cultural de que, ao sermos observados por alguém a distância, mesmo sem ter conhecimento/percepção sensorial disso, teremos uma sensação ou o sentimento de que estamos sendo observados. Esse é um exemplo interessante de como as experiências e crenças podem inspirar estudos científicos.

e controle (Radin, 2015). Esses experimentos também geraram resultados com relevância estatística (Schmidt et al., 2004), os quais serão considerados no Capítulo 4 desta obra.

3.4.4
Testes clínicos de cura a distância (CD)

A cura a distância (CD) é entendida como a intenção mental de produzir um benefício a uma pessoa que se encontra distante de quem exerce essa intenção. Entre os benefícios esperados ou alegados, pode-se incluir o bem-estar orgânico – como a cura de uma doença – ou a melhora do estado emocional ou psicológico. A forma de avaliação desses supostos benefícios, bem como os resultados obtidos, são fruto de controvérsia científica, como demonstraremos a seguir.

Parte dessa divergência se deve ao fato da carência de estudos que avaliem os resultados por período prolongado, sem que os participantes saibam disso, atenuando, assim, o efeito placebo (Sicher et al., 1998).

Em importante metanálise realizada por Astin, Harkness e Ernst (2000), foram avaliadas 23 pesquisas de CD envolvendo 2.774 pacientes. Os dados foram coletados das bases Medline, PsychLIT, Embase, Ciscom e Cochrane até o ano de 1999, utilizando-se as seguintes condições para inclusão de estudos:

- seleção aleatória dos participantes a receberem a intenção de cura (deveriam ser humanos);
- pesquisas de caráter clínico e não experimental;
- controle adequado do placebo;
- publicação em periódicos científicos revisados por pares.

Entre os 23 estudos, 5 envolviam orações como forma de CD; 11 contavam com o toque terapêutico ou "imposição de mãos"; e 7 aplicavam diferentes técnicas de CD. Entre os resultados, observou-se que 13 (57%) pesquisas apresentaram efeitos benéficos, estatisticamente significativos, o que não ocorreu com outros 9 estudos (39%), para os quais a comparação dos efeitos avaliados nos grupos de teste e controle não mostrou significância. Houve, ainda, um estudo que produziu efeito na direção contrária, ou seja, apresentou resultados negativos (4%).

Os pesquisadores chegaram à seguinte conclusão: "As limitações metodológicas de vários estudos dificultam fazer conclusões definitivas sobre a eficácia da cura a distância. Porém, dado que aproximadamente 57% dos ensaios mostraram um efeito positivo no tratamento, a evidência mostra méritos que requerem estudos adicionais" (Astin; Harkness; Ernst, 2000, p. 903, tradução nossa).

Para exemplificar essa linha de pesquisa, descrevemos três estudos exploratórios com colaboração internacional. Dois deles focaram os efeitos da intenção de CD através do tempo e do espaço. São de autoria de Dean Radin, da Universidade de Nevada (Las Vegas); e de Fátima Regina Machado e Wellington Zangari, coordenadores do InterPsi – USP (Radin; Machado; Zangari, 1998).

Ambos os experimentos foram realizados com duplo ocultamento e tinham como objetivo examinar as flutuações no sistema nervoso de pacientes voluntários, quando as intenções de cura de curadores distantes eram dirigidas a eles. Os alvos (variáveis observadas) eram a respiração individual, o ritmo cardíaco, o volume de sangue na ponta do dedo e a atividade eletrodérmica (EDA) espontânea dos voluntários. Eles foram monitorados durante 20 minutos alternados randomicamente entre períodos de tratamento e controle, cada um com a duração de 1 minuto.

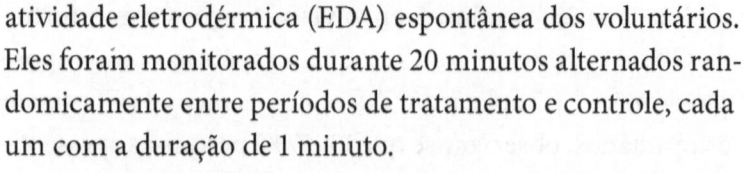

No primeiro experimento, os curadores estavam a 200 m de distância e o efeito da intenção de cura foi examinado em tempo real. Os resultados mostraram um aumento no ritmo respiratório dos pacientes voluntários ($p = 0{,}053$ bilateral) e a diminuição de sua atividade EDA ($p = 0{,}055$ bilateral).

Já no segundo experimento, os curadores – médiuns de umbanda – estavam em São Paulo, a cerca de 9.600 km de distância do laboratório em Las Vegas. Os pacientes voluntários foram monitorados dois meses antes. Mesmo assim, suas intenções de cura dirigida teriam provocado nos pacientes um aumento no volume de sangue da ponta do dedo ($p = 0{,}013$ bilateral) e um aumento na EDA ($p = 0{,}031$ bilateral).

Silva et al. (2008) e vários outros pesquisadores realizaram um estudo de colaboração internacional para verificar o efeito da intenção de CD sobre pacientes diagnosticados com autismo, localizados em uma clínica especializada na região Sul do Brasil. A principal escala utilizada para verificar esse efeito foi a Escala de Classificação do Autismo Infantil (Childhood Autism Rating Scale – Cars). Participaram do estudo dez pacientes com autismo grave (sete homens e três mulheres, com cerca de 18 anos) sem comorbidades. O desenho experimental incluiu a distribuição desses pacientes em dois grupos de igual quantidade: **teste**, composto pelos participantes que iriam "receber a intenção de cura"; e **controle**, constituído por aqueles que "não a receberiam". Dez pessoas, localizadas em quatro países (Japão, Chile, Peru e Brasil), participaram como "curadores psíquicos", "emitindo" suas intenções curativas para os participantes do grupo teste, em novembro e dezembro de 2005. Fotografias dos pacientes foram fornecidas aos "curadores psíquicos".

No período desse experimento, os pacientes continuaram a ser atendidos pelos procedimentos-padrão da clínica. A variável dependente dessa pesquisa, a condição clínica dos pacientes, foi medida por meio do Cars, que foi aplicado previamente à pesquisa e também três meses após sua realização. Uma avaliação complementar e exploratória foi realizada com a participação dos pais e professores desses jovens.

Entre os resultados, destacamos que a comparação dos escores Cars do grupo teste mostrou um declínio significativo ($p = 0,004$) de antes para depois da intervenção, o que não ocorreu com o grupo controle nem com os dados avaliativos de pais e de professores. O estudo apresentou resultados significativos na direção prevista. No entanto, uma variável interveniente, a mudança medicamentosa no intercurso da pesquisa, pode ter influenciado seus resultados. A pequena quantidade de pacientes também é um fator que limita qualquer avaliação mais aprofundada, o que já era esperado, visto que o estudo tinha caráter exploratório, servindo principalmente para inspirar novos estudos mais bem desenhados e com uma quantidade maior de participantes (Silva et al., 2008).

3.4.5
Pesquisa de psi inconsciente e fisiológica (potenciais evocados)

Os neurocientistas Bruce McDonough, Norman Don e Charles Warren, da Universidade de Illinois (Chicago), iniciaram em 1992 vários estudos para verificar se os potenciais evocados relatados aos eventos cerebrais (*evoked related potentials* – ERPs) poderiam servir como detectores de psi ou de CA em testes de respostas fechadas (número delimitado e conhecido de escolhas). No desenho-padrão dos estudos, os participantes assistiam a quatro imagens mostradas aleatoriamente em uma tela de computador. Logo após vê-las, eles escolhiam uma, tentando adivinhar aquela que seria selecionada mais tarde pelo computador, também de forma aleatória, como o alvo correto do teste. Os ERPs associados à apresentação de cada imagem eram registrados e categorizados, posteriormente, como relacionados ou não à imagem incorreta. Ou seja, um ERP alvo (aquele selecionado pelo computador) e três ERPs não alvos (que não foram selecionados) (Radin, 2015).

Em uma pesquisa com o "paranormal" Malcolm Bessent, realizada em 1992, os pesquisadores observaram diferenças estatisticamente significativas entre ERPs alvos e ERPs não alvos (McDonough; Warren; Don, 1992; Warren; McDonough; Don, 1992, citados por Radin, 2015). Em estudo posterior, com esse mesmo participante e um desenho experimental idêntico, os resultados foram parcialmente significativos (Warren; McDonough; Don, 1996, citados por Radin, 2015).

Dando continuidade a seus estudos, McDonough, Warren e Don (1998) passaram a trabalhar com pessoas interessadas em jogos de azar, não mais com participantes selecionados por habilidades psíquicas (pretensos sensitivos). Em um desses estudos, participaram 20 jogadores, que tentaram, assim como em pesquisas prévias, ter sucesso na tarefa psi de reconhecer qual era a imagem-alvo em meio às não alvo. Os resultados replicaram os anteriores, com os ERPs alvos significativamente distintos daqueles não alvos. Mais do que isso, os autores previram essa diferença de forma precisa: uma onda lenta negativa, mensurada entre 150-500 milissegundos após o estímulo, apresentou amplitude negativa mais intensa para os alvos corretos do que para os falsos, isso ocorrendo em amplas áreas do couro cabeludo.

Em revisão do estudo prévio, McDonough, Warren e Don (2000) utilizaram duas medidas complementares da atividade de 40 Hertz cerebral (40 Hz evocados e 40 Hz induzidos). Eles observaram que as medidas foram mais intensas para as cartas-alvo em relação às não alvo, em um nível estatisticamente significativo. Em síntese, a avaliação da atividade 40 Hertz evocada parece replicar, ao menos parcialmente, os resultados prévios.

Nova revisão crítica dessa série de pesquisas foi conduzida por McDonough e seus colaboradores (Radin, 2015). Nela foi considerada, com ênfase, falhas metodológicas que poderiam ter produzido os resultados significativos prévios. No entanto, não foi possível encontrar algum artefato que pudesse justificá-los, vindo a confirmar as ERPs como possíveis assinaturas cerebrais associadas à percepção não consciente de psi ou CA.

3.4.6
Efeito pressentimento (EP) ou precognição fisiológica

O efeito pressentimento (EP) é uma das áreas em que fica mais evidente o uso de medidas fisiológicas como detectores de potenciais fenômenos psi. O efeito constitui-se em uma sensação ou sentimento difuso de que algo vai ocorrer, mas não se tem consciência do quê. Essa sensação corpórea é uma reação ou reflexo psicofisiológico, denominado *resposta orientada*, que ocorre no organismo que se vê diante de situações novas ou inesperadas, especialmente se elas oferecem algum tipo de risco, o qual precisa ser "enfrentado". Pavlov foi pioneiro no estudo dessas respostas, no início dos anos 1930. Tais reações incluem a aceleração da taxa cardíaca e a redistribuição circulatória, o que reduz o sangue nas extremidades, de modo a ter frieza e palidez, enquanto o peito e as coxas esquentam. Inclui-se nessa categoria também a modificação nas ondas cerebrais e no funcionamento das glândulas sudoríparas, que aumentam sua atividade e expansão pupilar.

Tal efeito é esperado como reação a estímulos. Porém, ele parece ser observado previamente em um nível que se afasta de uma previsão espontânea, o que pode ser observado em ambiente experimental. O paradigma clássico desse estudo inclui a exibição de imagens ou vídeos emocionais (ora eróticos, ora violentos) e calmos (como contraste) para participantes que têm sua fisiologia monitorada. Com efeito, parece haver reações orgânicas (elevação do alerta ou resposta orientada) que ocorreriam segundos antes dos estímulos emocionais serem mostrados, embora o mesmo não aconteça para os estímulos calmos (Silva, 2014; Mossbridge; Tressoldi; Utts, 2012).

Buscando simular o EP, Radin (1997) realizou uma série de pesquisas na Universidade de Nevada. O colaborador permanecia confortavelmente sentado em uma cadeira, próximo do monitor de um computador. As medidas fisiológicas mensuradas eram a taxa cardíaca, o volume sanguíneo na ponta de um dedo e a condutividade eletrodérmica. Com base em um conjunto de 120 fotografias coloridas, um sistema informatizado sorteava e mostrava alternadamente as imagens. O participante pressionava o *mouse* para dar início a um ensaio. Então, por 5 segundos, a tela do computador permanecia escura; em seguida, a fotografia era exibida e permanecia na tela por 3 segundos. Posteriormente, a tela voltava a ficar escura por mais 10 segundos. Em seguida, uma mensagem era mostrada na tela pedindo ao receptor que iniciasse o processo novamente, quando estivesse pronto. Durante todo esse período (18 segundos), o sistema informatizado registrava as informações fisiológicas do participante. Cada teste era constituído de 40 fotografias, mostradas uma de cada vez. As imagens eram de dois tipos: (1) **calmas**, como objetos, pessoas sem expressão emocional evidente e ambientes naturais; e (2) **emocionais** – especialmente selecionadas para eliciar emoções fortes. Essa categoria era subdividida em duas outras, as positivas, que incluíam imagens eróticas, e as negativas, em que apareciam imagens violentas ou perturbadoras, como cenas de autópsia e animais em postura de ataque.

Figura 3.3 – Desenho de um experimento de EP, realizado por Dean Radin

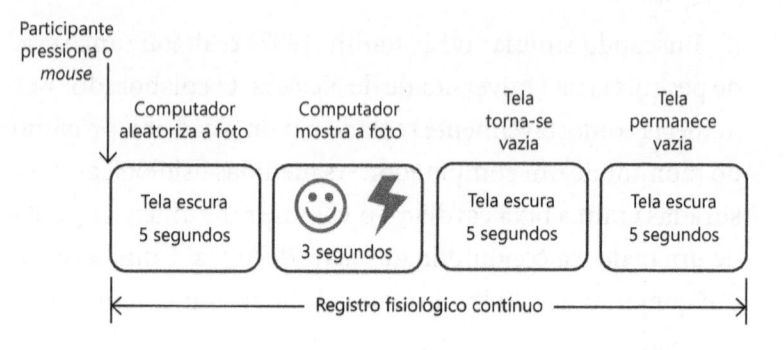

```
Participante
pressiona o
   mouse
     │
     ▼
┌──────────┐   ┌──────────┐   ┌──────────┐   ┌──────────┐
│Computador│   │Computador│   │  Tela    │   │  Tela    │
│aleatoriza│   │ mostra   │   │torna-se  │   │permanece │
│ a foto   │   │ a foto   │   │  vazia   │   │  vazia   │
└──────────┘   └──────────┘   └──────────┘   └──────────┘
┌──────────┐   ┌──────────┐   ┌──────────┐   ┌──────────┐
│Tela escura│  │  ☺  ⚡   │   │Tela escura│  │Tela escura│
│5 segundos │  │ 3 segundos│  │5 segundos │  │5 segundos │
└──────────┘   └──────────┘   └──────────┘   └──────────┘
  ├───────── Registro fisiológico contínuo ─────────┤
```

Fonte: Elaborado com base em Radin, 1997.

Como previsto, após as imagens emocionais serem mostradas, ocorria um momento de atividade eletroquímica nos colaboradores, como a reação do sistema nervoso para um estímulo relevante à sobrevivência. Essa reação diminuía e retornava à condição de base no período de descanso que se seguia. Contudo, o que não deveria ocorrer, ainda que previsto teoricamente, é que a EDA aparentemente disparava antes de os estímulos emocionais serem apresentados, como uma forma de antecipação de uma situação importante para o organismo, que não aconteceu para as imagens calmas. Se considerarmos seriamente esses resultados, eles sugerem que, se um fato futuro for relevante para o organismo, potencialmente ele tende a influenciar tal organismo antes de acontecer (ou seja, no presente), fato difícil de explicar por meios convencionais – por isso, foi denominado EP.

Ao serem indagados depois dos ensaios experimentais sobre se tinham consciência de quais imagens surgiriam, a maioria dos participantes indicou que não. Tais respostas sugerem que o pressentimento ocorreria aquém da percepção consciente, tal como sugerem outras linhas de pesquisa aqui apresentadas (Radin, 1997, 2015).

Essa pesquisa teve a participação de 24 pessoas e envolveu 900 testes, sendo que, em 317 deles, imagens emocionais foram mostradas e, nos demais (583), as imagens apresentadas foram calmas. Os resultados combinados das variações eletrodérmicas para os dois tipos de estímulos confirmaram as previsões. Replicações foram feitas pelo mesmo pesquisador e por outros (Bierman, 2000; Radin, 1997, 1998, 2015).

Na pesquisa de doutorado do primeiro autor (Silva, 2014), tal efeito foi novamente replicado. O estudo também usou fotografias calmas e emocionais (eróticas e violentas), com a diferença de que as imagens emocionais foram acompanhadas por áudios, voltados à amplificação das reações emocionais.

Trinta e dois colaboradores brasileiros e 16 norte-americanos participaram da pesquisa, realizada no laboratório do Instituto de Ciências Noéticas (Institute of Noetic Sciences – Ions), nos Estados Unidos, e no Centro Integrado de Pesquisa Experimental (Cipe) das Faculdades Integradas Espírita (FIES), no Brasil (Figura 3.4). Cada participante realizou uma sessão experimental, com 40 ensaios, totalizando 1.920 rodadas.

Figura 3.4 – Salas do Cipe, em Curitiba

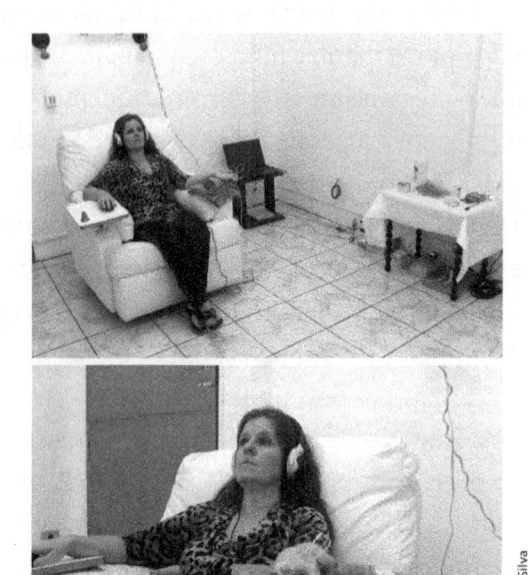

A Figura 3.4 mostra a poltrona na qual os participantes permaneciam durante os ensaios. Acima está o projetor multimídia que foi usado para exibir as imagens. À direita, na primeira imagem, é mostrado o computador e uma mesa com suprimentos, sob a qual estavam os equipamentos fisiológicos. A pessoa nas fotografias é a pesquisadora do Cipe, Marcia Regina Presezeniak.

A hipótese 1 previu que "a média dos resultados da condutância da pele (do período de 6 segundos que antecede a exibição das imagens) seria maior para as imagens emocionais do que para as calmas, em um nível significativo, o que pareceu ser confirmado pelos dados experimentais.

Gráfico 3.1 – Resultados da condutância da pele para alvos calmos e emocionais (eróticos e violentos)

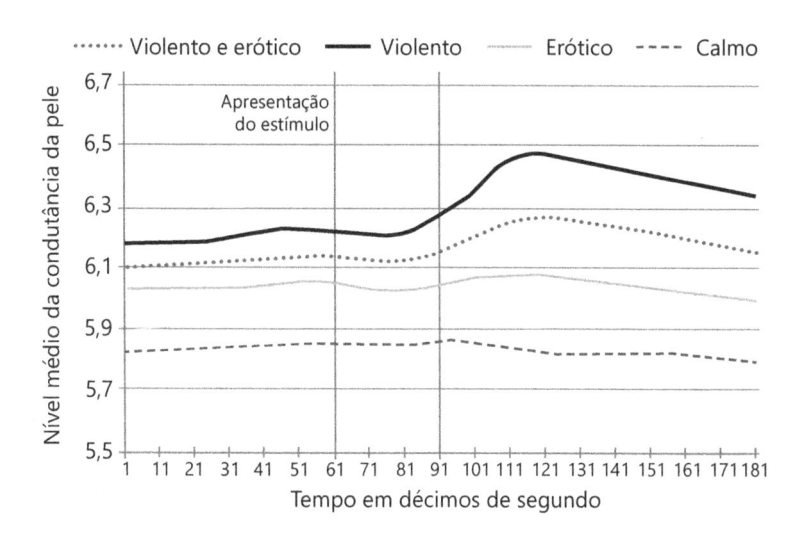

······· Violento e erótico —— Violento ——— Erótico ---- Calmo

[Eixo Y: Nível médio da condutância da pele, de 5,5 a 6,7]
[Eixo X: Tempo em décimos de segundo, de 1 a 181]
[Marcação: Apresentação do estímulo]

Fonte: Silva, 2014, p. 140.

Como pode ser visto no Gráfico 3.1, a linha pontilhada, que representa a média das reações para as imagens emocionais (violentas e eróticas) está afastada da linha tracejada, que representa as imagens calmas. Essa diferença indica um t = 1,66 e p = 0,049, ou seja, no limiar de significância estatística. A linha cinza, que representa especificamente os dados de reações para imagens eróticas, também se afasta da linha tracejada, embora menos e em um **nível não significativo** (t = 0;98 e p = 0,164). Por fim, a linha preta é a que mais se afasta da linha tracejada, mostrando maior diferença entre as médias de resistividade (reação emocional) e os dois tipos de alvo (t = 1,77 e p = 0,038). Em outras palavras, foi justamente esse tipo de imagem que puxou o resultado para a significância.

Na avaliação dos participantes, os alvos eróticos foram taxados como fracos e os violentos, como fortes. As fotografias usadas nessa pesquisa foram selecionadas do International Affective Picture System (Iaps), um sistema de fotos padronizadas com cerca de mil fotografias para pesquisa sobre emoção e cognição. As imagens violentas são efetivamente impactantes, mas as eróticas, nem tanto (segundo a avaliação do primeiro autor e dos participantes da pesquisa). Isso talvez se deva ao erotismo sofrer influência cultural; ou seja, o que era erótico quando as imagens foram produzidas há cerca de 14 anos não era mais no período da pesquisa.

A possibilidade de acessar diretamente fatos futuros tem sido avaliada por outros métodos de pesquisa, não relacionados a variáveis fisiológicas, como a habituação precognitiva, criada pelo psicólogo social Daryl J. Bem (1938-).

Preste atenção!

As pesquisas de habituação precognitiva avaliaram a possibilidade de existência da precognição, baseando-se no efeito da **mera exposição** ou **habituação**. Esse efeito básico, muito bem consolidado na psicologia, refere-se à reação à frequência de exposição a estímulos. Se uma pessoa for exposta repetidamente a determinado estímulo, ele se tornará menos apreciado. Estímulos apetitivos perderão gradativamente sua atratividade (menos excitação prazerosa), levando participantes de experimentos a preferirem aqueles menos expostos ou repetidos. Em complemento, o caráter aversivo de estímulos perde intensidade com a progressiva exposição (menos excitação aversiva), sendo preferidos pelos participantes aqueles que foram menos expostos e que, por conseguinte, terão maior impacto negativo sobre eles.

Essa sequência é o paradigma convencional de pesquisa: exposições seguidas de escolhas. O que Bem fez foi inverter essa ordem, imaginando que, entre duas opções de estímulos (fotografias) de mesma valência (positiva ou negativa), os colaboradores escolheriam a imagem positiva (erótica) que não seria repetida posteriormente (ou seja, mais atrativa) e a imagem negativa que seria repetida após sua escolha (que seria menos aversiva). Como as escolhas foram feitas de forma aleatória e sem o conhecimento dos participantes, era esperado pelo acaso resultados próximos da média 0,5, em um nível não significativo.

Foram realizados seis estudos experimentais, envolvendo 400 participantes em nove diferentes desenhos de testes, sendo que os resultados foram significativamente acima da média para os estímulos negativos (52,6%, t(259) = 3,17, p = 0,0008) e abaixo da média para os positivos (48,0%, t(149) = –1,88, p = 0,031). Tanto individual quanto coletivamente, os estudos foram significativos e seguiram na direção prevista (Bem, 2003).

Um estudo brasileiro usou essa metodologia, mas com uma quantidade de participantes bem inferior (apenas oito). Os resultados ficaram na média, ainda que tenham sido curiosos. Três participantes obtiveram escores acima do esperado por acaso, com significância estatística (61,1%, z = 1,77, p = 0,038) e os outros cinco fizeram o contrário, com um resultado abaixo do esperado, também com significância estatística (41,7%, z = –1,92, p = 0,027). Em síntese, opostos significativos compensaram um ao outro, gerando um total dentro da média. A questão de se houve ou não algum efeito anômalo nesses resultados não pôde ser avaliada, justamente pelo pequeno número de participantes (Zangari, 2004).

3.5
Linhas experimentais contemporâneas de pesquisa psi III: micro-PK e campo da consciência

A expressão *micropsicocinesia* (micro-PK) diz respeito à hipótese da influência de um organismo vivo sobre os sistemas inanimados e probabilísticos. Essa aparente influência deve ocorrer sem a mediação de quaisquer forças ou energias físicas conhecidas e só pode ser verificada por meio de análise estatística. Exemplos desses sistemas incluem o lançamento de dados ou moedas e *hardwares* geradores de números aleatórios – em inglês, *random-number generator* (RNG)[3] (Varvoglis; Bancel, 2015).

A sistematização dos estudos experimentais de psicocinesia iniciou-se em 1935, com o já mencionado casal Rhine e outros pesquisadores da Universidade de Duke, justamente por meio da tentativa de influência mental no lançamento de dados de jogar, visando determinados resultados. Em outras palavras, tentava-se influenciar o resultado expresso nas faces específicas dos dados, como marcas baixas (faces 1, 2 e 3) e altas (faces 4, 5 e 6). Esses estudos receberam várias críticas que inspiraram melhorias nos métodos, como registros

· · · · ·
3   Também conhecidos como *geradores de eventos aleatórios* (GEAs) ou, em inglês, *random event generator* (REG).

automatizados de dados, evitando-se problemas por parte do registro humano.

Outro fator crucial nos estudos era a aleatoriedade, o que inspirou o físico alemão Helmut Schmidt a desenvolver um equipamento automatizado de geração aleatória. Trata-se de um dispositivo que utiliza o decaimento radioativo do Isótopo Estrôncio-90, com a detecção dos elétrons mediante um contador Geiger, o qual é ligado a um rápido oscilador eletrônico que usualmente gira entre quatro possibilidades. O elétron detectado paralisa o oscilador e apresenta o resultado por meio de lâmpadas numeradas ou coloridas (nesse caso, dispostas em forma circular). Tal resultado também é automaticamente registrado no instrumento (Eysenck; Sargent, 1993; Vernon, 2020).

Em síntese, o decaimento radioativo das partículas ocasiona o sorteio de um número entre quatro possíveis, o que significa que uma possível influência mental nesse sistema – afetando presumivelmente o resultado do sorteio – ocorreria diretamente sobre os elétrons, imensamente menores e mais leves do que os "dados de jogar". Essa é uma razão para a expressão *micro-PK*.

A ideia central em experimentos desse tipo era a de que os participantes produzissem uma saída de dados não aleatória em uma direção predefinida. Por exemplo, as luzes em sua caixa de luzes coloridas poderiam se mover em determinada direção, como horária ou anti-horária. Com esse princípio, Schmidt (citado por Vernon, 2020) aparentemente obteve efeitos micro-PK positivos. Ou seja, aparentemente, os participantes conseguiram influenciar significativamente a direção das luzes (Eysenck; Sargent, 1993; Vernon, 2020).

Para verificar se os equipamentos estavam funcionando bem, Schmidt incluiu sessões nas quais não havia participantes tentando influenciá-los, ou seja, ensaios de controle, não encontrando anomalias nos resultados, que se mostraram dentro do esperado por acaso (Eysenck; Sargent, 1993; Vernon, 2020). Naturalmente, esses dados foram questionados, levantando-se questões sobre a confiabilidade dos GEAs, ou seja, se eles produziam dados realmente aleatórios (Hyman, 1987). Ainda assim, décadas de pesquisas de Schmidt e pesquisadores independentes, que usavam os próprios equipamentos, pareceram descartar qualquer evidência de que os geradores não eram aleatórios ou que qualquer desvio pudesse explicar os resultados encontrados por Schmidt (Varvoglis; Bancel, 2015; Vernon, 2020).

Se consideradas como um todo, as pesquisas produzidas por Schmidt foram muito positivas, tanto no sentido metodológico, incluindo a seleção de participantes com resultados mais destacados, quanto no sentido de explorar modelos teóricos.

> Uma avaliação do trabalho de Schmidt. Tomados como um todo, os experimentos de Schmidt apresentam evidências extremamente fortes para micro-PK. Revisamos 22 publicações experimentais contendo 50 estudos independentes, dos quais ¾ relataram significância (p < 0,05) e quase metade teve Zs acima de três. Há alguma ambiguidade na determinação do número de estudos independentes em experimentos que usam diferentes dispositivos ou grupos de participantes, e cerca de uma dúzia foram relatados como pilotos, mas qualquer contagem leva a probabilidades astronômicas contra a

hipótese nula. O comportamento não ideal dos RNGs pode criar vieses sistemáticos nos dados, mas Schmidt teve o cuidado de calibrar seus dispositivos com frequência e relatou dados de controle na maioria das publicações. (Varvoglis; Bancel, 2015, p. 269, tradução nossa)

Os estudos de Schmidt também inspiraram centenas de estudos de replicação, com resultados variáveis, os quais, em geral, não conseguiram replicar a consistência e a força daqueles produzidos por Schmidt. Considerando-se que seus métodos foram satisfatórios e que não houve qualquer evidência de desonestidade de sua parte, alguns pesquisadores sugeriram o efeito experimentador psi, ou seja, que o próprio Schmidt poderia ter influenciado seus experimentos por meio das próprias capacidades psi, o que pode ser pensado a partir de seus resultados positivos em testes de psicocinese (PK). Uma hipótese mais simples e "econômica" é que ele foi um excelente pesquisador. Investiu três décadas de sua vida na produção de equipamentos e na elaboração e implementação das pesquisas, mostrando incrível criatividade na elaboração das hipóteses. Toda essa perseverança e habilidade socioemocional em relação ao trabalho com os colaboradores experimentais podem ter resultado na produção de efeitos sutis, mas muito reais, difíceis de serem reproduzidos (Varvoglis; Bancel, 2015).

> Além disso, embora o aspecto mais proeminente de seu trabalho tenha sido a busca de princípios simples relevantes para a física, uma leitura mais atenta revela uma abordagem altamente intuitiva das facetas psicológicas da pesquisa PK e um senso aguçado de como melhor trabalhar com indivíduos. (Varvoglis; Bancel, 2015, p. 270, tradução nossa)

Talvez, a explicação esteja em outro lugar. Diferentemente da perspectiva altamente personalizada de Schmidt, outro grupo de pesquisa destacou-se também de forma proeminente no estudo de PK. Esse grupo foi liderado por Robert Jahn (1930-2017), diretor da Faculdade de Engenharia da Universidade de Princeton, na qual fundou o Princeton Engineering Anomalies Research (Pear). Jahn integrou físicos, psicólogos e técnicos que desenvolveram estudos por quase 30 anos. O Pear encerrou suas atividades em 2007. O foco principal dos estudos era a pesquisa de micro-PK por meio de GEAs, também produzidos e testados (calibrados) por eles e baseados em decaimento radioativo, porém incluindo o ruído eletrônico e aqueles fundamentados em processos quânticos, mais recentes. Eles desenvolveram estudos com participantes voluntários não selecionados e protocolos mais estáveis (Varvoglis; Bancel, 2015).

Os GEAs baseados em processos quânticos foram considerados mais confiáveis, por fornecer eventos "verdadeiramente aleatórios", produzindo eventos binários (0 ou 1). Eles podem ser conectados a computadores e seus resultados são representados graficamente, por exemplo, por uma linha, ou em jogos com imagens atrativas que se comportam a partir dos resultados aleatórios. As vantagens são evidentes em termos de registro automatizado, prevenção contra a fraude e envolvimento emocional (motivação) dos participantes (Varvoglis; Bancel, 2015; Vernon, 2020).

O laboratório do Pear tomou como política interna a publicação de todos os seus estudos (independentemente dos resultados), o que foi e é muito importante para evitar o chamado *efeito engavetamento* – ou seja, as pesquisas com resultados positivos são publicadas, ao passo que as com resultados nulos são "engavetadas".

Um dos protocolos básicos do Pear envolveu a utilização de três metas: marcas altas (HI – *high*), em que os participantes buscavam que o resultado elevasse a linha gráfica; baixas (LO – *low*), na qual buscavam o contrário; e linha de base (BL – *base line*), que eram os ensaios de controle. Os resultados HI foram previstos para desviar positivamente da média esperada por acaso (MEA); em outras palavras, seriam resultados acima dessa média. Em contraponto, os resultados LO deveriam se desviar negativamente da MEA. Entre esses extremos, os resultados BL deveriam ocorrer dentro da MEA. Ao longo de 12 anos de estudos como esses, o laboratório do Pear realizou mais de 2,5 milhões de ensaios, com 91 colaboradores, produzindo um efeito extremamente significativo (Jahn et al., 1997; Varvoglis; Bancel, 2015; Vernon, 2020).

Novamente, a questão da replicação é muito importante para se avaliar o resultado de um laboratório em um panorama maior. Voltaremos à questão de replicação no Capítulo 4, que trata das metanálises.

Passemos agora à linha de pesquisa do "campo da consciência", que está intimamente relacionada aos estudos de micro-PK. Um dos objetivos do grupo de Princeton era encontrar meios de otimizar os resultados de suas pesquisas. Assim, explorando estratégias em que dois participantes buscavam conjuntamente influenciar um GEA, percebeu-se que duplas com vínculo emocional ou com participantes de sexos distintos conseguiam resultados até quatro vezes maiores do que participantes agindo isoladamente. Esse feito ficou conhecido como **operador combinado** (Eysenck; Sargent, 1993).

A ideia subjacente é a "combinação de forças" e/ou a motivação colaborativa gerada pela conexão emocional? Essa pergunta remete à pesquisa do "campo da consciência", que visa verificar se agrupamentos e a intencionalidade concentrada poderiam influenciar sistemas físicos, novamente os GEAs. Esses estudos parecem sugerir, pela perspectiva favorável aos fenômenos, que a mudança de consciência de pequenos grupos ou a "intencionalidade focada" de grandes grupos influencia os resultados aleatórios desses equipamentos.

Richard Broughton (1999) buscou verificar isso na chegada do ano "novo" de 1999, observando o resultado de GEAs em 16 locais em várias partes do mundo. Eles foram escolhidos por terem celebrações consideradas máximas (8 locais) ou mínimas (8 locais) na entrada do ano novo. Broughton previu que os resultados dos GEAs em torno dos primeiros minutos (do ano novo) seriam significativos para os locais de celebração máxima, exatamente o que ocorreu ($X^2 = 43761,1$, $df = 43200$, $p = 0,03$), e que isso não ocorreria para aqueles de celebração mínima, o que também se confirmou ($X^2 = 43413,8$, $df = 43200$). Para testar se os efeitos poderiam ocorrer no dia seguinte, registros de controle foram feitos em 2 de janeiro, tanto nos locais de "teste" quanto nos de "controle". Esses resultados somados não foram significativos (Broughton, 1999). A ideia central é de que um grupo de pessoas esteja com a consciência focada em um evento específico, como, no caso mencionado, em festividades (Hirukawa; Ishikawa, 2004; Divya; Nagendra; Ram, 2016), ou em cerimônias religiosas (Hirukawa et al., 2006), shows musicais

(Radin et al., 2017) ou cinema (Shimizu; Yamamoto; Ishikawa, 2017), entre outros.

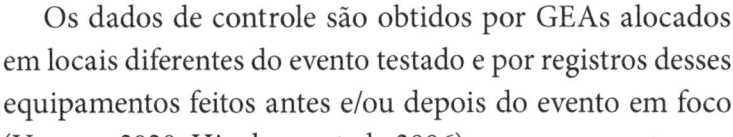

Os dados de controle são obtidos por GEAs alocados em locais diferentes do evento testado e por registros desses equipamentos feitos antes e/ou depois do evento em foco (Vernon, 2020; Hirukawa et al., 2006).

Preste atenção!

Entre 2003 e 2011, organizamos (o primeiro autor e alguns colegas) sete edições do Encontro Psi, evento científico para pesquisadores dessa área. Em complemento aos encontros científicos que ocorriam durante o dia, à noite realizávamos as Jornadas de Estados Modificados de Consciência (JEMCs), nas quais os pesquisadores eram convidados a conhecer e a vivenciar práticas de tradições religiosas e/ou espiritualistas.

Durante o II Encontro Psi (2004), realizado em Curitiba, tivemos a I JEMC, da qual participaram dois colegas pesquisadores japoneses, o antropólogo Tatsu Hirukawa e seu colega, o biofísico Hideyuki Kokubo. Eles usaram três GEAs, sendo dois nos locais da JEMC e um no hotel (controle). Eles obtiveram resultados significativos para os rituais do Santo Daime e as cerimônias do Aty Guarani (Hirukawa et al., 2006).

Alguns desses dados parecem mostrar ainda uma estrutura similar e consistente, com a elevação do desvio até chegar a um extremo, que ocorreria aproximadamente no meio das atividades. Esse pico é seguido pela descida gradativa do gráfico, coincidindo com o término dos "rituais". Esse padrão também foi visto nos experimentos do Festival de

Verão Nebuta-Matsuri, no Japão (Hirukawa; Ishikawa, 2004). Em uma reflexão especulativa, poderíamos sugerir que os GEAs estariam verificando de forma objetiva a potencial "ampliação da consciência". Essa especulação pode servir de referência para estudos de replicação, que devem considerar sobremaneira o efeito experimentador, já pontuado anteriormente, que implica em os experimentadores buscarem resultados coerentes com suas crenças, "contaminando" por algum meio a produção ou a interpretação dos dados. De qualquer forma, essa é uma área de pesquisa complementar ao processo de compreensão da psi e pode ser utilizada em paralelo a outras pesquisas, como o Ganzfeld e o DMILS.

Gráfico 3.2 – Desvio cumulativo (Z^2-1) dos resultados RNG da cerimônia de boas-vindas do povo Guarani em Quatro Barras, em 23 e 24 de abril de 2004

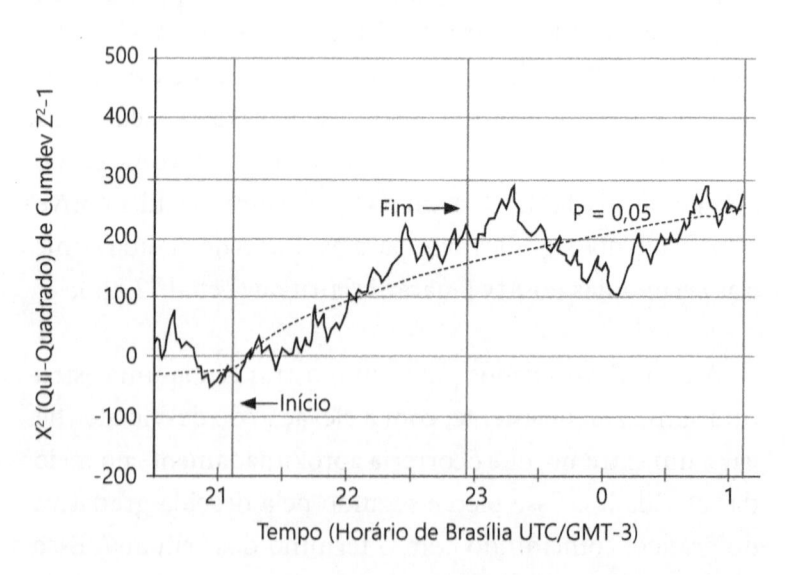

Fonte: Hirukawa et al., 2006, p. 21, tradução nossa.

Gráfico 3.3 – Desvio cumulativo (Z^2-1) dos resultados RNG da Igreja do Santo Daime (Ceu do Paraná) em Bateias, em 25 e 26 de abril de 2004

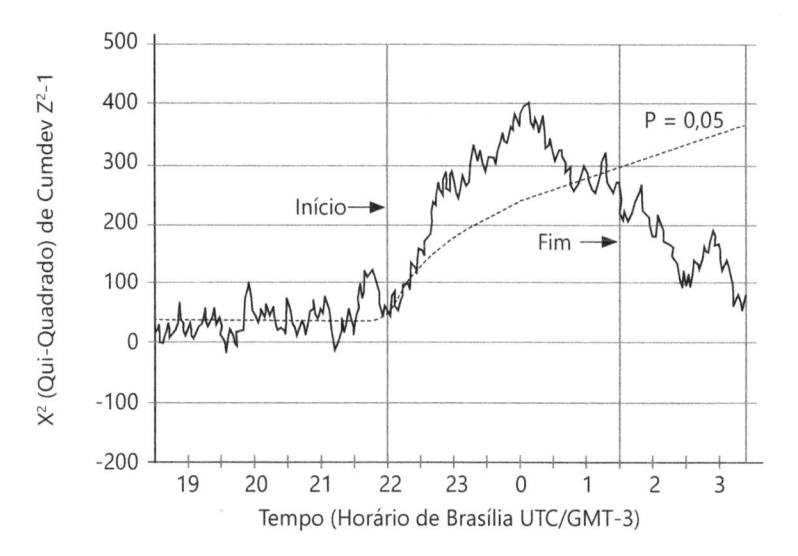

Fonte: Hirukawa et al., 2006, p. 23, tradução nossa.

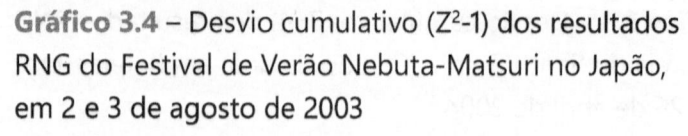

Gráfico 3.4 – Desvio cumulativo (Z^2-1) dos resultados RNG do Festival de Verão Nebuta-Matsuri no Japão, em 2 e 3 de agosto de 2003

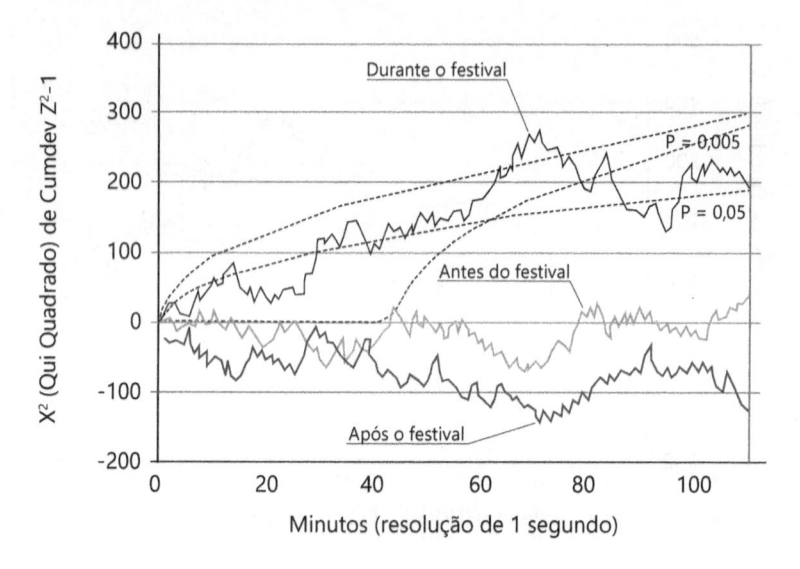

Fonte: Hirukawa et al., 2006, p. 22, tradução nossa.

As pesquisas nessa área motivaram o psicólogo cognitivo Roger Nelson (1940-) e seus colaboradores a criarem um conjunto de dispositivos GEA de gravação contínua, situados em diferentes países, conectados via internet. O projeto foi denominado Projeto da Consciência Global (Global Consciousness Project – GCP), uma metáfora para a ideia de obter um EEG do planeta, ou um eletrogaiagrama, se preferir (Varvoglis; Bancel, 2015; Vernon, 2020; Nelson, 2011, 2019).

Fundado em 1997 e associado ao Instituto de Ciências Noéticas, que tem abrigado o experimento desde 1998, o GCP traz inovação à pesquisa psi, visto que a expande a dimensões globais e com duração de longo prazo, visando identificar eventuais efeitos anômalos de uma consciência de massa (coletiva) sobre sistemas físicos (Nelson, 2011, 2019).

> Antevemos que eventos que produzam reações emocionais largamente compartilhadas serão registrados como estruturas inesperadas em sequências de dados aleatórios. [...]
> O instrumento que utilizamos é uma rede de cerca de 65 geradores de números aleatórios (RNG) físicos, distribuídos pelo mundo do Alaska à Austrália. Cada nó da rede gera um ensaio aleatório de 200 bits por segundo e envia os dados a um servidor dedicado em Princeton, Nova Jersey. O histórico resultante de valores aleatórios pode ser então comparado ao histórico de eventos mundiais. Estabelecemos hipóteses formais predizendo que as sequências aleatórias conterão períodos de estrutura coincidentes com grandes eventos que envolvam um grande número de pessoas. (Nelson, 2011, p. 201)

Considerando-se real aleatoriedade GEA, parece difícil explicar, em termos convencionais, tais padrões anômalos encontrados e sua relação com eventos mundiais significativos.

> De acordo com a teoria física padrão, não deveria haver nenhuma estrutura nestes dados aleatórios. Ainda assim, percebemos que muitos dos eventos que observamos estão associados a padrões perceptíveis (aberrações estatísticas) nos dados. Datas especiais como a comemoração do Ano Novo, grandes desastres naturais e eventos trágicos, como os ataques terroristas de 11 de setembro de 2001, tendem a revelar mudanças. De forma geral, percebemos desvios nos dados que se correlacionam com períodos de profundo envolvimento compartilhado ou reação emocional generalizada.

> Os resultados de uma série de aproximadamente 300 testes formais ao longo de 11 anos de processamento contínuo indicam efeitos anômalos pequenos, mas significantes. Análises rigorosas demonstram estruturas nos dados que deveriam ser aleatórios e que estão especialmente relacionados a eventos de grande importância para as pessoas. (Nelson, 2011, p. 201)

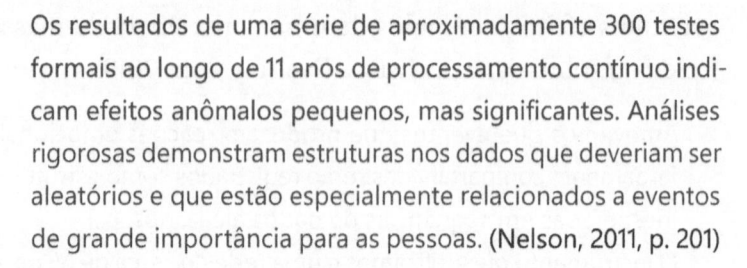

Naturalmente que mais pesquisas precisam ser realizadas, bem como estudos de replicação independentes. Como é possível perceber, muitos resultados aparentemente extraordinários desaparecem quando os estudos são replicados por equipes diferentes, o que levanta bandeiras de alerta e compõe mecanismos de autocorreção da ciência. De qualquer forma, esse paradigma de pesquisa aponta para um novo olhar metodológico e teórico, que pode ser explorado de forma sistemática, trazendo contribuições ímpares para a compreensão das experiências humanas excepcionais – nesse caso, envolvendo grandes coletividades.

3.6
Pesquisas sobre potenciais aplicações das experiências anômalas (EAs) relacionadas à psi

Finalizando este capítulo, apresentamos aqui alguns estudos sobre potenciais aplicações das EAs relacionadas à psi, área que pode ser considerada uma das mais controversas. Sequer temos certeza que fenômenos anômalos relacionados à psi existem, apesar de as evidências experimentais sobre a hipótese psi terem se mantido favoráveis ao longo de décadas, como demonstraremos no Capítulo 4. Ainda assim, a controvérsia científica sobre a existência ou não de fenômenos paranormais continua e parece não ter, ao menos a curto prazo, uma perspectiva de resolução.

Nesse contexto, os estudos que são apresentados têm um caráter exploratório e não trazem qualquer garantia ou segurança definitivos. Mas eles são importantes, entre outras razões, porque avançam na direção pragmática de verificação da possibilidade de se aplicar tais hipotéticos fenômenos. Avanços desse tipo podem ser muito significativos, tanto em termos de contribuir para a evidência dos fenômenos quanto, principalmente, no sentido de compreender sua natureza.

Uma área muito interessante (e controversa) é o uso de habilidades psi para auxiliar em descobertas arqueológicas. Os estudos registram dados obtidos por visão remota (*remote viewing* – RV), ou seja, pessoas que tentam remotamente obter informações desejadas, sem acesso sensorial sobre os possíveis alvos (sítios arqueológicos ocultos). Uma dessas pesquisas (Schwartz, 2019) buscou encontrar uma estrutura bizantina na cidade de Marea (enterrada), situada aproximadamente a 44 km de Alexandria, no Egito. O estudo realizou um experimento de RV

> em que dois observadores remotos foram solicitados a localizar primeiro Marea e, em seguida, um edifício enterrado dentro da cidade e, finalmente, descrever o que seria encontrado dentro do canteiro de obras selecionado, com uma

particular ênfase em azulejo e outros materiais decorativos. Também inclui uma comparação de dados de visão remota com sensoriamento remoto eletrônico e dados geográficos para a mesma área feitos independentemente três anos antes. A comparação é impressionante porque, embora os telespectadores remotos tenham conseguido localizar um edifício, inclusive demarcando sua porta e cantos, além de fornecer uma riqueza de material reconstrutivo e descritivo sobre o que seria encontrado no local, o sensoriamento remoto eletrônico e a análise geográfica não produziram nenhuma sugestão de que houvesse um sítio nesse local. Por essa razão, antes da descoberta, muitos dos dados de visão remota pareciam extremamente improváveis e contradiziam notavelmente o julgamento informado de um arqueólogo considerado pela Universidade de Alexandria como a principal autoridade em Marea. (Schwartz, 2019, p. 451, tradução nossa)

Em outra pesquisa, Schwartz e De Mattei (2020) relatam a descoberta de um navio mercante americano armado, o Brigue Leander, que também era procurado mediante RV.

Os dados mostram que as informações de origem não local usando a visualização remota levaram à localização do lugar e que o sensoriamento remoto eletrônico não foi útil. [...] Além das informações de localização [que levaram à efetiva descoberta do navio], um total de 193 conceitos descrevendo o que seria encontrado no local foram oferecidos por 12 visualizadores remotos [*Remote Viewers*]. Destes, 148 conceitos, ou 75% do total, puderam ser avaliados por meio de observações diretas de campo ou pesquisa histórica. Uma avaliação desse material revela 84% correto, 12% parcialmente correto, mas utilizável, e 4% incorreto. (Schwartz; De Mattei, 2020, p. 62-63, tradução nossa)

A RV é uma das técnicas que muito se presta a explorar as aplicações de psi. Por exemplo, a área de investimentos tem sido pesquisada por meio de um procedimento chamado *visão remota associativa* (VRA), no qual os participantes têm suas percepções integradas no "voto majoritário", que pondera as percepções favoráveis/desfavoráveis para os resultados de previsão de mercado financeiro. Nessa técnica, visualizadores remotos (VRs) novatos tentam descrever um de dois objetos que lhes são mostrados após o fechamento do mercado, no dia seguinte. Os objetos são aleatorizados para serem diferentes. Um deles representa que o mercado iria subir e o outro, que iria descer, associação esta também fruto de aleatorização.

Com base nesse procedimento, em 1982, Puthoff realizou 30 testes visando prever o mercado de futuros de prata, usando os resultados para fazer gerir investimentos reais. As avaliações estatísticas foram significativas ($p < 2,2 \times 10^{-2}$), enquanto os resultados financeiros foram lucrativos, cerca de US$ 250.000 para o investidor, e 10% disto para o pesquisador (Puthoff, 1984, citado por Smith; Laham; Moddel, 2014). Ainda em 1982, Keith Harary e Hussel Targ (1985) relataram ganhar US$ 120.000 com o mesmo procedimento, investindo também em prata. De 1998 a 2011, Kolodziejzyk conduziu 5.677 ensaios do tipo VRA voltados ao investimento financeiro, reportando resultados estaticamente significativos ($z = 3.49$), que, na prática, teriam lhe rendido um lucro de mais de US$ 146.000 (Kolodziejzyk, 2012, citado por Smith; Laham; Moddel, 2014).

Em 2014, um novo estudo foi conduzido com dez VRs novatos realizando sete ensaios VRA visando ao investimento na Dow Jones. Em todos os ensaios, os VRs acertaram a direção do resultado da bolsa ($p < 0,01$). Tendo investido US$ 10.000, teriam ganhado US$ 16.000 no quinto ensaio. Os ensaios seguintes ocorreram em um ambiente de menor oscilação de mercado e com um erro de tempo na negociação, por parte dos pesquisadores, o que gerou uma perda de US$ 16.000. Sem esse erro, o lucro total seria de US$ 38.000 em duas semanas (Smith; Laham; Moddel, 2014).

Relacionada indiretamente ao tema anterior, uma das áreas que, talvez, tenha recebido mais atenção sobre a possível aplicação de psi está associada às organizações. Nesse contexto, as EAs são mais bem conhecidas como "intuição". Esse termo tem muitos sentidos e, no campo acadêmico, constitui-se em uma linha de pesquisa, na qual pode ser vista como uma forma automática, não consciente, de processamento cognitivo, relacionada a aprendizagens e experiências anteriores.

De maneira complementar, uma das categorias da intuição estudada diz respeito àquela de caráter não local, referindo-se especificamente a experiências e fenômenos anômalos. O termo *intuição* é também utilizado em levantamentos, em particular na área organizacional. Como citado anteriormente, no estudo clássico de levantamento de EAs, feito por Louisa E. Rhine, em 26% dos casos, a forma subjetiva pela qual a informação anômala se tornaria consciente é a **impressão intuitiva** (Cardeña; Lynn; Krippner, 2013).

Parikh, Neubauer e Lank (2003) realizaram uma pesquisa sobre intuição, da qual participaram 1.312 gestores de nove países. Nos resultados, observou-se que 53,6% deles prefeririam usar a mente de forma ambidestra, ou seja, valorizando de igual maneira a intuição e o raciocínio lógico, no que se refere à vida profissional. Por sua vez, 7,5% deles indicaram ter preferência pela intuição e 38,9% reportaram o oposto.

Esses dados revelam o valor dado à intuição no contexto organizacional. Em termos da aplicabilidade da intuição, as principais atividades empresariais/administrativas percebidas como relevantes incluem:

1. Estratégia e planejamento empresarial
2. Investimento/diversificação
3. Aquisições/associações entre empresas/fusões
4. Finanças
5. Marketing
6. Relações públicas
7. Escolha de tecnologia/instalações e equipamento
8. Produção/operações
9. Administração de materiais
10. Desenvolvimento de recursos humanos
11. Pesquisa e desenvolvimento

(Parikh; Neubauer; Lank, 2003, p. 114)

Esses poucos dados sugerem que não apenas a intuição tem forte importância na vida profissional de administradores, como também é utilizada voluntariamente por 61,5% da amostra investigada.

Considerando o contexto nacional, temos um estudo que explorou como empresários tomam suas decisões. Em uma pesquisa realizada na cidade de Recife, o pesquisador Amaro Geraldo de Barros (1998), do Instituto Pernambucano de Pesquisas Psicobiofísicas (IPPP), buscou saber até que ponto as EAs, mais especificamente a telepatia, a clarividência e a precognição – também conhecidas como "intuição" no meio organizacional –, eram empregadas por administradores de empresas como forma de solucionar problemas. O estudo buscou descobrir a postura dos empresários a respeito dessas questões e incluiu uma amostra de 300 micro, pequenas e grandes empresas localizadas em Recife. As empresas averiguadas englobam 4.283 empregados.

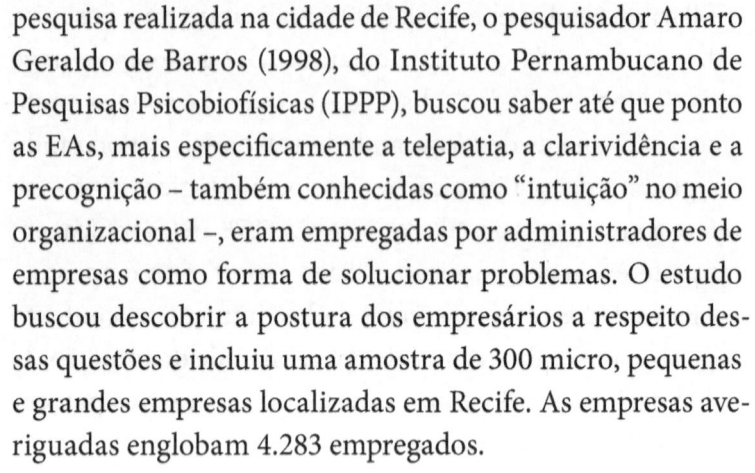

Foram entrevistados empresários que atuam em diferentes ramos de atividade, correspondendo ao campo industrial 15% das empresas, ao comercial 44% e ao de serviços 41%. Na disposição por gênero, a classificação é de 70% homens e 30% mulheres. Com relação às origens das empresas, 77% são provenientes da iniciativa dos próprios donos, ao passo que 23% foram adquiridas por herança familiar.

A diferença que se deseja conseguir com a origem da empresa – se por legado ou por iniciativa do empresário – é analisar as atitudes do empresário nas suas decisões, desde o momento que este decide pelo comércio escolhido. Por que optar por este ao invés daquele? Como o empresário chegou a uma decisão final e optou por um ramo específico do comércio? Fatores de escolha do ramo de atividade: a experiência anterior na atividade é predominante, com 50%; a intuição aparece com 23%; e a pesquisa de mercado, com 12%. Devemos evidenciar a intuição, com um total de 23% de sugestão, como uma opção de importância na história empresarial desde seu estabelecimento (Barros, 1998).

Dentre os resultados, as alternativas "Medito e encontro a solução" e "Uso a minha intuição" pareceram indicar formas distintas de se referir ao mesmo fenômeno. Isoladamente, a opção "Uso a minha intuição para resolver problemas" foi assinalada por 34% dos empresários pesquisados. A expressão "Medito e encontro a solução", se for analisada como um fator intuitivo, faz esse percentual subir para 46%. Verificou-se também que a expressão "Peço ajuda a terceiros", como consulta a esotéricos, foi pouco evidenciada pelos empresários (Barros, 1998). Quanto à referência de acerto na resolução de problemas, verificou-se que dois terços dos empresários que relataram utilizar a intuição obtiveram acertos na ordem de 75% ou mais. Os que optaram pela ajuda mística obtiveram um terço de acertos. Verificou-se também que 7% dos empresários afirmaram acertar sempre, ou seja, 100% das vezes.

Os entrevistados alegaram entender a intuição como um **sexto sentido**, como algo que não vem do uso da razão, e sim uma forma de PES, um autoconhecimento adquirido por alguma fonte que não se situa entre os sentidos clássicos; assim, a intuição fica explícita como um fenômeno paranormal (Barros, 1998). Pode ser útil recordar que esse estudo se concentra na perspectiva – subjetiva por natureza – dos empresários, não em uma avaliação com rigores científicos das origens de suas "intuições" e, muito menos, do que constituiriam os acertos e sucessos.

Voltando ao contexto internacional, em um episódio clássico apresentado pela Newark College of Engineering, os pesquisadores analisaram a habilidade de precognição de empresários. Nesse teste, os participantes criavam uma sequência de números binários de 100 dígitos. Para verificar o acerto,

100 dígitos eram gerados por um computador, utilizando-se técnicas de geração de números aleatórios, que eram então comparados com aqueles criados pelos empresários. Os resultados revelaram que vários participantes apresentavam a capacidade de obter escores para além das expectativas do acaso e, o mais importante, os empresários mais exitosos (empresas com mais sucesso financeiro) obtiveram escores que excediam de maneira significativa as probabilidades do acaso. Já os empresários cujo empreendimento perdia dinheiro apresentavam números inferiores à média e se distanciavam expressivamente dos níveis do acaso (Dean et al., 1974).

Inspirado nessa pesquisa, Negi (2010) realizou um estudo semelhante, buscando avaliar a qualidade da tomada de decisão de executivos e comparar esses escores com aqueles de tarefas psi. Como o sucesso de qualquer organização empresarial depende basicamente das decisões eficazes de seus executivos, o pesquisador quis verificar se o processo de tomada de decisão em questões inesperadas e/ou mal definidas poderia se relacionar de alguma forma ao desempenho psi. Para isso, ele avaliou dez dimensões desse processo em executivos, ligados a pequenas e médias empresas do setor manufatureiro, incluindo "agilidade, independência, correção, originalidade, aceitabilidade, confiança, participação, economia, compreensão e clareza" (Negi, 2010, p. 3234, tradução nossa). Ele também solicitou que os gerentes desses executivos os avaliassem em uma escala de sete pontos, variando de muito bom a muito ruim. Essa foi a forma de avaliar a eficácia da tomada de decisão. O pesquisador também avaliou o potencial de criatividade (mediante um *Creativity Test*) e realizou testes de psi, usando o baralho Zener.

Dessa forma, noventa executivos foram contatados e entrevistados durante a pesquisa final, a maioria de nível médio, do sexo masculino e muitos com formação mecânica (engenharia)/técnica. Após a conclusão da pesquisa, os itens foram pontuados e os executivos classificados como tomadores de decisão mais/menos eficazes (pontuação superior à média e pontuação inferior à média, respectivamente) e ESP alto/baixo. A criatividade foi categorizada conforme especificado na literatura e os tomadores de decisão de alta/baixa eficácia foram comparados entre si em termos de ESP. (Negi, 2010, p. 3234, tradução nossa)

Os resultados evidenciaram que o grupo de executivos que teve maior tomada de decisão também apresentou maiores escores psi, na comparação com os demais executivos, apesar de essa diferença não alcançar significância estatística ($X^2 = 0,196$, $p < 0,66$). Entre os fatores que mostraram essa significância está a clareza; ou seja, quanto mais psi, mais clareza nas tomadas de decisão ($X^2 = 4,02$, $p < 0,14$) e criatividade ($X^2 = 3,33$, $p < 0,19$).

Ainda na perspectiva de potenciais aplicações da psi, vemos que o psicólogo Stefan J. Kasian (2006), da Universidade de Akamai (Estados Unidos), verificou se sonhos podem antecipar vendas de casas. Dez pessoas participaram das entrevistas – um número pequeno, deve-se notar –, as quais foram realizadas por meio de telefone. Dessa maneira, buscou-se explorar temas específicos dos sonhos, como amizade e semelhanças (físicas) em índices elevados, ou agressão e negatividade em índices muito baixos ou ausentes. Esses temas, associados ao conteúdo dos sonhos, pareceram indicar que o sonhador focava em algumas opções específicas de casa – por exemplo, quando as imagens dos sonhos eram muito semelhantes à residência vendida.

Esses poucos estudos indicam que EAs (intuição) possivelmente fazem parte das decisões profissionais e, talvez, estejam ligadas ao sucesso e à vantagem competitiva, hipótese que precisa ser mais bem investigada. No entanto, como é possível perceber, tais estudos se beneficiariam de diversos refinamentos em replicações vindouras.

Nesse contexto, desenvolvemos (o primeiro autor e colegas) um estudo experimental, realizado em uma empresa imobiliária de Curitiba, verificando se é possível que os corretores utilizem fenômenos anômalos relacionados à psi para aumentar suas locações. O estudo foi conduzido nos meses de junho e julho de 2011 (Itice; Pianaro; Silva, 2011). A proposta teve como objetivo avaliar os escores de testes psi (clarividência e precognição) de corretores de imóveis e correlacioná-los a seus níveis de locações. Participaram 16 corretoras, sendo critério de seleção que as voluntárias estivessem empregadas na empresa e desejassem participar do estudo. Cada participante fez 120 ensaios, sendo metade para o teste de precognição e metade para clarividência. Neles, tentaram adivinhar, em uma ficha com 60 imóveis, quais seriam locados por cinco pessoas, sendo que cada pessoa locaria três imóveis (um total de 15 alvos).

No teste de clarividência, a informação-alvo estava próxima dos participantes, mas coberta por folhas opacas e lacrada em envelope também opaco. No caso da precognição, a técnica aplicada foi a mesma, porém, a informação dos alvos foi elaborada posteriormente. A aleatorização dos alvos foi baseada em uma tabela de números aleatórios e foi feita por um assistente externo.

Foram realizadas duas baterias de testes, uma antes e outra depois da intervenção, a qual se constituiu em treinamento de habilidades interpessoais (inteligência emocional) e "intuitivas". Para as habilidades intuitivas, foram desenvolvidas técnicas de modificação de consciência e de percepção corporal. Também foram realizadas práticas com testes psi.

Gráfico 3.5 – Escores das participantes no estudo imobiliário

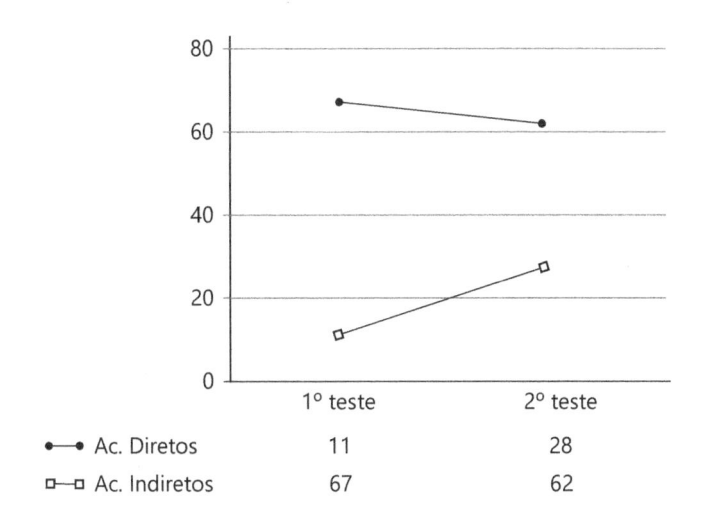

	1º teste	2º teste
•—• Ac. Diretos	11	28
▫—▫ Ac. Indiretos	67	62

Fonte: Itice; Pianaro; Silva, 2011, p. 129.

Quando as participantes conseguiam adivinhar corretamente os imóveis que cada pessoa de forma individual locaria, havia um acerto direto (p = 0,05); porém, se acertassem dentro do conjunto dos 15 alvos (imóveis), independentemente de acertarem ou não a relação direta entre locadores e imóveis-alvo, considerava-se um acerto indireto (p = 0,25). Como podemos observar no Gráfico 3.5, os resultados indiretos, os quais, teoricamente, deveriam ser mais fáceis, pois estão associados a uma probabilidade maior, tiveram um decréscimo entre o primeiro e o segundo teste. Curiosamente, o contrário ocorreu com os acertos diretos, condição de maior dificuldade.

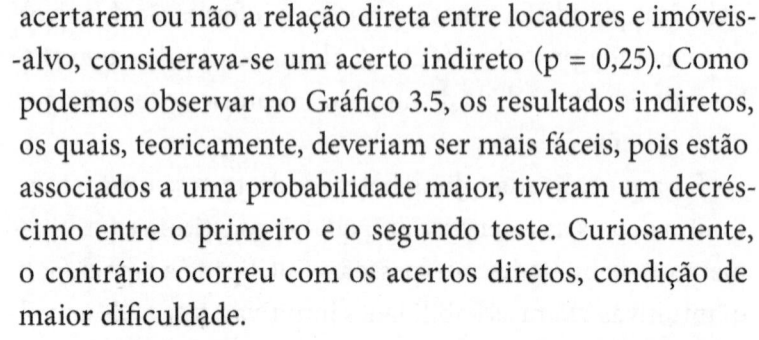

Os acertos subiram de 11 para 28 na condição direta, sugerindo que houve uma melhora nas habilidades dessas corretoras. A correlação entre os acertos psi e a quantidade de locações que estava prevista não gerou dados significativos em particular, em função da sazonalidade relacionada à área. Esse estudo exploratório, dentro de uma organização, foi uma experiência nova para nós. Todavia, trabalhamos com grupos com esse mesmo objetivo desde 1998.

Basicamente, nos questionamos se seria possível treinar a psi ou sua percepção. Para isso, desenvolvemos (o primeiro autor e colegas) experiências em grupos exploratórios em treinamento psi (Silva, 2011). Uma delas foi realizada entre 2008 e 2009, com 68 encontros de 2 horas, contando com 14 colaboradores, que integraram o Grupo Experimental de Vivências para Autoconsciência. Metade deles fizeram todas as avaliações de psi, condição para participar desse relato de experiência.

Entre os objetivos dessas atividades, indicamos o estímulo sistemático:

1. autopercepção/autoconhecimento;
2. variáveis psicondutivas (como EMCs e criatividade);

3. desenvolvimento de habilidades socioemocionais;
4. aplicação de psi no dia a dia, como em tomadas de decisão, na solução de problemas/conflitos e para orientar-se quanto a questões mais ou menos relevantes.

Diversas técnicas de "treinamento psi" faziam parte das atividades, como a RV, a telepatia através de desenhos e a clarividência usando imagens como alvos. Dois testes específicos foram usados para avaliar os escores psi oficiais. Eles também foram praticados pelos participantes.

Clarividência chinesa (Chi)

Nessa técnica, as pessoas buscam "intuir" que imagens estão em um pedaço de papel pequeno e macio (3×3 cm), dobrado de maneira especial para ocultar as informações. Sem abri-lo, o sujeito coloca o papel em uma de suas orelhas e explora recursos pessoais (técnicas) para tentar descobrir as informações escondidas nele. Depois de obter algumas informações mentais, passa a desenhá-las e, se necessário, fazer anotações, em uma ficha-padrão. Esses desenhos são feitos em retângulos (numerados) na parte inferior da ficha, seguindo ordem aleatória. Após isso, a pessoa retira o papel da orelha, verifica o resultado e o fixa com cola na parte superior da mesma ficha, seguindo a ordem de uso. Essa ordenação desvinculada entre desenhos e gravuras permitirá a avaliação de juízes, os quais combinam cegamente cada alvo com dois desenhos dos participantes. Um desenho é indicado primeiramente e, se corresponder ao alvo, um acerto de primeira ordem (ou "direto") é marcado. Um segundo desenho também é escolhido. São considerados acertos totais aqueles provenientes do total da primeira e da segunda posições.

Clarividência brasileira (Br)

Inspirada na primeira técnica, dela difere em razão de as imagens-alvo não serem desenhadas em pequenos papéis, mas serem impressas. São ocultadas por dois sistemas. No primeiro, são envoltas em papel opaco; no segundo, são colocadas em envelope fechado.

O sistema de avaliação e de acertos (diretos e totais) segue o padrão da técnica anterior. Três baterias de testes foram feitas para ambas as técnicas, o que rendeu 3.008 ensaios. A tabela a seguir apresenta uma síntese dos dados dessa experiência.

Tabela 3.2 – Dados estatísticos dos testes de clarividência chinesa e brasileira

Teste[4]	N	Acertos diretos	Acertos totais
Ch1	448	$p = 0,04$ $\pi = 0,43$	ns
Ch2	560	ns	ns
Ch3	560	$p = 0,0028$ $\pi = 0,56$	ns
Br1	320	$p = 0,0003$ $\pi = 0,63$	ns
Br2	520	$p = 0,000002$ $\pi = 0,63$	$p = 0,00005$ $\pi = 0,77$
Br3	600	$p = 0,0012$ $\pi = 0,57$	$p = 0,0018$ $\pi = 0,73$

Legenda
ns = não significativo
p = probabilidade
π = tamanho do efeito

Fonte: Elaborado com base em Silva, 2011.

• • • • •

[4] Os números correspondem ao teste aplicado. Por exemplo: Ch1 corresponde ao Teste 1 da técnica de clarividência chinesa, e assim sucessivamente.

A Tabela 3.2 indica que os acertos diretos foram significativos (p = 0,04, π = 0,43), ao passo que os acertos totais não foram. Os testes de Ch2 (n = 560) não geraram acertos em um nível significativo. Já os Ch3 (n = 560) indicaram resultados significativos apenas para acertos diretos (p = 0,0028, π = 0,56). Os resultados de Br (n = 320, 520 e 600, respectivamente) para acertos diretos foram significativos (Br1: p = 0,0003, π = 0,63; Br2: p = 0,000002, π = 0,63; Br3, p = 0,0012, π = 0,57) e parcialmente significativos para acertos totais (Br1: p = ns; Br2: p = 0,00005, π = 0,77; Br3: p = 0,0018, π = 0,73).

Com base nos resultados gerais e individuais, **rejeitamos a primeira hipótese,** que previu que individualmente certos participantes iriam aumentar seus escores psi para acima do acaso, mantendo esse resultado estável no período do grupo. De maneira complementar, confirmamos a segunda hipótese, que previu que coletivamente haveria indícios significativos de melhora nos acertos psi. Esses dados pouco significam em um contexto mais amplo relacionado ao treinamento psi. Porém, são informações que servem como referência para uma área que precisa ser mais bem explorada, com possibilidades muito promissoras.

Independentemente de aplicação voluntária (treinamento) dessas hipotéticas habilidades (EAs relacionadas à psi), o fato de as pessoas relatarem vivenciá-las é, por si só, algo muito importante. Para exemplificar essas experiências espontâneas na vida profissional, apresentamos um estudo de levantamento conduzido pelo primeiro autor e colaboradores (Silva, 2019). Nele, damos enfoque à prevalência e relevância das EAs na prática profissional de psicólogos. Verificamos se as EAs são relatadas por profissionais da psicologia e por seus clientes.

De acordo com os resultados, 86,7% dos 180 psicólogos respondentes relataram ter vivenciado ao menos uma EA relacionada à psi (ou intuição-psi). Também seus clientes relataram ter essas experiências, sendo que apenas 13% deles nunca relataram alguma experiência dessa natureza (Silva, 2019).

Interessante notar que 26% desses profissionais vivenciaram/vivenciam as EAs tanto no horário e/ou ambiente de trabalho quanto fora dele. E, mesmo para aqueles que vivenciam as EAs predominante ou exclusivamente fora do horário e/ou ambiente de trabalho, há impacto em sua vida profissional. Ter vivenciado EAs influenciou/influencia, no âmbito profissional (Silva, 2019):

- **a compreensão teórica de 50% dos profissionais**: moderadamente, 20%; muito, 19%; e totalmente, 11%;
- **decisões de 53% dos profissionais**: moderadamente, 14%; muito, 29%; e totalmente, 10%;
- **práticas/intervenções de 50% dos profissionais**: moderadamente, 13%; muito, 29%; e totalmente, 8%;
- **a eficácia de 47% dos profissionais**: moderadamente, 4%; muito, 31%; e totalmente, 12%.

Tendo a vivência de EAs influenciado a compreensão teórica, decisões e práticas/intervenções desses profissionais, o resultado foi o seguinte (Silva, 2019):

- **compreensão teórica**: mais positivo do que negativo (50%); e totalmente positivo (22%);
- **decisões**: mais positivo do que negativo (55%); e totalmente positivo (20%);
- **práticas/intervenções**: mais positivo do que negativo (50%); e totalmente positivo (24%).

A ênfase nos aspectos positivos é feita nessa breve apresentação porque é predominante. Entretanto, mesmo as influências tanto positivas quanto negativas, mais negativas do que positivas ou, ainda, totalmente negativas merecem atenção (talvez até maior), visto que denotam um impacto nas vidas profissionais dos pesquisados. Esse estudo revela, ainda que de forma exploratória, o quanto as EAs (em especial aquelas relacionadas à psi) podem impactar a prática profissional. Esse projeto foi uma iniciativa do Grupo Interdisciplinar de Estudos em Psicologia Anomalística e da Religião (Giepar), criado em 2014 em parceria com o Conselho Regional de Psicologia do Estado do Paraná (CRP-PR).

Para saber mais

Para finalizar este capítulo, indicamos o estudo de outros temas, como a aplicação de psi para resolver casos policiais e desaparecimentos, os "detetives psi" (Broughton, 1991; Lyons; Truzzi, 1991; Hibbard; Worring; Brennan, 2002; Playfair; Keen, 2004; Schouten, 2021); ou de espionagem, os "espiões psi", envolvendo a Guerra Fria, principalmente por meio das técnicas de RV (May et. al, 2015); ou, ainda, para realizar "diagnósticos psíquicos ou intuitivos" (Young; Aung, 1997; Jobst, 1997; Burk et al., 1997; Mason, 2000). Para uma revisão geral da área, indicamos Smith e Moddel (2015).

BROUGHTON, R. S. **Parapsychology**: the Controversial Science. New York: Ballantine Books, 1991.

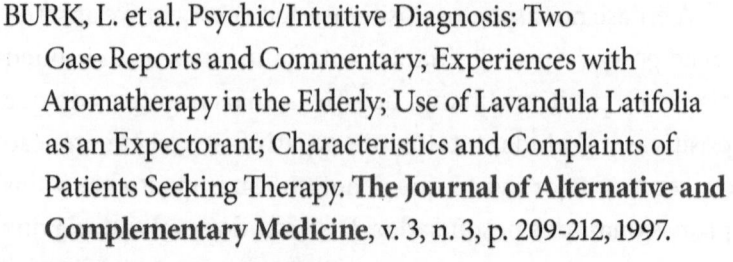

BURK, L. et al. Psychic/Intuitive Diagnosis: Two Case Reports and Commentary; Experiences with Aromatherapy in the Elderly; Use of Lavandula Latifolia as an Expectorant; Characteristics and Complaints of Patients Seeking Therapy. **The Journal of Alternative and Complementary Medicine**, v. 3, n. 3, p. 209-212, 1997.

HIBBARD, W. S.; WORRING, R. W.; BRENNAN, R. **Psychic Criminology**: a Guide for Using Psychics in Investigations. Springfield: Charles C. Thomas Publisher, 2002.

JOBST, K. A. One Man's Meat is Another Man's Poison: the Challenge of Psychic/Intuitive Diagnosis to the Diagnostic Paradigm of Orthodox Medical Science. **The Journal of Alternative and Complementary Medicine**, New York, v. 3, n. 1, p. 1-3, 1997.

LYONS, A.; TRUZZI, M. **The Blue Sense**: Psychic Detectives and Crime. New York: Warner Books, 1991.

MASON, R. Expanding Diagnostic Vision with Medical Intuition: Interviews with Jay Caliendo, Medical Intuitive, and Abraham C. Kuruvilla, MD, MD (H). **Alternative and Complementary Therapies**, v. 6, n. 6, p. 331-336, 2000.

MAY, E. C. et al. **ESP Wars, East and West**: an Account of the Military Use of Psychic Espionage as Narrated by the Key Russian and American Players. [S.l.]: Crossroad Press; Panta Rei, 2015. eBook.

PLAYFAIR, G. L.; KEEN, M. A Possibly Unique Case of Psychic Detection. **Journal of the Society for Psychical Research**, v. 68, n. 1, p. 1-17, Jan. 2004.

SMITH, P. H.; MODDEL, G. Applied Psi. In: CARDEÑA, E.; PALMER, J.; MARCUSSON-CLAVERTZ, D. (Ed.). **Parapsychology**: a Handbook for the 21st Century. Jefferson: McFarland, 2015. p. 1094-1118.

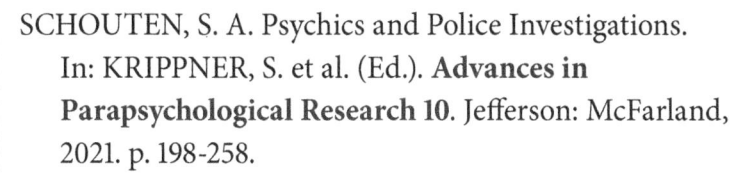

SCHOUTEN, S. A. Psychics and Police Investigations. In: KRIPPNER, S. et al. (Ed.). **Advances in Parapsychological Research 10**. Jefferson: McFarland, 2021. p. 198-258.

YOUNG, D. E.; AUNG, S. K. H. An Experimental Test of Psychic Diagnosis of Disease. **The Journal of Alternative and Complementary Medicine**, v. 3, n. 1, p. 39-53, 1997.

Síntese

Neste capítulo, apresentamos um pouco dos métodos e das principais linhas de pesquisa das experiências e dos fenômenos anômalos. Nele, indicamos o que define uma perspectiva fenomenológica, na qual se considera a subjetividade das pessoas e a influência que essas experiências provocam em suas vidas, bem como o que define uma perspectiva ontológica, que se ocupa do que poderia estar acontecendo "por trás" das experiências e crenças (seriam elas, ou ao menos parte delas, baseadas realmente em fenômenos paranormais?).

Conforme indicamos, as principais técnicas experimentais de psi da atualidade buscam simular, em contexto controlado, o ambiente e as situações nas quais os fenômenos acontecem de forma espontânea. O Ganzfeld, por exemplo, que se inspirou nas práticas meditativas, tenta simular o estado de sonho. É possível, ainda que menos frequente, desenvolver experimentos em ambientes culturais diversos, como um centro de umbanda, por exemplo (Radin; Zangari; Machado, 1998). Para completar, medidas (neuro)fisiológicas servem para que consigamos compreender que processos estão envolvidos nesses supostos fenômenos e, talvez, até treinar, por meio de bio ou *neurofeedback*, estados favoráveis à produção dessas experiências.

Também indicamos que os estudos experimentais e os estudos de casos se constituem em duas formas importantíssimas e complementares de pesquisa, que podem, inclusive, ser utilizadas simultaneamente. Ao final do capítulo, apresentamos alguns estudos (de levantamento, de caso e experimentais) sobre potenciais aplicações das EAs relacionadas à psi. Se a existência dessas experiências ainda é foco de controvérsia, o que diremos sobre a exploração pragmática delas? Bem, podemos afirmar que é muito importante! Porque as pessoas relatam aplicá-las em sua vida pessoal e profissional de modo a obter resultados práticos, muitas vezes positivos, o que por si só já merece o escrutínio científico. Além disso, qualquer avanço nesse campo pode trazer consequências para as demais áreas de pesquisa, seja em termos de compreensão dos fenômenos estudados, seja em termos de evidência para eles. Outro ponto é que qualquer avanço efetivo na aplicabilidade desses supostos fenômenos pode chamar a atenção da comunidade científica, de forma a atrair mais investimentos financeiros para as pesquisas.

Por fim, as evidências anedóticas e experimentais dessas áreas são ainda mais controversas e tênues que das áreas mais convencionais, o que não lhes retira a importância, mas aumenta o desafio dos pesquisadores.

Um lembrete final. Quando lemos sobre esses estudos e os resultados predominantemente sugestivos da existência de fenômenos anômalos, devemos nos perguntar por que a comunidade científica não os aceita consistentemente. Há diversas razões para isso, tanto históricas quanto propriamente científicas. Concentrando-nos nestas últimas, vimos o quanto muitas replicações falham em encontrar os mesmos resultados, o quanto são comuns estudos com amostras muito pequenas e o quanto o tamanho de efeito pode ser pequeno. As razões para a manutenção da controvérsia são muitas. E somente avançaremos – seja na compreensão de fenômenos anômalos eventualmente existentes, seja no amadurecimento do método científico em geral – encarando de frente esses surpreendentes resultados de pesquisas.

Atividades de autoavaliação

1. É possível segmentar as pesquisas de experiências anômalas (EAs) e seus métodos de pesquisa em duas categorias: estudos ontológicos e estudos fenomenológicos. Com base nessa divisão, analise as afirmativas a seguir e marque V para as verdadeiras e F para as falsas.
   ( ) Pesquisas fenomenológicas buscam compreender a subjetividade das pessoas: como suas experiências são percebidas e interpretadas e que impacto têm sobre suas vidas.
   ( ) Pesquisas experimentais têm sido realizadas para verificar se "fenômenos paranormais" existem realmente.

( ) São exemplos de perguntas de pesquisas fenomenológicas: As experiências mediúnicas ajudam a melhorar ou a piorar o bem-estar dos médiuns? Ter experiências fora do corpo (EFC) pode influenciar a visão de mundo de uma pessoa? É possível estabelecer alguma relação entre crenças em alienígenas e crenças religiosas?

( ) Pesquisas fenomenológicas buscam verificar o que está por trás das experiências subjetivas: Seriam elas falhas de memória ou de percepção, interpretações equivocadas, fraudes, alucinações ou alguma outra coisa?

Agora, assinale a alternativa que apresenta a sequência correta:

a) V, F, V, V.
b) V, V, V, F.
c) F, V, F, F.
d) F, F, F, V.
e) V, V, F, F.

2. Como o próprio nome sugere, estudos de caso se concentram em situações específicas de algum fenômeno – por exemplo, um médium ou um paranormal, uma situação de *poltergeist* ou, ainda, um caso de contato com alienígenas. Com base nessa informação, analise as afirmativas a seguir e marque V para as verdadeiras e F para as falsas.

( ) Estudos de caso são utilizados para compreender os fenômenos estudados e, com base nisso, fazer generalizações para grandes grupos de pessoas.

( ) É possível desenvolver estudos de caso com a perspectiva ontológica, ou seja, testando hipóteses sobre a natureza do fenômeno. De maneira complementar, estudar casos também pode ser muito proveitoso para compreender a subjetividade da(s) pessoa(s) envolvida(s), independentemente de qual fenômeno possa estar ocorrendo.

( ) A observação naturalista é uma das formas de se estudar casos e foi muito aplicada no início do século XX a médiuns em suas sessões mediúnicas.

( ) Por sua natureza objetiva, o estudo de caso não oferece riscos quanto a fraudes e, portanto, suas conclusões são fidedignas.

Agora, assinale a alternativa que apresenta a sequência correta:

a) F, V, V, F.
b) V, V, V, F.
c) F, V, F, F.
d) F, F, V, V.
e) V, F, V, F.

3. Do prisma experimental, a psi pode ser considerada uma hipótese relacionada à transferência anômala de informação e/ou energia. A evidência experimental para a hipótese psi é algo que tem sido muito debatido por cientistas. Técnicas contemporâneas de pesquisa experimental de psi incluem: visão remota; estudos com sonhos; e técnica Ganzfeld. Considerando essa informação, relacione as técnicas a seguir às suas respectivas características.

1) Visão remota
2) Sonhos
3) Ganzfeld

( ) Um marco nesse tipo de pesquisa foi uma série de estudos desenvolvidos no Centro Médico de Maimônides, em Nova York, por Montague Ullman, Stanley Krippner e outros colaboradores.

( ) Na sua forma mais básica, um participante tenta perceber a distância (sem qualquer contato sensorial ou pistas) um local, uma fotografia, um objeto ou um curto videoclipe. Usualmente, não há qualquer forma de modificação de consciência.

( ) Essa técnica se baseia no modelo da redução do ruído, que sugere que a diminuição dos estímulos sensoriais ou somáticos pode facilitar a percepção do fraco sinal da psi.

( ) Nesses estudos, as pessoas tentam perceber informações-alvo, quando estão sonhando, seja nas suas casas, seja em condições de laboratório.

( ) O desenho experimental dessa técnica envolve a privação dos sentidos sensoriais (por meio de meias bolas de pingue-pongue sobre os olhos), audição de uma indução ao relaxamento físico e, posteriormente, de um chiado homogêneo, semelhante à turbina de um avião.

Agora, assinale a alternativa que apresenta a sequência correta:

a) 2 – 1 – 3 – 3 – 1.
b) 3 – 2 – 1 – 2 – 1.
c) 2 – 1 – 3 – 2 – 3.
d) 1 – 3 – 3 – 2 – 2.
e) 1 – 2 – 2 – 3 – 1.

4. Variáveis fisiológicas são aquelas medidas no corpo dos participantes dos estudos (por exemplo, batimentos cardíacos, condutância elétrica da pele, ondas cerebrais, entre outras). São utilizadas na pesquisa psi para: compreender processos mentais expressos em variáveis fisiológicas; medir processos inconscientes, manifestos nas mudanças corporais; medir estados mentais por meio de padrões fisiológicos; buscar compreender a fisiologia da psi; e treinar o controle fisiológico por retroalimentação. Considerando essa informação, relacione as técnicas de pesquisa que usam medidas fisiológicas a seguir às suas respectivas características.

1) Fitar a distância

2) Cura a distância (CD)

3) Efeito pressentimento (EP)

( ) Sensação vaga de que algo está para acontecer, mas não se tem consciência do quê. De maneira complementar, o corpo mostra mudanças – por exemplo, aumento dos batimentos cardíacos e suor (condutividade elétrica da pele).

( ) Em uma das formas básicas dessa pesquisa, participantes olham fotografias que podem ser classificadas em duas categorias: (1) neutras ou calmas e (2) emocionais, tanto agradáveis ou estimulantes (como imagens eróticas) quanto perturbadoras (como imagens violentas).
( ) Significa que pessoas conseguem beneficiar o estado físico ou emocional de outras somente por meio de sua intenção mental a distância.
( ) A técnica parte da crença popular de que uma pessoa pode perceber quando outra a está observando a distância.
( ) Um problema dessa técnica é que muitos estudos não acompanham os resultados obtidos nos pacientes por períodos longos.

Agora, assinale a alternativa que apresenta a sequência correta:

a) 2 – 1 – 3 – 3 – 1.
b) 3 – 3 – 1 – 2 – 1.
c) 2 – 1 – 3 – 2 – 3.
d) 3 – 3 – 2 – 1 – 2.
e) 2 – 2 – 1 – 3 – 3.

5. Os estudos de psicocinese (PK) foram sistematizados a partir de 1935, por J. B. Rhine, Louisa Rhine e outros pesquisadores da Universidade de Duke. Neles, participantes buscavam influenciar os resultados de lançamentos de dados. Mais recentemente, foram utilizados geradores de eventos aleatórios (GEAs) para modernizar os experimentos. Considere as afirmativas a seguir sobre essa área

de pesquisa experimental e marque V para as verdadeiras e F para as falsas.

( ) Para realizar esses experimentos, o físico alemão Helmut Schmidt desenvolveu um equipamento que produzia o acendimento de lâmpadas coloridas em formato de círculo. Os participantes podiam acompanhar o piscar aleatório das lâmpadas, tentando influenciá-las.

( ) Visando alcançar resultados mais fortes, participantes trabalharam em duplas, com vínculo afetivo de sexos diferentes. Esse método foi denominado *efeito "operador combinado"* e revelou um desempenho quatro vezes melhor do que quando as pessoas trabalhavam sozinhas.

( ) Quando pequenos ou grandes grupos de pessoas mudam seu estado de consciência, a influência sobre os GEAs parecia se intensificar. Isso foi chamado de *pesquisa do campo da consciência*.

( ) Hirukawa e Kokubo estiveram no Brasil e participaram de rituais do Santo Daime, da Casa das Pirâmides e do Aty Guarani. Eles fizeram pesquisa no campo da consciência, deixando três GEAs ligados no hotel enquanto participavam desses rituais.

( ) Hirukawa e Kokubo pesquisaram rituais brasileiros com GEAs e encontraram efeitos significativos, dotados de padrão semelhante e ainda de coerência entre si. Esse padrão aparece como uma ascensão do desvio até um pico, comumente alcançado no meio do ritual, ao que se segue uma gradativa queda na medida em que a atividade se encaminha para o fim.

Agora, assinale a alternativa que apresenta a sequência correta:

a) F, F, V, V, V.
b) V, V, V, F, V.
c) F, V, F, F, F.
d) V, F, F, V, V.
e) F, V, F, V, V.

Atividades de aprendizagem

Questões para reflexão

1. Se você fosse estudar as experiências anômalas (EAs), gostaria de verificar o que acontece atrás das experiências (relatos), se são fenômenos anômalos/paranormais ou outras possibilidades, como fraudes, falsas memórias, interpretações e percepções equivocadas (abordagem ontológica)? Ou preferiria estudar qual é o impacto dessas experiências na vida das pessoas, independentemente de qual fenômeno estivesse acontecendo por detrás (abordagem fenomenológica)? Justifique sua resposta.

2. Você já vivenciou situações e casos que parecem envolver fenômenos paranormais ou anômalos? Se sim, como você olharia para essas experiências se utilizasse a perspectiva ontológica e, depois, a perspectiva fenomenológica?
Se respondeu "não" na primeira questão, pergunte para pessoas próximas a você se elas já tiveram essas experiências. É muito provável que alguém de seu convívio relate que sim, visto que a prevalência dessas experiências em amostras brasileiras é muito elevada, na ordem de 85%.

Atividade aplicada: prática

1. Que tal pensar no conteúdo estudado visando desenvolver algum "pequeno experimento" com pessoas próximas a você, ou envolvendo somente você mesmo, em questões do seu cotidiano? Alguns participantes de nossos estudos Ganzfeld relataram tentar treinar suas habilidades psi por meio de brincadeiras. Por exemplo, marcavam um horário durante o dia ou a noite, no qual uma das pessoas fazia um desenho e a outra tentava "captar" também elaborando um desenho que correspondesse ao seu palpite. Depois, invertiam os papéis. Outra "brincadeira" possível é usar o "efeito pressentimento" (EP), a fim de perceber através do próprio corpo o resultado de algumas experiências do dia a dia – por exemplo, se algo vai dar certo ou não ou, ainda, tentar usar a percepção corporal para tomar pequenas decisões e observar os resultados.

4
Evidências científicas sobre a existência de fenômenos anômalos

Uma das questões que mais move pesquisadores em relação a experiências anômalas (EAs) diz respeito à sua natureza última. Afinal de contas, do que se trata? Fenômenos como *poltergeist*, percepção extrassensorial (PES), psicocinese (PK) e abduções por alienígenas realmente existem? Como saber? O assunto é tão controverso que até mesmo nós, autores deste livro, divergimos razoavelmente acerca da natureza desses fenômenos.

Neste capítulo, analisaremos esse ponto controverso, ainda que informações a esse respeito também apareçam em outros capítulos. Como você perceberá, a maior parte da discussão versa sobre fenômenos psi. Isso decorre de uma possibilidade mais ampla em realizar pesquisas ontológicas sobre a realidade dos fenômenos com PES e PK, pois eles permitem mais facilmente experimentos em laboratório. Contudo, as discussões apresentadas a seguir pretendem se aplicar, conforme o caso, ao universo geral das EAs.

4.1
Uso da estatística e, em particular, da metanálise como ferramenta de evidência científica para fenômenos anômalos

Podemos pensar na estatística aplicada como um conjunto de "técnicas pelas quais os dados de natureza quantitativa são coletados, organizados, apresentados e analisados" (Kazmier, 1982, p. 1). Podemos também afirmar que os pesquisadores concebem ideias sobre a natureza da realidade, vindo a testá-las por meio de pesquisas sistemáticas. Se não forem testadas, elas podem levar a conclusões não válidas a respeito da natureza dos fenômenos. Para testá-las, é preciso estudar o problema e reduzi-lo a uma hipótese testável (ou várias), desenvolver as ferramentas pelas quais os dados serão obtidos, coletá-los, analisá-los em relação às hipóteses iniciais e interpretar essas análises, vindo a comunicá-las ao público. A estatística pode ter seu valor enfatizado na fase da análise de dados, ou seja, quando os dados brutos são organizados (tabulação, cálculo, contagem, resumo, reclassificação, comparação), para que possamos testar a validade de nossas hipóteses (Levin, 1978).

O uso de métodos estatísticos na **pesquisa psíquica**, na **parapsicologia**, na **pesquisa psi** e, modernamente, na **psicologia anomalística** remonta à história dessas áreas, que foram se transformando com o tempo, incluindo sua nomenclatura. A primeira vez que foram utilizados para avaliar uma adivinhação de cartas e um lançamento de dados ocorreu alguns anos depois da criação, em 1882, da Sociedade para Pesquisa Psíquica (Society for Psychical Research – SPR), em Londres. Charles Richet (1850-1935) pode ser considerado o primeiro pesquisador a utilizar os métodos estatísticos nesses estudos. Em 1884, ele publicou o artigo *La suggestion mentale et le calcul des probabilités* na revista *Revoe Philosophique* (Richet, 1884, citado por Burdick; Kelly, 1977).

Nos anos seguintes, F. Y. Edgewrth publicou dois artigos nos *proceedings* da SPR: *The Calculus of Probabilities Aplied to Psychical Research* e *The Calculus of Probabilities Aplied to Psychical Research II* (Edgewrth, 1885, 1886, citado por Burdick; Kelly, 1977). Nesses trabalhos, Edgewrth apresentou o primeiro tratado sobre a avaliação estatística dos experimentos de resposta fechada. Utilizando experimentos prévios publicados no mesmo periódico, ele indicou também uma aplicação de seus métodos. Entretanto, tanto os controles experimentais quanto os argumentos estatísticos utilizados para esses primeiros experimentos foram relativamente "relaxados". Apesar disso, Edgewrth e seus contemporâneos marcaram a base para o uso de experiências laboratoriais controladas com avaliação estatística dos resultados (Utts, 1991). Entre os pesquisadores norte-americanos, John Edgar Coover (1872-1938) foi um dos primeiros a utilizar os métodos estatísticos nos estudos desse campo. Entre 1912 e 1937, Coover (citado por Utts, 1991) desenvolveu seus trabalhos experimentais no Departamento de Psicologia da Universidade de Stanford. Publicou, em 1917, um largo volume sumarizando seu trabalho: *Experiments in Psychical Research at Leland Stanford Junior University*. Em suas conclusões, Coover considerou os resultados devidos ao acaso; porém, sua definição de significância era muito rígida. Por exemplo, em um de seus experimentos de telepatia, ele encontrou a probabilidade bilateral de p = 0,0062[1], considerando-a proveniente do puro acaso. Para Coover, o valor da probabilidade deveria ser de, no mínimo, 0,0000221 para que pudesse atribuir qualquer outra causa que não o acaso (Utts, 1991).

Os métodos qualitativos foram dominantes durante a **metapsíquica** (primeira fase dos estudos psi). Contudo, os métodos quantitativos ou estatísticos foram se fortalecendo e, desde 1930, por meio das pesquisas de J. B. Rhine e seus colegas na Universidade de Duke, estabeleceram-se como novo paradigma. A publicação sistemática das pesquisas de Rhine gerou intensas críticas, tanto sobre a metodologia experimental quanto sobre os métodos estatísticos de análise dos resultados. Esse fator foi muito positivo, pois as críticas,

---
1 Atualmente, os níveis usualmente considerados em relação à significância estatística são p=0,05 e p=0,01.

algumas delas bem embasadas, conduziram a um aprimoramento significativo das metodologias utilizadas, tanto das experimentais quanto das estatísticas (Burdick; Kelly, 1977).

Em 1937, o presidente do Institute of Mathematical Statistics, Burton Camp, fez uma declaração pública a respeito das técnicas estatísticas utilizadas por Rhine:

> As investigações do Dr. Rhine têm dois aspectos: experimental e estatístico. Do lado experimental, os matemáticos, é claro, não têm nada a dizer. No lado estatístico, no entanto, trabalhos matemáticos recentes estabeleceram o fato de que, supondo que os experimentos tenham sido realizados adequadamente, a análise estatística é essencialmente válida. Se a investigação de Rhine deve ser atacada com justiça, deve ser por outros motivos que não matemáticos. (Camp, 1937, citado por Utts, 1991, p. 365, tradução nossa)

Contudo, as críticas sobre os métodos estatísticos usados por Rhine persistiram, vindo a diminuir de 1940 em diante, permitindo que os pesquisadores pudessem voltar mais sua atenção aos seus trabalhos experimentais (Burdick; Kelly, 1977).

Ainda assim, as polêmicas persistem até os dias atuais. Uma das questões centrais é se essa área de pesquisa tem ou não um experimento que seja replicável ou repetível. Sem isso, não seria possível indicar que os supostos fenômenos anômalos relacionados à psi existem realmente. Naturalmente, a pesquisa experimental não é a única modalidade de pesquisa desses fenômenos, como já mencionamos. Todavia, ela é de crucial importância quando falamos da existência ou não de fenômenos anômalos.

É nesse contexto da busca pela "prova" ou evidência para essas possíveis anomalias que um tipo especial de técnica estatística se apresenta. A **metanálise** tem a capacidade de sintetizar uma grande quantidade de trabalhos experimentais (Utts, 1991), permitindo avaliar em conjunto várias pesquisas, inclusive de pesquisadores independentes – voltadas, por exemplo, à investigação psi em sonhos –, e indicar estatisticamente convergências, dissonâncias e seu grau de replicabilidade. Nessa avaliação, é possível incluir a qualidade metodológica dos estudos, o que é importante para todas as áreas de pesquisa e crucial para aquelas que exploram os fenômenos abordados neste livro. As metanálises são reconhecidas e muito utilizadas na medicina, na farmácia, nas ciências sociais e comportamentais, entre outras áreas (Radin, 2006).

Vários tipos de experimentos psi vêm sendo avaliados pelos métodos metanalíticos desde 1985. Muitas dessas análises verificaram que os resultados dos experimentos não podem ser atribuídos a casualidade, falhas metodológicas, publicações seletivas ou explicações de outra natureza plausível (Radin, 2006; Cardeña, 2018). De fato, os estudos metanalíticos se tornaram o palco para as discussões sobre a existência ou não dessas anomalias (Milton, 1999a, 1999b). E tais debates têm sido travados em revistas profissionais de diferentes áreas do conhecimento, como a psicologia, a física, a biologia e a neurociência.

Entretanto, o uso das metanálises para verificar a existência desses supostos fenômenos tem sido também questionado por pesquisadores da área. Steinkamp (1999) comenta que seu uso para "prova" é incerto, visto que, em função da grande variação dos estudos, não se poderia evidenciar claramente qualquer coisa. A autora entende que as metanálises deveriam estar abertas a diversos tipos de experimentos, mas tendo voltadas ao processo a natureza dos fenômenos estudados e quais variáveis são favoráveis ou desfavoráveis à produção dos fenômenos anômalos relacionados à psi. Só poderemos, segundo essa pesquisadora, programar uma metanálise voltada à verificação do fenômeno quando compreendermos mais as variáveis implicadas na produção dos fenômenos, o que inclui entender como um experimento psi deve ser para que tenha êxito.

Nelson (1999a, 1999b) também concorda com Steinkamp (1999), indicando que as metanálises têm sido utilizadas incorretamente para verificar a psi, em vez de aprender sobre ela. Quando utilizadas exclusivamente para esse fim (atacar ou defender), correm um grande risco de "contaminação", ou seja, de tendenciosidade. Entretanto, ele também indica que as metanálises voltadas para a verificação e o processo devem ser complementares, visto que não são mutuamente excludentes.

Finalizamos essa breve apresentação reforçando que a estatística não é o único instrumento possível e necessário ao desenvolvimento das pesquisas nessa área, tampouco devem os estudos de laboratório (em que sua utilização é praticamente imprescindível) ser o único foco de concentração das pesquisas. Alvarado (1996) e Alvarado e Zingrone (1996) criticam justamente esse último aspecto, uma tendência central especializada de estudos que levam a um afastamento do estudo direto dos fenômenos e da sua compreensão no contexto em que ocorrem espontaneamente, buscando seu real sentido.

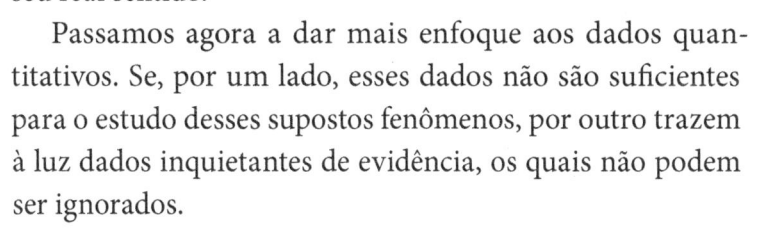

Passamos agora a dar mais enfoque aos dados quantitativos. Se, por um lado, esses dados não são suficientes para o estudo desses supostos fenômenos, por outro trazem à luz dados inquietantes de evidência, os quais não podem ser ignorados.

4.2
Evidências científicas nas pesquisas de visão remota, sonhos e Ganzfeld

Essas três técnicas representaram um avanço metodológico por aproximarem o contexto experimental daquele vivido espontaneamente pelas pessoas. Talvez por isso elas representem também um ponto importante quanto à evidência quantitativa da existência dos supostos fenômenos psi, com destaque para o método de pesquisa Ganzfeld.

4.2.1
Visão remota (*remote viewing* – RV)

Em uma análise global dos experimentos de visão remota (RV) realizados no Instituto de Pesquisa de Stanford (Stanford Research Institute – SRI), entre 1973 e 1988, foram encontrados 154 estudos envolvendo 227 participantes que realizaram cerca de 26 mil testes. O resultado estatístico total desses testes indica uma probabilidade absolutamente baixa de ocorrência fortuita, $p < 10^{-20}$, ou seja, os experimentos deveriam ser feitos mais de um trilhão de vezes para que tais resultados fossem esperados por pura casualidade (Utts, 1995). Todavia, falhas metodológicas foram apontadas nos testes iniciais, o que nos levaria a refletir criticamente sobre esses resultados. Por outro lado, como os escores elevados se mantiveram na continuação dos testes, quando tais falhas já haviam sido corrigidas, é possível também pensar que aqueles problemas iniciais não eram decisivos para o conjunto total avaliado (Utts, 1995).

Na fase seguinte, de 1991 a 1994, conduzida pela Corporação Internacional de Aplicações da Ciência (Science Applications International Corporation – Saic), buscou-se compreender melhor a natureza da psi (foco no processo) e replicar os estudos iniciais (foco na evidência). Dada a similaridade de algumas dessas pesquisas com aquelas de RV originalmente realizadas pelo SRI, não é incorreto afirmar que, ao menos em parte, os resultados originais foram replicados. No entanto, a Saic também realizou novos tipos de experimentos.

Apresentamos a seguir uma síntese desses testes e suas avaliações.

Evidências científicas sobre a existência de fenômenos anômalos 249

Tabela 4.1 – Pesquisas da Saic reportadas por Edwin May

Experimento	Título	Ensaios	Tamanho do efeito	Valor p
Experimentos de visão remota				
1	Dependência do alvo	200	0,124±0,071	0,040
4	CA com codificação binária	40	-0,067±0,071	0,664
5	CA nos sonhos lúcidos – base	24	0,088±0,204	0,333
6	CA nos sonhos lúcidos – piloto	21	0,368±0,218	0,046
9	Comportamento da dessincronização relacionada ao evento [Event Related Desynchronization – ERD] da CA	70	0,303±0,120	0,006
10	Entropia II	90	0,550±0,105	$9,1 \times 10^{-8}$
Outros experimentos				
2	CA de alvos binários	300	0,123±0,058	0,017
3	Replicação de MEG	12.000s	MEA	MEA
7	Observação distante	48	0,361±0,144	0,006
8	Investigação sobre ERD e EEG	7.000s	MEA	MEA

Legenda:
CA = Cognição anômala ou fenômenos psi (telepatia, clarividência ou precognição)
MEA = Média esperada por acaso
ES = Tamanho do efeito (*effect size*)

Fonte: Utts, 1995, p. 302, tradução nossa.

Considerando tais dados, Jessica Utts (1995, p. 311, tradução nossa), pesquisadora, escritora e professora de estatística da Universidade da Califórnia, comentou "que a cognição anômala [CA] é possível e foi demonstrada. Essa conclusão não está baseada em crença, mas em critérios científicos comumente aceitos. O fenômeno foi replicado em um número de formas por meio de laboratórios e culturas". A pesquisadora ainda reflete que talvez não tenha havido avanços significativos na compreensão da psi, e que o investimento destinado a estudos com o objetivo de "prova" deve ser alocado para aqueles que visam à compreensão da natureza da psi. A posição de Utts, como demos a entender em diferentes pontos deste livro, está longe de ser consensual na comunidade científica. A pesquisadora se ancora na estatística para tais afirmações, mas basta nos recordarmos das muitas replicações frustradas (apenas parte delas citada aqui) para vislumbrarmos a complexidade da questão.

Entre 1978 e 2007, Robert Jahn, Brenda Dunne e Roger Nelson (1997) também conduziram testes sistemáticos de RV. Alguns deles foram feitos na forma retrocognitiva – ou seja, estudando a eventual percepção de fatos passados distantes ou inacessíveis –, mas a maioria deu enfoque à precognição ou percepção remota precognitiva (PRP). Nesse contexto, os participantes tentavam obter informações do local-alvo antes que ele fosse visitado pelo "emissor ou agente", ou mesmo tivesse sido selecionado. Esses estudos foram conduzidos pelo Laboratório de Pesquisas de Anomalias em Engenharia da Universidade de Princeton (Princeton Engineering Anomalies Research Lab – Pear), o mesmo que foi palco dos estudos de micropsicocinesia (micro-PK) com *random-number generator* (RNG) (Radin, 1997).

Dunne e Jahn (2003, 2007) publicaram um artigo apresentando os estudos de RV conduzidos no Pear entre 1976 e 1999. Foram recrutados 72 colaboradores, que realizaram 653 testes formais de experimentos desse tipo, usualmente no desenho precognitivo. O resultado combinado desses estudos rendeu um escore Z de 5,41 ($p = 3 \times 10^{-8}$, unilateral). Em outras palavras, atribuir tais resultados ao mero acaso é extremamente não parcimonioso, ainda que outras causas prosaicas (como problemas metodológicos e estatísticos) possam, eventualmente, ser discutidas.

Baptista, Derakhshani e Tressoldi (2015b) revisaram as evidências dos estudos de RV, considerando as principais bases de dados geradas até a data de sua revisão. A Tabela 4.2 apresenta a síntese dos dados comentados anteriormente, além de mais nove estudos realizados até fevereiro de 2014, não inclusos em revisões anteriores. Parte desses novos estudos foi mencionada na metanálise de Storm, Tressoldi e Di Risio (2010b), na categoria de estudos de resposta livre que não utilizam modificação de consciência, ou seja, que são realizados em estado de consciência vigil. A revisão de Baptista, Derakhshani e Tressoldi (2015b) é também comentada no levantamento recente de evidências de psi, elaborado por Cardeña (2018), o qual apresentou uma conclusão favorável em relação à evidência estatística de psi.

Tabela 4.2 – Resumo das evidências relacionadas a todos os estudos disponíveis sobre RV

Base de dados	Número de ensaios	Escore Z	Probabilidade	Efeito Tamanho
SRI (Utts, 1996)	770			0,20
Saic (Utts, 1996)	445			0,23
Milton (1997)	2682	5,85	$2,46 \times 10^{-9}$	0,16
Dunne e Jahn (2003)	653	5,42	3×10^{-8}	0,21
Bierman e Rabeyron (2013)	550			0,27
1994-2014	314			0,39

Fonte: Cardeña, 2018, p. 5, tradução nossa.

Note na Tabela 4.2 que os tamanhos de efeito não são grandes, ou seja, os resultados sugerem anomalias, mas pequenas. Tendo em vista esses dados, Baptista, Derakhshani e Tressoldi (2015b) consideram que os resultados apresentam muita homogeneidade. A comparação dos resultados mais antigos, das pesquisas da década de 1970, com aqueles da década de 2000, passados quase 40 anos, não parece apontar declínio dos escores. É possível deduzir pela situação que esses pesquisadores concluíram favoravelmente a respeito da evidência de psi no contexto dessa técnica. No entanto, lamentaram que as pesquisas não estivessem voltadas também para o processo, ou seja, para a compreensão de variáveis que influenciam na RV – por exemplo, a seleção ou não de participantes, as características dos alvos, e assim por diante.

4.2.2
Experimentos psi com sonhos

Sherwood e Roe (2003) publicaram uma metanálise das pesquisas de psi por meio dos sonhos realizada desde os estudos clássicos de Maimônides até o ano em que a metanálise foi finalizada. Em alguns estudos recentes, os sujeitos permaneceram nas suas residências, onde tentaram sonhar com alvos distantes. Esses estudos também foram inclusos nessa metanálise, que inseriu pesquisas nas quais houve a tentativa de obter informações remotas por meio de sonhos, mas que estabeleceram um método rigoroso capaz de inibir vazamentos sensoriais ou outras variáveis que pudessem influenciar nos resultados.

Os pesquisadores identificaram 23 estudos formais, dos quais 21 apresentavam informações capazes de permitir a avaliação dos resultados. Diferentemente dos estudos de Maimônides, menos da metade (nove) dos estudos posteriores tiveram esse enfoque, razão pela qual não utilizaram um participante como "emissor". Os desenhos experimentais com clarividência e precognição são mais simples e viáveis, e por isso foram escolhidos. O método utilizado em Maimônides intuía avaliação dos resultados (pareamento entre relatos e alvos) por juízes independentes; já nos estudos posteriores, os participantes e os pesquisadores/emissores fizeram esse papel. Outra diferença crucial foi que os estudos originais utilizavam o período do sonho REM[2] como referência para

- - - - -
2   *Rapid eyes movement* (REM): sigla em inglês para *movimento rápido dos olhos*, que corresponde ao período da noite em que tipicamente sonhamos.

a realização das atividades do emissor, ou seja, a intenção de influência sobre o sonho ocorria precisamente quando os participantes estavam sonhando, o que também não ocorreu nos estudos posteriores. Por fim, os estudos seminais fizeram um grande esforço para selecionar emissores e receptores favoráveis ao desempenho psi, por exemplo, selecionando-os por êxito anterior em pesquisas psi. Os estudos posteriores não realizaram essa tarefa de forma cuidadosa.

Os estudos pós-Maimônides variam muito em termos de tamanho de efeito (−0,49 a 0,80), evidenciando uma grande heterogeneidade. Ainda assim,

> A maioria dos estudos tem um tamanho de efeito positivo, o que significa que os alvos foram identificados com mais frequência do que as expectativas do acaso. É evidente que alguns dos estudos pós-Maimônides mais bem-sucedidos foram conduzidos por grupos específicos de pesquisadores. [...] Isso sugere que a replicação tem sido possível dentro de laboratórios e dentro de um grupo de pesquisadores; porém, a replicação independente entre laboratórios e pesquisadores também é necessária para demonstrar a validade de um efeito. (Sherwood; Roe, 2003, p. 103-104, tradução nossa)

Em uma metanálise recente, Storm et al. (2017) consideraram os estudos experimentais dos sonhos realizados entre 1966 e 2016. Esses estudos foram divididos entre aqueles realizados no Centro Médico de Maimônides (CMM) e os conduzidos em laboratórios independentes (não CMM) (n = 36). As pesquisas conduzidas no CMM produziram um tamanho de efeito médio igual a 0,33 (DP = 0,37), ao passo que aquelas não conduzidas no CMM resultaram em um tamanho de efeito médio igual a 0,14 (DP = 0,27). A diferença entre os dois resultados não foi estatisticamente significativa, ou seja, os dados de outros laboratórios são coerentes com aqueles originais.

Considerando o conjunto total dos dados (CMM e não CMM), mas retirando dois estudos que se afastaram dos procedimentos padronizados, os autores construíram um conjunto de dados homogêneo (N = 50), o qual indicou um Z médio de 0,75 (ES = 0,20, DP = 0,31), com o Stouffer Z correspondente significativo igual a 5,32, com $p = 5{,}19 \times 10^{-8}$. Esses dados sugerem que esse tipo de pesquisa pode ser usado com sucesso para identificar conteúdos-alvo com frequência maior que a esperada por puro acaso. Em complemento, não se verificou significante divergência nos resultados em relação aos seguintes aspectos:

a. três tipos de PES (telepatia, clarividência e precognição);
b. emissores;
c. receptores;
d. monitoramento do sono REM *versus* não REM;
e. alvos dinâmicos (por exemplo, videoclipe) *versus* estáticos (por exemplo, fotografias).

A qualidade dos estudos também não estava associada ao tamanho de efeito, mas esse declinou no período de 51 anos. A seguir, apresentamos uma tabela com os dados indicados anteriormente.

Tabela 4.3 – Estudos de sonhos psi

Base de dados	Número de ensaios	Escore Z	Probabilidade	Efeito Tamanho
Todos os estudos	52	5,01	$2,72 \times 10^{-7}$	0,18
Estudos homogêneos	50	5,32	$5,19 \times 10^{-8}$	0,20

Fonte: Elaborado com base em Storm et al., 2017, citado por Cardeña, 2018, p. 5.

Os pesquisadores concluíram que a pesquisa psi através dos sonhos é uma investigação que merece continuidade, ainda que precise de melhorias no *design*, as quais são sugeridas por Storm et al. (2017).

4.2.3
Experimentos psi com a técnica Ganzfeld

Parece não ser exagero afirmar que nenhuma outra técnica de pesquisa psi contemporânea tenha gerado em torno de si tantas controvérsias e debates, especialmente entre proponentes e céticos da **hipótese psi**. Tendo gerado resultados positivos em termos de evidenciar e, em certa medida, auxiliar a compreensão da psi, os estudos Ganzfeld atraíram a atenção dos céticos, que passaram a criticá-la sistematicamente, o que gerou reação natural dos pesquisadores, seja para responder às críticas recebidas, seja no sentido de aprimorar sucessivamente a metodologia utilizada.

Um aspecto importante desse debate é que ele não se restringe aos veículos de divulgação científica da pesquisa psi, como o *Journal of Parapsychology* ou a *Annual Convention of the Parapsychological Association*, estendendo-se a um periódico profissional externo ao campo, o *Psychical Bulletin*, publicado pela Associação Americana de Psicologia, o qual pode ser considerado um dos mais importantes da psicologia. A seguir, vamos considerar alguns estudos metanalíticos.

Em função das controvérsias sobre as evidências de psi geradas pelos estudos Ganzfeld, um dos principais pesquisadores e percussor dessa técnica, Charles Honorton (1946-1992), e o principal crítico desta, Ray Hyman (1928-) – respeitável psicólogo cognitivo norte-americano –, elaboraram uma publicação conjunta (*Joint Communiqué*) em 1986 (Hyman; Honorton, 1986, citados por Barrionuevo, 1994, p. 12-13, grifo do original), apresentando pontos de concordância e de discordância e as regras básicas para os futuros experimentos:

Pesquisa Ganzfeld: pontos em que os autores e os críticos concordam

1. A pesquisa tem de ser conduzida integralmente, de acordo com os mais sérios padrões de segurança e confiabilidade.
2. O veredicto final será dado pela pesquisa parapsicológica do futuro.
3. A crítica tem de ser relevante, documentada, conexa e responsável.
4. Os critérios ideais para a condução de uma pesquisa são:
   - testes múltiplos, com aleatorização segura dos alvos;
   - controle de vazamentos sensoriais;
   - levantamentos estatísticos; e
   - farta documentação.

5. Os relatos seletivos não conseguem explicar os totais significativos observados nos estudos.
6. Alguma coisa além de relatos seletivos ou níveis significativos inflacionados são observados nesses estudos e parecem estar produzindo resultados incompreensíveis, os quais vêm sendo apresentados por investigadores diversos.

Pesquisa Ganzfeld: pontos em que os autores e os críticos discordam

1. Sobre a extensão e a seriedade dos dados básicos coletados.
2. Sobre a quantidade e a magnitude dos **vieses** (*bias*) presentes nas múltiplas testagens, nos experimentos retrospectivos.
3. Sobre o célebre problema do **engavetamento**: apenas resultados significativos seriam **desengavetados** e publicados.
4. Sobre o grau de contribuição da evidência de psi existente nos dados básicos da pesquisa Ganzfeld corrente.
5. Sobre as falhas e os resultados de estudos constantes nos dados básicos: na opinião de Charles Honorton, o nome mais expressivo entre os pesquisadores do assunto, não existe uma relação significativa entre o rigor e a qualidade metodológica das pesquisas e seus respectivos escores. Já Ray Hyman encontra relativa relação entre alguns indicadores de procedimento (análises múltiplas, vazamentos sensoriais, estatística, segurança) e os resultados obtidos pelos estudos. Contudo, ele encontra também uma relação positiva entre os resultados dos estudos e outros indicadores de procedimento, como aleatorização, *feedback* e documentação inadequada.

Com base no guia de orientações do citado comunicado em conjunto, a partir de 1983, Honorton e colaboradores realizaram uma nova sequência de pesquisas, buscando superar todas as falhas verificadas nos experimentos anteriores (Dalton, 1997c). Essas pesquisas prosseguiram até 1989, quando, por falta de recursos financeiros, o Laboratório de Pesquisas Psicofísicas (Psychophysical Research Laboratories – PRL) foi desativado. Essa série de pesquisas trouxe inovações, como o sistema de testagem ser controlado por computador. O sistema Ganzfeld automatizado controlava a seleção dos alvos, sua apresentação, seu julgamento pelos participantes e o registro e armazenamento das informações geradas.

Por meio de *videotape*, alvos dinâmicos foram utilizados, constituindo-se em 80 segmentos de vídeo, com trechos de filmes, *shows* de TV, desenhos animados etc., com cerca de um minuto cada. Para se obter contraste, também foram usados alvos estáticos (80 gravuras, como pinturas de arte, fotografias e anúncios de revistas). Os receptores e os emissores foram isolados em câmaras acústicas protegidas eletricamente. O relaxamento progressivo durava 14 minutos, enquanto o chiado branco e os relatos duravam 30 minutos (Honorton et al., 1990; Dalton, 1997c).

De 1983 a 1989, foram conduzidas 355 sessões Ganzfeld, divididas em 11 séries, com um total de 241 voluntários (100 homens e 141 mulheres) por intermédio de 8 experimentadores, os quais conduziam as testagens separadamente. Os resultados gerais foram significativos: a taxa de acerto foi de 34%, $Z = 3{,}89$, $p = 0{,}00005$. Esses resultados mostraram ser homogêneos mediante 11 séries e 8 diferentes experimentadores. Os resultados relativos aos alvos dinâmicos foram altamente significativos (Z = 4,62, p = 0,0000019). Eles foram comparados com a metanálise dos primeiros 28 estudos Ganzfeld, verificando-se que os dois conjuntos de dados são consistentes em quatro aspectos: a taxa geral de sucesso, o impacto dos alvos dinâmicos e estáticos, o efeito da relação entre o emissor e o receptor e a experiência Ganzfeld anterior (Honorton et al., 1990; Dalton, 1997c). A combinação dos 39 estudos indica um escore Z de 7,53 (p = 9 × 10 − 14).

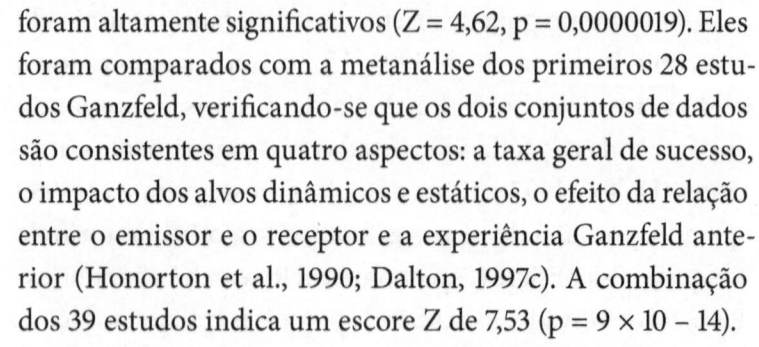

Os resultados desses novos estudos foram também publicados no *Psychological Bulletin* da Associação Americana de Psicologia, em um notável artigo escrito por Bem e Honorton (1994). Porém, em 4 de novembro de 1992, aos 46 anos de idade, Charles Honorton sofreu um ataque do coração e veio a falecer: "a Parapsicologia tinha perdido um dos seus contribuintes de maior valor" (Bem; Honorton, 1994, p. 4, tradução nossa). O artigo citado foi aprovado para ser publicado nove dias após sua morte.

Hyman (1994), na mesma edição desse boletim, voltou a apresentar críticas aos experimentos Ganzfeld, alegando inconsistências com o manual do comunicado conjunto e criticando os testes de aleatorização do procedimento autoganzfeld. O pesquisador Bem (1994), também na mesma edição, refutou as críticas de Hyman com uma série de análises.

Em 1997, Julie Milton e Richard Wiseman apresentaram outra metanálise na 40ª Convenção Anual da Associação de Parapsicologia (*Parapsychological Association*). Essa metanálise considerou 30 pesquisas posteriores ao *Joint Communiqué*, mas a avaliação geral estatística foi desfavorável à hipótese psi. Percebe como os resultados oscilam? Isso acaba alimentando as controvérsias na comunidade científica. Milton e Wiseman (1999), de tendência cética em relação à hipotese psi, apresentaram também uma nova versão dessa metanálise no *Psychology Bulletin*. Eles indicaram que, além de os estudos falharem em reproduzir o efeito psi dos estudos anteriores, eles também não conseguiram replicar três dos três efeitos internos encontrados por Bem e Honorton. Dessa forma, sugeriram que os autores em questão estavam errados em sua descrição dos referidos efeitos e concluíram que a técnica Ganzfeld, até aquele momento, não oferecia um método replicável para produzir psi em laboratório.

Um fato curioso observado foi que, na atualização da metanálise realizada por Milton (1999b), na qual foram considerados 39 estudos publicados até março de 1999, totalizando 1.588 ensaios, a avaliação estatística total foi favorável à hipótese psi (Stouffer $Z = 2,25$, $p = 0,011$), sendo que apenas o tamanho de efeito não foi replicado ($ES = 0,038$). Entretanto, Milton e Wiseman (1999) não mencionam esse fato no artigo apresentado no *Boletim de Psicologia*.

Um estudo individual das pesquisas que embasaram a metanálise de Milton e de Wiseman (1997, 1999) evidencia que existe uma variação muito grande em como a técnica Ganzfeld é definida e efetivamente utilizada. Isso pode, ao menos em parte, explicar as variações das taxas de acertos individuais desses estudos (Parker, 2000). Milton e Wiseman incluíram um estudo amplo e que não alcançou sucesso, o qual foi o único a utilizar trechos musicais como alvos. Parker (2000) indica que o Ganzfeld deve ser definido em termos de estimulação, a qual disponibiliza um campo auditivo e visual homogêneo, devendo-se utilizar alvos visuais dinâmicos.

Inquietos com os resultados da metanálise de Milton e Wiseman (1999), Storm e Ertel (2001) apresentaram uma nova metanálise Ganzfeld na edição 127 do *Boletim de Psicologia*. Eles fizeram uma comparação passo a passo entre todos os conjuntos de dados disponíveis da pesquisa Ganzfeld, formando, assim, um compilado maior desses estudos, totalizando um conjunto de dados formado por 79 estudos Ganzfeld/autoganzfeld. Em seus resultados, encontraram um tamanho de efeito moderado (ES = 0,138), com um Z de Stouffer elevado (Z = 5,66), associado a uma probabilidade muito baixa de ocorrência fortuita ($p = 7{,}78 \times 10^{-9}$). Esse resultado parece confirmar as conclusões positivas de Bem e Honorton (1994) de que o Ganzfeld parece ser uma técnica replicável para produzir efeitos psi em laboratório.

Na mesma edição do *Boletim de Psicologia*, Milton e Wiseman (2001) criticaram algumas suposições e procedimentos de Storm e Ertel (2001), comentando que eles ignoraram os problemas metodológicos dos primeiros estudos, os quais foram bem documentados e amplamente reconhecidos, e que fazem impossível a interpretação de seus resultados como evidência para PES.

Nova metanálise foi produzida em 2010 por Storm, Tressoldi e Di Risio (2010b), considerando os estudos entre 1992 e 2008 de respostas livres, entre os quais destacamos a técnica Ganzfeld. Entre 1997 e 2008, 29 estudos com essa técnica resultaram, de forma combinada, em um Stouffer Z = 5,48, e $p = 2{,}13 \times 10^{-8}$, além de um tamanho de efeito médio de 0,142 – que é muito pequeno.

Para verificar se os resultados atuais se manteriam semelhantes ao conjunto total dos dados, Storm, Tressoldi e Di Risio (2010b) combinaram os 29 estudos novos com 79 estudos anteriores desde 1974, totalizando 108 estudos. A comparação não encontrou uma diferença significativa entres os escores Z dos dois conjuntos. Os 108 estudos renderam um Z de Stouffer = 8,31, ES = 0,142 e p = 8,31 × 10^{-10}.

Esses dados suportam a evidência para a hipótese psi, e mais:

a. Os valores médios do tamanho de efeito são maiores segundo a seguinte ordem: estudos Ganzfeld, de redução de ruído não Ganzfeld (sonhos, meditação, relaxamento e hipnose) e de resposta livre que não usam práticas para "reduzir o ruído". Em outras palavras, sugerem que o isolamento (ou monotonização) sensorial parece aumentar a psi em laboratório.
b. A seleção dos participantes (por exemplo, crentes no paranormal, meditadores etc.) aumentaria a *performance* psi se comparada com aqueles não selecionados, o que foi evidenciado somente para a condição Ganzfeld.
c. O efeito experimentador – os resultados divididos por pesquisadores – parece não influenciar os resultados.
d. O efeito engavetamento (estudos com resultados não significativos não são publicados, ficando "na gaveta") pode anular a significância dos dados publicados. São 293 os estudos que deveriam ter sido excluídos para que os resultados totais ficassem reduzidos ao acaso, ou seja, cerca de dez vezes os estudos publicados (29), algo que, à primeira vista, parece improvável.

Como era esperado, Hyman (2010) voltou a criticar esses estudos, indicando que os autores da referida metanálise construíram uma aparente homogeneidade e coerência, eliminando muitos valores atípicos e combinando conjuntos de dados de forma arbitrária, sem sentido. Em outras palavras, o trabalho teria sido feito de forma retrospectiva e intencional, embora devesse ser o contrário (de forma prospectiva, sob demanda). Por isso os resultados não suportariam as conclusões que apresentam; no máximo, poderiam sugerir uma fórmula para o sucesso da técnica (metodologia Ganzfeld com participantes selecionados), mas isso já fora tentado antes e fracassou. Storm, Tressoldi e Di Risio (2010a) indicaram que Hyman (2010) não considerou a metanálise apresentada de forma total, mas apenas parte dela, enviesando sua interpretação. Há outros fenômenos que não podem ser produzidos sob demanda e em que o método retrospectivo é amplamente aceito em ciência. Diferentemente do que Hyman (2010) apresentou, os autores não violaram qualquer regra-padrão para a elaboração de sua metanálise.

Corroborando os achados de Storm, Tressoldi e Di Risio, (2010a), Williams (2011) considerou 59 estudos Ganzfeld realizados desde a publicação conjunta de Hyman e Honorton (1986), indicando os padrões a serem seguidos para a técnica. Williams encontrou um efeito combinado de 31% de acertos (878 em 2.832 ensaios), contra os 25% esperados por acaso. Isso representa um $Z = 7,37$, $p = 8,59 \times 10^{-14}$.

Na continuidade do debate, Rouder, Province e Morey (2013) apresentaram, no *Psychological Bulletin*, uma nova crítica à metanálise de Storm, Tressoldi e Di Risio (2010b), indicando que seus resultados ocorreram em virtude de falhas de aleatorização (manual *versus* computadorizada). Além disso, indicaram que somente os estudos com procedimentos aleatórios computadorizados geram uma p = 0,003 (ou 1 : 330) contra o acaso. Esse resultado foi considerado insignificante no contexto do debate em questão, pois não suporta a hipótese de existência de psi, visto que esta não tem um mecanismo conhecido e deve haver replicações falhas omitidas. Apesar disso, os citados autores indicam que essa evidência é maior que outras tantas pesquisas convencionais da psicologia e áreas afins sobre cognição.

Em resposta, Storm, Tressoldi e Utts (2013) realizaram uma análise bayesiana, mesmo método usado por Rouder, Province e Morey (2013); porém, sem retirar os estudos que usaram tabelas de números aleatórios como forma de aleatoriazação. Os citados pesquisadores encontraram um resultado que suporta as descobertas iniciais de Storm, Tressoldi e Di Risio (2010b), considerando que o conjunto completo de técnicas de redução de ruído (Ganzfeld, sonhos, meditação, relaxamento e hipnose) parece facilitar ou aprimorar o aparecimento de psi em laboratório.

Análises complementares foram realizadas por Baptista, Derakhshani e Tressoldi (2015a) e confirmaram todos os resultados de Storm, Tressoldi e Di Risio (2010b). Mais recentemente, Cardeña (2018) publicou uma revisão sobre as evidências experimentais para fenômenos parapsicológicos no *American Psychologist,* outro importante periódico profissional da Associação Americana de Psicologia. Nela, o autor considera os dados metanalíticos atualizados e afirma:

> A evidência fornece suporte cumulativo para a realidade da psi, que não pode ser facilmente explicada pela qualidade dos estudos, fraude, relatórios seletivos, incompetência experimental ou analítica ou outras críticas frequentes. A evidência para a psi é comparável à dos fenômenos estabelecidos na psicologia e em outras disciplinas, embora não exista uma compreensão consensual deles. (**Cardeña, 2018**, p. 1, tradução nossa)

As conclusões de Cardeña (2018) são corroboradas por metanálise ainda mais recente, de Storm e Tressoldi (2020), a qual atualiza a anterior (Storm, Tressoldi, Di Risio, 2010b), encontrando dados significativos e favoráveis à hipótese psi em três categorias de estudos: (1) Ganzfeld; (2) redução de ruído não Ganzfeld; e (3) outros estudos-padrão de respostas livres, como mostra a tabela a seguir.

Tabela 4.4 – Dados combinados de estudos de respostas livres (entre 1992 e 2018), por categorias

Categoria	Z de Stouffer	p (unilateral)
a) (N = 38)	5,95	$1{,}37 \times 10^{-9}$
b) (N = 37)	4,40	$5{,}00 \times 10^{-6}$
c) (N = 33)	2,10	$1{,}79 \times 10^{-2}$

Legenda:
a) Ganzfeld
b) Redução de ruído não Ganzfeld
c) Outros estudos-padrão de respostas livres

Fonte: Storm; Tressoldi, 2020, p. 15, tradução nossa.

Storm e Tressoldi (2020) indicam que seus resultados parecem não mudar nessa metanálise atualizada, demonstrando, mais uma vez, que os procedimentos de redução de ruído, com destaque para a técnica Ganzfeld, tendem a produzir resultados psi consistentes. Contudo, isso não promete findar as controvérsias. Aguardemos os próximos episódios.

4.3
Evidências científicas nas pesquisas com variáveis fisiológicas

Passemos a considerar tais potenciais evidências, que trazem a vantagem de serem fundamentadas em fatores fisiológicos passíveis de serem avaliados de forma objetiva. Além disso, os padrões metodológicos são muito complexos e heterogêneos se comparados aos estudos prévios, carecendo ainda mais de padronização e replicação sistemática.

4.3.1
Direct mental interaction on living systems (DMILS) com seres humanos: estudos sobre o fitar a distância

Schmidt et al. (2004) revisaram 40 pesquisas de interação mental direta sobre sistemas vivos (*direct mental interaction on living systems* – DMILS) por meio de uma metanálise. Os estudos foram realizados de 1977 a 2000 e produziram

1.055 testes. Coletivamente, produziram um resultado pequeno, mas significativo. Os pesquisadores foram cuidadosos ao concluir o estudo, considerando tanto a fragilidade metodológica quanto a falta de um modelo teórico explicativo para o potencial efeito:

> Concluímos que, para ambos os conjuntos de dados, existe um efeito pequeno, mas significativo. Esse resultado corresponde aos achados recentes de estudos sobre cura a distância e a "sensação de estar sendo observado". Portanto, a existência de alguma anomalia relacionada a intenções distantes não pode ser descartada. A falta de rigor metodológico no banco de dados existente proíbe conclusões finais e exige mais pesquisas, especialmente para replicações independentes em conjuntos de dados maiores. Não há nenhuma concepção teórica específica que conhecemos que possa incorporar esse fenômeno ao corpo atual do conhecimento científico. Assim, são necessárias pesquisas teóricas que permitam e descrevam mecanismos plausíveis para tais efeitos. (Schmidt et al., 2004, p. 245, tradução nossa)

Após essa metanálise (Schmidt et al., 2004), tal paradigma de pesquisa declinou acentuadamente. A partir de 2001, estudos DMILS foram realizados, mais especificamente estudos individuais (não em séries) e com mudanças em relação aos modelos anteriores. Basicamente, seguiu-se três direções (Cardeña, 2018, p. 8, tradução nossa):

> (a) interação mental direta nos sistemas vivos, como medir a atividade eletrodérmica (EDA) de um receptor enquanto um agente distante está, em momentos aleatórios, tentando fazer com que a pessoa fique excitada ou calma;

(b) olhar remotamente alterações na EDA de um receptor quando um agente olha para ele através de vídeo em momentos aleatórios em uma sala separada; e

(c) ajuda remota (ou facilitação com foco na atenção), na qual um auxiliar remoto tenta, em momentos aleatórios, ajudar o meditador a se concentrar em um alvo.

Schmidt (2015) apresentou uma síntese de três metanálises relativas às três categorias de pesquisa, indicando que os dados suportariam a existência de psi, como evidencia a Tabela 4.5. Note, novamente, que os tamanhos de efeito são muito pequenos (para efeito de comparação, ES menores que 0,3 são considerados pequenos).

Tabela 4.5 – Resultados de três metanálises sobre efeitos de intenção a distância

Base de dados	Número de estudos	Número de ensaios	Probabilidade	Tamanho de efeito médio
EDA-DMILS	36	1,015	0,001	0,106
Fitar a distância	15	379	0,013	0,128
Facilitação da atenção	11	576	0,029	0,114
Soma	62	1970		

Fonte: Elaborado com base em Schmidt, 2015, p. 716.

Os valores do tamanho do efeito médio são praticamente idênticos nos três conjuntos de dados, o que pode sugerir que tais resultados se validam mutuamente. Além disso, pode-se concluir que as três metanálises estão relacionadas ao mesmo efeito, considerado sob três prismas metodológicos diversos (Schmidt, 2015).

4.3.2
Testes clínicos de cura a distância (CD)

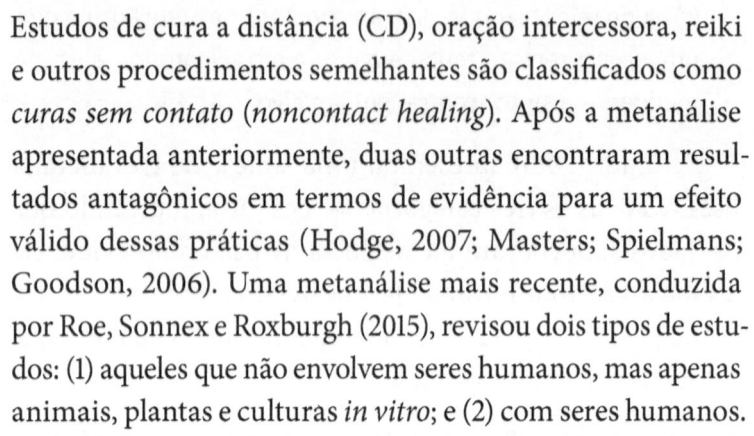

Estudos de cura a distância (CD), oração intercessora, reiki e outros procedimentos semelhantes são classificados como *curas sem contato (noncontact healing)*. Após a metanálise apresentada anteriormente, duas outras encontraram resultados antagônicos em termos de evidência para um efeito válido dessas práticas (Hodge, 2007; Masters; Spielmans; Goodson, 2006). Uma metanálise mais recente, conduzida por Roe, Sonnex e Roxburgh (2015), revisou dois tipos de estudos: (1) aqueles que não envolvem seres humanos, mas apenas animais, plantas e culturas *in vitro*; e (2) com seres humanos.

Como são conhecidos, os estudos envolvendo seres humanos têm dificuldade de controlar o efeito da sugestão sobre os participantes, ou seja, o efeito placebo. Isso constitui uma vantagem evidente da primeira categoria de estudos. Além disso, o contraste dos resultados de ambas as categorias pode ser ilustrativo quanto ao referido efeito. Para a primeira, os pesquisadores encontraram 49 estudos heterogêneos com tamanhos de efeitos também bastante pequenos. Além disso, tal efeito correlacionou-se negativamente aos índices de qualidade dos experimentos. Em síntese, quanto menor a qualidade, maior o efeito, uma crítica comum aos experimentos de psi. Por essa razão, os autores selecionaram 22 estudos com bons desenhos experimentais. Isso fez reduzir o tamanho de efeito.

Já com relação aos estudos envolvendo os seres humanos, 57 pesquisas foram selecionadas. No entanto, novamente, o tamanho de efeito desses estudos se relacionou de forma negativa com a qualidade deles. Dessa maneira, foram selecionados 27 estudos com as melhores metodologias e, ainda assim, o tamanho de efeito se manteve presente, mas pequeno. A tabela a seguir mostra os dados encontrados.

Tabela 4.6 – Estudos de cura sem contato (*noncontact healing*)

Base de dados		Número de ensaios	Probabilidade	Efeito Tamanho
Estudos sem humanos	(todos)	49	<0,05	0,258
Estudos sem humanos	(de alta qualidade)	22	<0,05	0,115
Estudos com humanos	(todos)	57	<0,05	0,203
Estudos com humanos	(de alta qualidade)	27	<0,05	0,224

Fonte: Elaborado com base em Roe; Sonnex; Roxburgh, 2015, citados por Cardeña, 2018, p. 6.

Os pesquisadores Roe, Sonnex e Roxburgh (2015) alertaram que o gráfico funil dos tamanhos de efeito pode indicar um viés de publicação. Pontuaram também que alguns autores não forneceram as probabilidades exatas quando não eram significativas com relação a esses dados. Eles sugerem que os resultados precisam ser considerados com prudência.

Considerando isso, os pesquisadores afirmaram:

> Tomados em conjunto, esses resultados sugerem que os indivíduos na condição ativa exibem uma melhora significativa no bem-estar em relação aos indivíduos controlados sob circunstâncias que não parecem ser suscetíveis aos efeitos placebo e de expectativa. As descobertas com todo o banco de dados

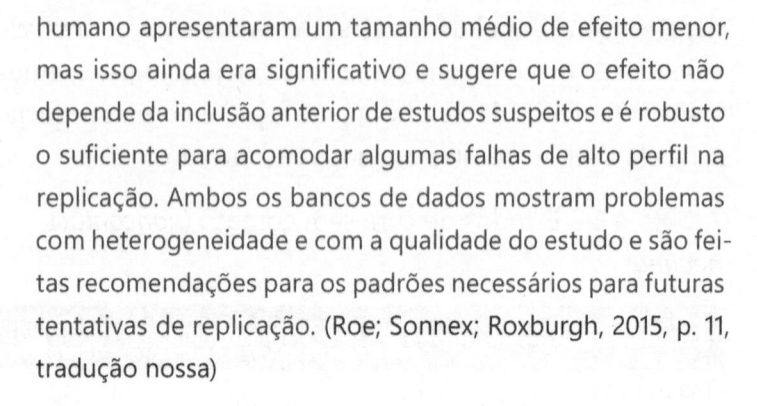

humano apresentaram um tamanho médio de efeito menor, mas isso ainda era significativo e sugere que o efeito não depende da inclusão anterior de estudos suspeitos e é robusto o suficiente para acomodar algumas falhas de alto perfil na replicação. Ambos os bancos de dados mostram problemas com heterogeneidade e com a qualidade do estudo e são feitas recomendações para os padrões necessários para futuras tentativas de replicação. (Roe; Sonnex; Roxburgh, 2015, p. 11, tradução nossa)

Como não encontramos metanálises sobre as pesquisas de potenciais evocados relatados ao evento (*evoked related potentials* – ERPs) relativos à psi inconsciente e fisiológica, passamos para a próxima linha de pesquisa: o efeito pressentimento (EP).

4.3.3
Efeito pressentimento (EP) ou precognição fisiológica

Uma metanálise elaborada por Mossbridge, Tressoldi e Utts (2012) considerou estudos realizados de 1978 a 2010, que testaram a hipótese não usual:

> para estímulos de duas ou mais categorias, apresentados em ordem aleatória e que produz atividade fisiológica pós-estímulo diferente, a direção da atividade fisiológica pré-estímulo reflete a direção da atividade fisiológica pós-estímulo, resultando em um efeito de antecipação inexplicável. (Mossbridge; Tressoldi; Utts, 2012, p. 1, tradução nossa)

De 49 estudos de pressentimento encontrados, 26 pesquisas foram selecionadas, sendo classificadas em dois métodos: "Em um, estímulos neutros e emocionais foram apresentados aleatoriamente aos participantes, enquanto no outro, os sujeitos realizaram tarefas de adivinhação com retroalimentação sobre seus acertos e erros" (Mossbridge; Tressoldi; Utts, 2012, p. 1, tradução nossa). Entre as variáveis neurofisiológicas dependentes avaliadas, estão a atividade eletrodérmica (EDA), a taxa cardíaca, o volume e a oxigenação sanguínea, a expansão da pupila e o campo elétrico do cérebro (EEG). Entre os cuidados referentes ao rigor metodológico desses estudos, os pesquisadores excluíram artigos que fizeram uso de múltiplas análises estatísticas, sempre sem defini-las previamente. Essa prática permite que os pesquisadores selecionem aquelas técnicas que produzem melhores resultados, evidentemente enviesando tais avaliações para a direção prevista ou desejada. Aliás, os fatores que foram considerados por essa metanálise incluem o nível de qualidade ou o rigor metodológico dos estudos, sendo que essas avaliações se correlacionaram positivamente com os escores previstos. Em outras palavras, aqueles estudos que evidenciaram mais alta qualidade também obtiveram melhores resultados estatísticos favoráveis às suas previsões hipotéticas.

A avaliação estatística total foi positiva, altamente significativa e na direção prevista ($Z = 6{,}9$, $p < 2{,}7 \times 10^{-12}$), porém, com tamanho de efeito reduzido ($ES = 0{,}21$). Os pesquisadores também calcularam a quantidade de estudos com resultado nulo não publicados, necessários para reduzir a avaliação encontrada ao que seria atribuível à casualidade, chegando ao número de 87, em uma perspectiva conservadora de 256, em estimativa mais liberal. Em síntese, dificilmente esse efeito "engavetamento" daria conta dos resultados obtidos por esses estudos. Os pesquisadores entendem que os dados dessa metanálise são favoráveis à hipótese psi, mas que são necessárias mais pesquisas visando replicar e talvez compreender melhor o efeito inexplicado (Mossbridge; Tressoldi; Utts, 2012).

> Concluímos que, para examinar mais detalhadamente essa atividade antecipatória atualmente inexplicada, são necessárias múltiplas replicações provenientes de diferentes laboratórios usando os mesmos métodos. A causa dessa atividade antecipatória, que indubitavelmente está no domínio dos processos físicos naturais (em oposição aos sobrenaturais ou paranormais), continua a ser determinada. (Mossbridge; Tressoldi; Utts, 2012, p. 1, tradução nossa)

4.4
Evidências científicas das pesquisas com micro-PK e campo da consciência

Duas metanálises se destacam quando pensamos em evidências para as pesquisas de micro-PK. Isso porque foram publicadas em jornais *mainstream* da física (Radin; Nelson, 1989) – o *Foundations in Physics* – e da psicologia (Bösch; Steinkamp; Boller, 2006a) – o *Psychological Bulletin*. Foram publicados junto com artigos de perspectivas críticas, gerando debates importantes para a comunidade científica.

Radin e Nelson (1989) analisaram pesquisas usando RNGs realizadas até 1987. Com base em 152 publicações, os autores chegaram a 832 rodadas de teste, das quais 597 são experimentais e 235 são de controle. O resultado geral revela que as rodadas de controle tiveram uma média do tamanho do efeito dentro da média esperada para o acaso, enquanto aquelas de caráter experimental se afastaram significativamente dessa média, sendo passíveis de obtenção casual uma vez em um trilhão. A quantidade de estudos não publicados necessários para anular esse resultado teria de ser da ordem de 54.000, ou 90 vezes o número original de estudos, sendo que se fosse 6 vezes já seria considerado seguro. Sintetizando seus resultados, os autores concluem:

> Esta metanálise mostra que os efeitos não são uma função da qualidade experimental e que a taxa de replicação é tão boa quanto a encontrada em experimentos exemplares em psicologia e física. [...] Neste artigo, resumimos os resultados de todos os experimentos conhecidos testando possíveis interações entre a consciência e o comportamento estatístico de geradores de números aleatórios. O tamanho geral do efeito obtido em condições experimentais não pode ser explicado adequadamente por falhas metodológicas ou práticas de relatórios seletivos. (Radin; Nelson, 1989, p. 1511, tradução nossa)

Em 2003, Radin e Nelson (2003) apresentaram nova metanálise com mais 176 pesquisas, confirmando suas conclusões prévias. Porém, usando um método mais conservador, eles estimaram o efeito engavetamento em apenas cinco publicações para cada estudo original. As metanálises de Radin e Nelson receberam extensa crítica de Schub (2006, citado por Varvoglis; Bancel, 2015), principalmente no que se refere à inconsistência entre diferentes métodos metananalíticos utilizados.

Em termos de evidência para um fenômeno, como já foi dito anteriormente, a replicação é muito importante especialmente quando realizada de forma programada. Nesse sentido, é importante incluir em nossa discussão a formação de um consórcio entre três laboratórios, visando à replicação dos estudos do grupo Pear. Isso ocorreu no começo de 1996, quanto o Pear, sob a coordenação de Roger Nelson, estabeleceu uma colaboração com os laboratórios alemães de Friburgo e Giessen, visando replicar seus resultados originais. O protocolo tripolar (HI, LO e BL) foi mantido e, durante 3 anos, 227 participantes realizaram cerca de 750.000 ensaios em cada condição. Apesar de os três laboratórios obterem desvios positivos, o tamanho do efeito (*effect size*) foi menor do que o esperado, e o escore Z geral não foi significativo (0,6), ou seja, não houve sucesso na replicação programada dos resultados iniciais (Jahn et al., 2000).

Em análise posterior, Varvoglis e Bancel (2015) observaram que muitos resultados significativos (positivos) do Pear se deviam a participantes talentosos (que tiveram resultados muito expressivos). Talvez, então, o fracasso na replicação tenha ocorrido justamente porque não houve recrutamento seletivo de participantes (Varvoglis; Bancel, 2015; Vernon, 2020). Análises *post hoc*, que revelaram conjuntos específicos de dados, apresentaram resultados que puderam ser considerados anômalos. Naturalmente que não modificam a falha na replicação do resultados originais, apenas inspiram pesquisas e replicações futuras (Nelson et al., 2000a, 2000b, 2000c; Nelson, 2019).

A segunda metanálise que destacamos ao começar a refletir sobre as evidências científicas nas pesquisas com micro-PK foi elaborada por Bösch, Steinkamp e Boller (2006a), que consideraram 380 estudos que buscaram verificar a influência da mente humana sobre RNGs. Como pode ser visto na Tabela 4.7, a seguir, os resultados são significativos, mas em um nível pequeno. Os dados são mostrados de forma completa e com a exclusão de três estudos maiores. Assim, 137 estudos serviram de controle, sem qualquer intenção de influência sobre os RNGs. De forma coerente ao esperado, esses estudos não mostraram um desvio estatisticamente significativo em relação à média ($Z = -1,51$, $p = 0,13$,), corroborando a ideia de que os desvios obtidos para os ensaios testes podem ser devidos a algum tipo de influência anômala sobre esses equipamentos. Apesar disso, esses pesquisadores indicam que os resultados talvez possam ser mais bem explicados pelo viés de publicação, em particular porque houve uma grande heterogeneidade entre os estudos, e que poucos estudos mostraram níveis significativos abaixo da probabilidade 0,05 e 0,01, referências-padrão para distinguir dados devidos ao acaso (Bösch; Steinkamp; Boller, 2006a; Cardeña, 2018).

> Se tivéssemos de tomar uma posição sobre a existência de um efeito da psicocinese da RNG com base nas evidências de Bösch et al., provavelmente votaríamos não. [...] A metanálise de Bösch et al. não pode rejeitar a possibilidade de um genuíno efeito da psicocinese. Parece improvável, no entanto,

que estudos adicionais do tipo sintetizado por Bösch et al. jamais resolvam definitivamente o problema, desde que qualquer efeito, por menor ou em que direção, seja interpretado como suporte a um fenômeno psi. O que é necessário são previsões teóricas mais fortes que possam ser refutadas por evidências empíricas ou novos paradigmas de pesquisa que possam produzir efeitos maiores. (Bösch; Steinkamp; Boller, 2006a, p. 528, tradução nossa)

Em revisão posterior dos resultados de Bösch, Steinkamp e Boller (2006a), Varvoglis e Bancel (2015) indicaram que aqueles dados efetivamente sugeriam um viés de publicação, ou seja, o efeito engavetamento. Contudo, avaliando tal possibilidade, deduziram que seria necessário um efeito engavetamento extremamente grande e irrealista para anular o efeito encontrado. Por isso, propuseram que a heterogeneidade encontrada nos dados talvez fosse mais bem explicada pela habilidade de alguns pesquisadores e pelo desempenho muito acima da média de dois participantes do conjunto de dados Pear. Cerca de um quarto dos dados produzidos por esses participantes renderam escores Z = 5,6 e 3,4, considerados muito elevados se comparados com Z = 0,8 dos demais colaboradores (Cardeña, 2018).

Com relação à avaliação dos dados produzidos pelo Projeto da Consciência Global (Nelson, 2015, 2019), os resultados são mais animadores. Em conjunto, 461 eventos globais produziram um resultado muito significativo e um ES moderado (Z = 7,23, tamanho de efeito = 0,33).

Tabela 4.7 – Estudos de micro-PK e Projeto da
Consciência Global

Fonte	Número de estudos	Z	Probabilidade	Efeito Tamanho
RNG (todos)	380	2,47	<0,05	0,50
RNG (–3)	377	4,08	<0,001	0,50
Projeto da Consciência Global	461	7,23	$2,34 \times 10^{-13}$	0,33

Fonte: Elaborado com base em Bösch; Steinkamp; Boller, 2006;
Nelson, 2015, 2016.

Essas são áreas de pesquisa importantes e difíceis, visto que exploram implicações físicas e coletivas dos pretensos fenômenos psi. Assim, devem ser exploradas continuamente porque qualquer avanço que delas surja pode trazer benefícios ímpares para toda a comunidade. No entanto, esforços coletivos relativos à replicação, como os mostrados anteriormente, precisam ser conduzidos com mais frequência e qualidade, considerando-se, sobremaneira, as habilidades dos pesquisadores de mais sucesso, para que possam ser desenvolvidas por aqueles que buscam replicar seus achados originais.

4.5
Refletindo sobre os dados analisados

Você provavelmente deve ter concluído que a evidência experimental a favor da psi é chamativa. Na avaliação de muitos, seria possível "bater o martelo" há muito tempo sobre a realidade desses fenômenos. Diante desses estudos, muitos pesquisadores do campo parecem, de fato, bastante convencidos, como Dean Radin, Roger Nelson, Etzel Cardeña e outros tantos.

O mesmo não se pode dizer da comunidade científica em geral. Nós mesmos, autores deste livro, temos posições um pouco divergentes sobre o tema. Explicações alternativas para esses resultados existem e devem ser discutidas, juntamente com outros aspectos delicados da questão, entre os quais destacamos a ausência de teorias abrangentes para dar suporte aos resultados favoráveis à psi.

Mesmo que o fenômeno eventualmente exista, a ciência não é um mero conjunto de resultados de pesquisas. O filósofo da ciência e físico Henri Poincaré (1854-1912) resumiu a questão quando afirmou que "a ciência é feita de fatos, assim como uma casa é feita de tijolos. Mas um amontoado de fatos não é ciência, assim como um amontoado de tijolos não é uma casa" (Poincaré, 1905, p. 141, tradução nossa). Desse modo, teorias abrangentes e harmoniosas com o que já é bem estabelecido na ciência são necessárias para conectar os dados, dar-lhes sentido e permitir generalizações razoáveis.

Se a existência da psi parece suportada por uma enormidade de pesquisas, aquelas que amparam a existência de outros fenômenos da natureza (como as leis de Newton, os princípios da relatividade e outros tantos) são muito maiores, de forma que não podemos negar o restante do conhecimento científico estabelecido – e que embasa muitas das críticas teóricas sobre o paranormal – em virtude dos resultados sobre a psi. Ao contrário, se a psi existe, ela não deve conflitar com outros aspectos da realidade para os quais há ainda mais evidências. O papel da teoria é justamente este: conectar as pontas soltas e dar sentido e harmonia ao conjunto. Todavia, as teorias existentes no campo parapsicológico são tipicamente frouxas e pouco (ou nada) testáveis, como quando se apela para a mecânica quântica sem considerar o rigoroso uso dos complexos conceitos envolvidos.

Concentrando-nos nas explicações para os resultados anômalos predominantes, vimos que causas prosaicas, como falhas metodológicas e efeito engavetamento, parecem não ser explicações suficientes. Muitas vezes, os estudos parapsicológicos são, até mesmo, mais rigorosos que aqueles dedicados a áreas mais convencionais, o que é atestado por metanálises e outros estudos de revisão (Cardeña, 2018; Varvoglis; Bancel, 2015; Watt; Tierney, 2014).

Considerando justamente a harmonia (ou a falta dela) entre psi e o restante da natureza, alguns autores apontam que fenômenos como aqueles sugeridos pela pesquisa psi simplesmente não poderiam existir, pois contrariam outras descobertas da ciência que seriam mais bem consolidadas sobre como o universo funciona (Reber; Alcock, 2020). Se for mesmo esse o caso, os resultados parapsicológicos se deveriam, necessariamente, a falhas metodológicas (possivelmente mais sutis), erros de amostra ou imprecisões teóricas em algum nível.

Entre os possíveis exemplos, geradores de eventos aleatórios (GEAs) são equipamentos tremendamente sensíveis, de modo que fenômenos ambientais como movimento e temperatura talvez estejam alterando (ao menos em parte) os resultados. Contudo, como a maioria das pesquisas é, em seu formato e em seus pressupostos, análoga àquelas que embasam as demais ciências, os resultados parapsicológicos (se forem realmente "impossíveis") indicariam não a realidade da psi, mas falhas fundamentais presentes em toda a ciência (por exemplo, nas técnicas estatísticas utilizadas), com potencial para desencadear uma crise científica possivelmente sem precedentes.

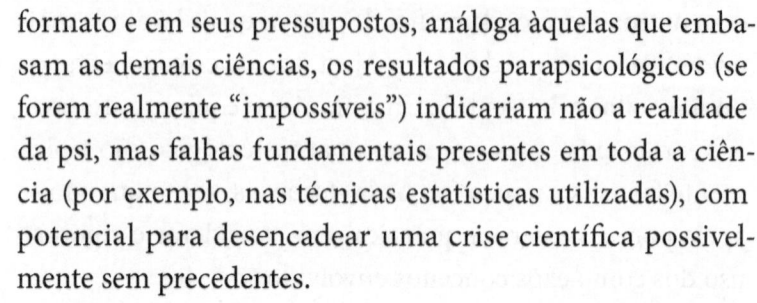

Como pontuou o pesquisador Christopher French (2001), um reconhecido cético em relação a fenômenos psi que realiza suas pesquisas na Universidade de Londres – Goldsmiths,

> as técnicas utilizadas pelos experimentais parapsicólogos certamente se tornaram muito mais refinadas e sofisticadas à luz das críticas anteriores. Simplesmente não é o caso que parapsicólogos são todos amadores quando se trata do delineamento experimental. Muitos dos mais sofisticados projetos experimentais dentro da parapsicologia são facilmente comparáveis aos melhores estudos psicológicos. Além disso, alguns parapsicólogos parecem produzir evidências em apoio à existência de forças paranormais até em experimentos aparentemente bem controlados. Tais achados devem ser aceitos pelo que parecem indicar, ou os críticos devem tentar especificar sutis falhas metodológicas que estão produzindo resultados enganosos. Essa não é uma tarefa fácil e quaisquer lições aprendidas dessa maneira certamente beneficiarão a parapsicologia e a psicologia. (French, 2001, p. 357, tradução nossa)

Outros fatores sutis se apresentam e merecem nossa atenção, pelo bem do campo e pela melhoria dos estudos. As falhas nos estudos parapsicológicos, ao serem replicadas por céticos, sugerem, em algum nível, um viés dos pesquisadores que ainda aguarda ser contornado. Devemos notar o conhecido "efeito cabra-ovelha", uma expressão do meio parapsicológico para denominar o conhecido fenômeno de que crentes no paranormal (*ovelhas*, na gíria do campo) tendem a encontrar resultados favoráveis à psi em suas pesquisas, ao passo que os céticos (cabras) tendem a encontrar resultados desfavoráveis. Em síntese, os pesquisadores tendem a encontrar resultados coerentes com o que acreditam ser verdade, o que ocorre mesmo fora da parapsicologia, em áreas mais convencionais de pesquisa. Seria o viés do pesquisador um ponto decisivo nessas pesquisas? Teríamos de realizar pesquisas sempre com equipes formadas por cabras e ovelhas?

Já foram realizados alguns estudos considerando essa perspectiva, mas, na prática, reunir tais times pode ser um pouco difícil. Em um episódio ilustrativo, cujos nomes dos protagonistas manteremos o sigilo por razões éticas, um conhecido cético brasileiro foi convidado para compor uma equipe para pesquisas psi. O convidado recusou prontamente, dizendo, com um sorriso amarelo: "Não posso... Vai que aparece algum resultado positivo... O que direi aos meus colegas?". Tanto crentes quanto céticos podem ser vítimas desse viés. Em razão dessa linha de pensamento, os resultados parapsicológicos ainda se mantêm sob ativa controvérsia na comunidade científica.

Síntese

Neste capítulo demonstramos, de forma geral, que as evidências acumuladas em favor da hipótese psi são bastante fortes, ainda que diversas para os diferentes tipos de fenômenos ou linhas de pesquisa – embora os tamanhos de efeito sejam quase sempre fracos. Os estudos metanalíticos, que fundamentam essa evidência e avaliam um conjunto grande de pesquisas, não consideram apenas os dados e métodos estatísticos, mas também a qualidade metodológica desses estudos. Essa qualidade vem sendo aprimorada continuamente, ao longo de décadas, ao ser alvo de críticas e discussões acadêmicas sistemáticas. Isso vem sendo evidenciado nas metanálises.

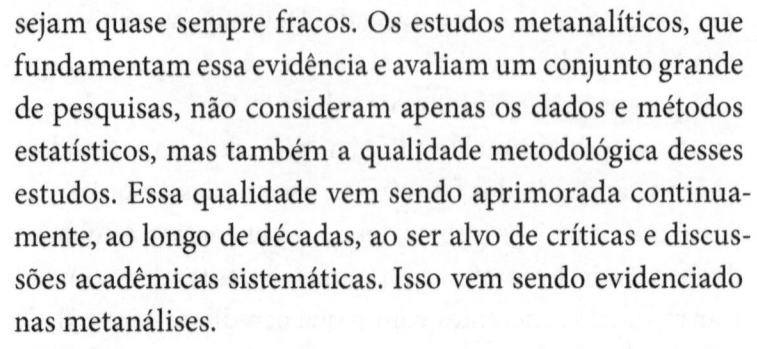

Indicamos também que, como os resultados favoráveis à hipótese psi, em geral, parecem se manter com o passar do tempo, a noção mais intuitiva é de que "algum fogo se esconde detrás dessa fumaça". Além disso, se considerarmos os tamanhos de efeito comumente encontrados, caso a psi exista, imagina-se que seja, em média, algo bastante discreto na natureza.

Na sequência, refletimos sobre esses dados observando que diversos cientistas céticos quanto ao paranormal têm oferecido hipóteses alternativas interessantes para compreender esses resultados, de modo que a questão ainda está em aberto.

Também analisamos que, ainda que essa evidência venha, aparentemente, se fortalecendo, o mesmo parece não ocorrer com a compreensão que temos sobre a natureza desses hipotéticos fenômenos. Carecemos de abordagens teóricas que integrem e organizem um grande conjunto de dados e que possam dialogar de forma coerente com outras áreas científicas, em uma perspectiva integradora. Tentativas têm sido feitas, mas parece que ainda estamos longe dessa meta. E parece-nos que, até que isso seja minimamente alcançado, devemos manter uma postura de equilíbrio entre abertura à referida hipótese e ceticismo responsável, e de colaboração com a saudável controvérsia científica em torno dessas experiências humanas extraordinárias e, talvez, desses fenômenos humanos excepcionais.

Atividades de autoavaliação

1. Não há dúvidas de que existem experiências anômalas (EAs) e crenças e alegações sobre elas. A grande questão é se, ao menos, parte dessas situações se refere efetivamente a fenômenos anômalos ou àqueles que temos dificuldade de explicar com base nos conhecimentos científicos vigentes. É nesse ponto que os estudos experimentais e as técnicas estatísticas usadas para avaliá-los adquire especial importância. A mais importante delas é a metanálise. Com relação a esse tema, avalie as afirmativas a seguir e assinale V para as verdadeiras e F paras as falsas.
   ( ) É usada para avaliar conjuntos de experimentos.
   ( ) É também utilizada em outras áreas do conhecimento, como as ciências médicas, sociais e do comportamento, sendo amplamente aceita para confirmar a replicabilidade dos estudos nessas áreas, entre outras.
   ( ) Mediante metanálises publicadas em importantes periódicos profissionais de várias áreas do conhecimento, foi possível evidenciar, de forma irrefutável, a existência dos fenômenos psi.
   ( ) Entre pesquisadores da psi existem dúvidas sobre o uso da metanálise voltado para a prova. Alguns entendem que deveria ser utilizada para compreender melhor a natureza da psi e não para prová-la.

( ) Uma metanálise pode ser utilizada simultaneamente para evidenciar (prova) a existência da psi e compreender sua natureza (processo).

Agora, assinale a alternativa que apresenta a sequência correta:

a) V, F, V, V, V.
b) V, V, F, F, V.
c) V, V, F, V, V.
d) F, V, V, F, V.
e) F, F, V, F, V.

2. A técnica de visão remota (*remote viewing* – RV), na qual colaboradores tentam ter percepções a distância, no espaço ou no tempo, produziu uma parte de dados favorável à psi. Sobre tal evidência, assinale a alternativa correta:
a) A pesquisadora e professora de estatística Jéssica Utts (1995), da Universidade da Califórnia (Estados Unidos), avaliou dez experimentos de RV da Corporação Internacional de Aplicações da Ciência e concluiu que a cognição anômala (CA) é possível e foi demonstrada.
b) Robert Jahn e Brenda Dunne (2003, 2007) apresentaram um relatório sobre 25 anos de suas pesquisas de RV, com 653 experimentos e 72 participantes. Esses pesquisadores concluíram que os resultados se devem ao acaso.
c) A RV foi utilizada para prever o resultado das bolsas de valores. Infelizmente, os investidores e os pesquisadores tiveram prejuízos ao desenvolver essas pesquisas, visto que fizeram investimentos reais.

d) Para os pesquisadores Baptista, Derakhshani e Tressoldi (2015a), o conjunto de resultados produzidos entre 1970 e 2014 revelou um declínio significativo no tamanho do efeito.
e) O levantamento sobre evidências da psi, elaborado por Cardeña (2018), apresentou conclusões desfavoráveis referentes à evidência estatística da psi.

3. As pesquisas utilizando sonhos produziram resultados muito impressionantes. Sobre isso, assinale a alternativa correta:
a) Os pesquisadores Sherwood e Roe (2003), da Universidade de Northampton (Inglaterra), conduziram uma metanálise sobre as pesquisas com sonhos psi, considerando os estudos realizados no Centro Médico de Maimônides e os demais até o ano de 2003. Ainda que os resultados iniciais do Centro Médico de Maimônides fossem significativos, a média geral ficou em 50%, exatamente o que é esperado para o acaso.
b) Para que os resultados obtidos pela metanálise de Sherwood e Roe (2003), sobre os estudos de sonhos psi até o ano de 2003, pudessem ter sido gerados para o acaso, 20 pesquisadores deveriam ter realizado e não publicado 35 estudos com resultados nulos. Considerando o tempo-padrão de um experimento com sonhos, seria preciso conduzir 50 anos de pesquisas não publicadas.
c) Na metanálise elaborada por Storm et al. (2017), os estudos através de sonhos realizados entre 1966 e 2016 foram divididos entre aqueles

produzidos no Centro Médico de Maimônides e os que foram realizados por outros laboratórios. O efeito do tamanho de ambos os resultados foi exatamente igual.

d) Na metanálise de Storm et al. (2017), 50 estudos foram organizados por serem homogêneos. O resultado desses estudos mostrou que os sonhos não são uma boa técnica para identificar conteúdos ao vivo além daquilo que é esperado por acaso.

e) Na metanálise de Storm et al. (2017), concluiu-se que, mesmo que se façam melhorias, a pesquisa psi através dos sonhos não é produtiva o suficiente para ser continuada.

4. Entre as técnicas de respostas livres, a que mais se destacou foi o Ganzfeld. Considerando os debates produzidos por essa técnica e seus atores e atrizes, assinale V para as afirmações verdadeiras e F para as falsas.

( ) Os resultados produzidos pela técnica Ganzfeld geraram muitas metanálises e discussões acaloradas entre os pesquisadores. Várias dessas metanálises e seus debates foram disponibilizados no *Boletim Psíquico* (*Psychical Bulletin*), publicado pela Associação Americana de Psicologia.

( ) Ray Hyman e Charles Honorton (1986) elaboraram uma publicação conjunta (*Joint Communiqué*) sintetizando concordâncias e discordâncias sobre a técnica e as regras que estudos futuros deveriam seguir.

( ) Julie Milton e Richard Wiseman produziram várias metanálises sobre os experimentos Ganzfeld, sempre com resultados muito favoráveis à hipótese psi.
( ) A metanálise realizada em 2010 por Storm, Tressoldi e Di Risio (2010b) considerou 108 estudos com um resultado altamente significativo favorável à hipótese psi.
( ) Etzel Cardeña (2018) publicou uma revisão das metanálises feitas sobre os fenômenos psi, em um jornal de grande prestígio, o *Psicólogo Americano* (*American Psychologist*), publicado pela Associação Americana de Psicologia.
( ) Seu estudo incluiu as pesquisas Ganzfeld. O pesquisador concluiu que a evidência para psi é comparável a outros fenômenos estabelecidos na psicologia.

Agora, assinale a alternativa que apresenta a sequência correta:

a) V, F, V, V, V.
b) V, V, F, V, V.
c) V, V, F, F, V.
d) F, V, V, F, V.
e) F, F, V, F, F.

5. No efeito pressentimento (EP), ou precognição fisiológica, o organismo humano parece reagir previamente a estímulos emocionais, os quais a pessoa não tem condição de antever. Os resultados dessa linha de pesquisa podem indicar que, talvez, tanto futuro quanto passado influenciem nossa tomada de decisão. Sobre essa pesquisa, indique a alternativa correta.

a) Mossbridge, Tressoldi e Utts (2012) conduziram uma metanálise com 26 estudos de EP realizados entre 1978 e 2010. Os resultados gerais foram completamente nulos, ou seja, em nada favoráveis à hipótese psi.
b) Os resultados da metanálise dos estudos de EP realizados por Mossbridge, Tressoldi e Utts (2012) foram significativos, favoráveis à hipótese psi; porém, houve fortes indícios da presença do efeito engavetamento, ou seja, alguns poucos estudos não publicados poderiam reduzir facilmente ao acaso os resultados encontrados.
c) Os resultados da metanálise dos estudos de EP realizados por Mossbridge, Tressoldi e Utts (2012) foram significativos, favoráveis à hipótese psi, apesar de o tamanho do efeito ser pequeno. Esses resultados dificilmente seriam explicados pelo efeito engavetamento, pois 87 estudos deveriam ter sido conduzidos e não publicados para anular o resultado geral obtido.
d) O resultado da pesquisa de EP realizada por Silva (2014) resultou em efeito completamente nulo, ou seja, não favorável à hipótese psi.
e) Nos resultados da pesquisa de EP realizada por Silva (2014), foram apresentados dois tipos de imagens aos participantes: positivas e calmas.

Atividades de aprendizagem

Questões para reflexão

1. Caso você não esteja habituado com as áreas de exatas e/ou com os cálculos estatísticos, poderá ter se sentido pouco à vontade com o presente capítulo. Por outro lado, deve ter ficado claro que essas técnicas são oportunas para o debate sobre a existência ou não de fenômenos anômalos relacionados à psi. Nesse contexto, gostaríamos de propor o seguinte questionamento: Se você fosse eleger uma forma para distinguir o que é ou não é um fenômeno paranormal autêntico, que forma seria essa?

2. Considerando o que você viu neste capítulo, em especial as discussões e os debates entre céticos e proponentes da hipótese psi, você acredita que esse debate pode ser resolvido, ou seja, que a questão sobre a existência ou não dessa hipótese pode ser definida de uma vez por todas? Se essa definição for alcançada, seja ela favorável ou não à psi, quais seriam as consequências para a sociedade, as religiões e a forma de se perceber a vida humana e suas interações?

Atividade aplicada: prática

1. Considerando o efeito pressentimento (EP) como uma hipótese de trabalho, ou seja, acreditando temporariamente em sua existência, ao longo de uma semana experimente prestar mais atenção aos sinais de seu corpo tentando obter pistas sobre eventos que estão por acontecer. Por exemplo, se você espera que algo ocorra de forma

favorável (uma questão ou um problema pendente), procure sentir seu corpo para antever o resultado. Se possível, anote em um papel para poder comparar aos fatos posteriormente. Você também pode explorar coisas mais simples, como: Vai encontrar uma vaga para estacionar seu automóvel? Qual dos elevadores chegará primeiro? O humor de seu gestor ou colega de serviço será positivo ou negativo antes de se encontrar com ele? Se você precisa fazer alguma escolha que não seja muito relevante, pode também prestar atenção ao seu corpo, simulando as possíveis decisões e verificando que reações ela produz em você. Se realmente existir, como sugerem os dados das metanálises, o EP poderá ser muito útil para que possamos tomar decisões mais acertadas. Isso, claro, se conseguirmos reconhecê-lo adequadamente em nosso corpo.

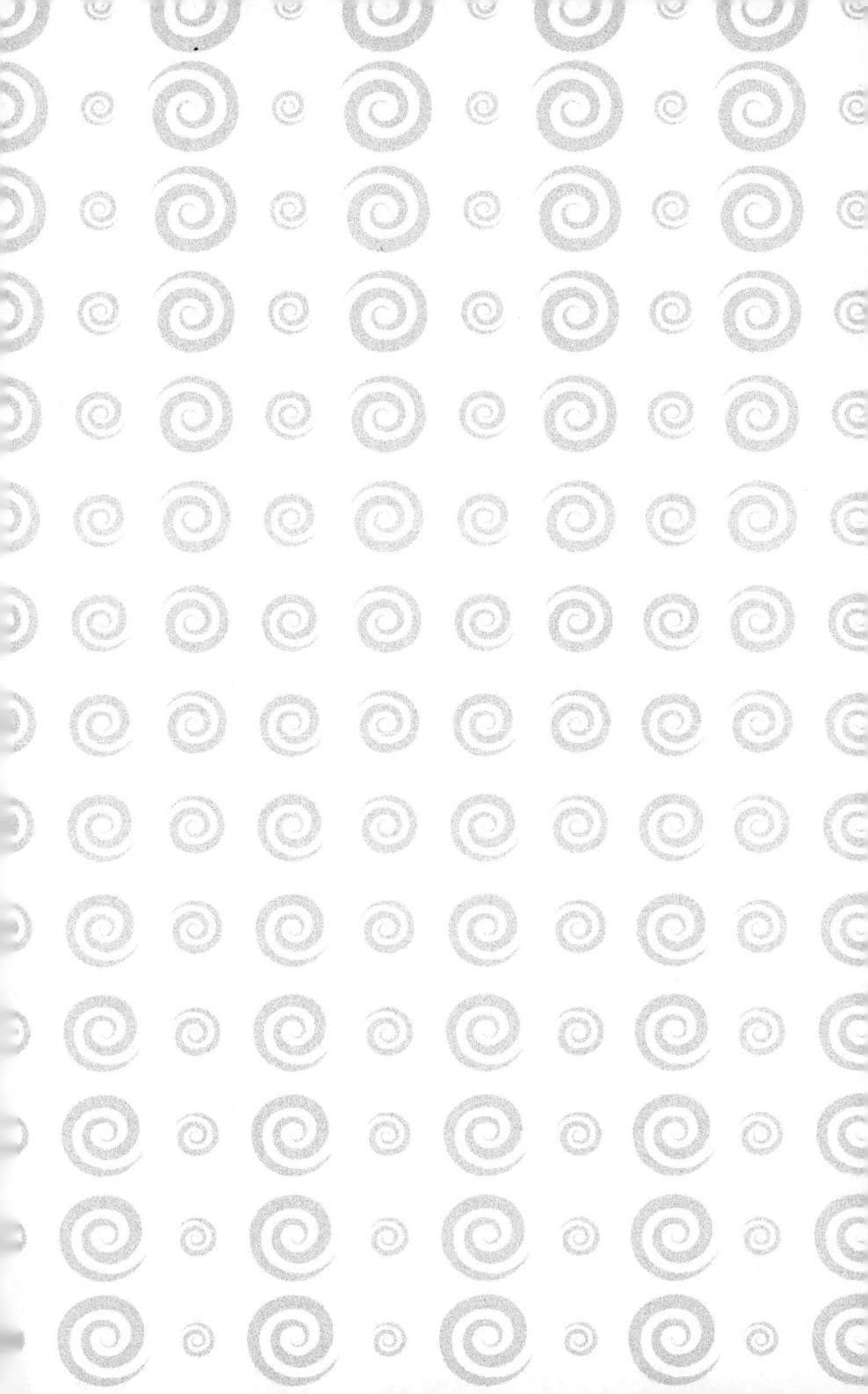

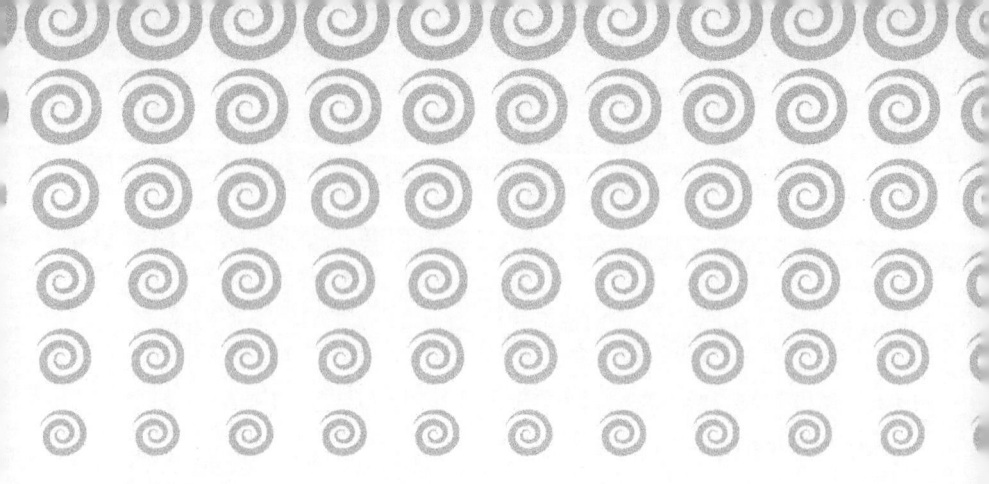

5
Psicologia anomalística e psicologia

Como já esclarecemos ao longo deste livro, a psicologia anomalística representa um campo inteiro de estudos, com riqueza teórica e metodológica próprias. Contudo, essa área faz parte de um domínio ainda maior, que é o da psicologia na condição de ciência e de prática clínica. Assim, ressaltamos a necessidade de se discutir as articulações entre essas duas esferas do conhecimento, o que é o tema a ser aprofundado neste capítulo.

5.1
Relação histórica entre psicologia anomalística e psicologia

A pesquisa psíquica e a psicologia se conectam historicamente, visto que tinham áreas comuns como foco de estudo, além de apresentarem dificuldades semelhantes (Watt, 2005). O nascimento da psicologia experimental está relacionado à criação do laboratório de Wilhelm Wundt, em 1879. Essa abordagem considerava que a natureza psíquica poderia ser entendida da mesma maneira que a natureza física era passível de compreensão pelo escrutínio das leis mecanicistas. Essa perspectiva era partilhada tanto por psicólogos da Europa quanto da América do Norte. Entretanto, especificamente na Inglaterra, essa compreensão não era aceita, em particular, pelos membros da Sociedade para Pesquisa Psíquica (SPR), como Henry Sidgwick (1838-1900) e Edmund Gurney (1847--1888). Como estudavam muitos dos fenômenos considerados nesta obra, esses pesquisadores entendiam que essas experiências também pertenciam ao escopo da psicologia, o que hoje é validado pela psicologia anomalística. Por meio de estudos históricos, também verificou-se que tais cientistas influenciaram na construção de conceitos psicológicos aplicados atualmente (Watt, 2005).

O estudo da dissociação, por exemplo, que hoje é amplamente reconhecido como importante na pesquisa psicológica, teve como precursores Gurney e Frederic Myers (1843-1901), que realizaram uma pesquisa sobre mediunidade e hipnose. A relevância dos estudos de Myers pode ser constatada na influência que tiveram sobre as pesquisas psicológicas de William James (1842-1910), um dos precursores da psicologia norte-americana (Alvarado, 2002, 2004).

Os conceitos de *mente inconsciente* ou *subconsciente* também tiveram suas origens nessas pesquisas históricas. Os pesquisadores da abordagem de Mesmer, que estudaram transes hipnóticos, personalidades subconscientes e diferentes tipos de memória relacionadas a esses fenômenos, serviram de suporte para as ideias de que o processamento mental humano pode ser visto na forma de camadas (Ellenberger, citado por Alvarado, 2003).

> Régine Plas [...], tendo documentado o trabalho sobre telepatia ("sugestão mental") de Pierre Janet e Charles Richet, entre outros, sugeriu que a ideia de uma mente subconsciente estava diretamente ligada aos estudos de fenômenos psíquicos (psi) na França. As pesquisas da SPR foram influentes durante o século XIX e depois, no desenvolvimento dos conceitos de egos subconscientes e de dissociação. Entre os influenciados pelos estudos da SPR sobre os fenômenos dos médiuns, no que diz respeito à dissociação, estavam Alfred Binet, Pierre Janet e Theodore Flournoy. **(Alvarado, 2003, citado por Silva, 2009, p. 18)**

Um aspecto interessante da influência dos pesquisadores psíquicos da SPR nos primórdios da psicologia foi que eles participaram ativamente dos congressos psicológicos da época, entre os quais podemos citar o Congresso Internacional de Psicologia Fisiológica, ocorrido em 1889, na cidade de Paris, e o II Congresso Internacional de Psicologia Experimental, ocorrido em 1892, em Londres, que foi presidido por Sidgwick. Esses são apenas alguns de vários congressos importantes nos quais esses cientistas contribuíram de forma muito ativa (Alvarado, 2006).

Resgatando outra influência nesse intercâmbio histórico, é importante destacar que Sigmund Freud (1856-1939) foi membro ativo tanto da SPR quanto da Sociedade Americana para Pesquisa Psíquica (ASPR), trocando correspondências com os demais pesquisadores e, ainda, realizando seus próprios experimentos, como estudos de telepatia com sua noiva, com sua filha e com Firenczi. Freud também publicou casos de telepatia relatados por seus clientes. Em suas publicações, oscilou em sua perspectiva a respeito dos referidos fenômenos, ora mostrando ceticismo (Freud, 1997d), ora expressando cuidado (Freud, 1997c) e, ainda, apresentando crença na realidade de alguns fenômenos, como os sonhos telepáticos, por exemplo, quando publicou *Sonhos e telepatia* (Freud, 1997e).

> Nada aprenderão, deste meu trabalho, sobre o enigma da telepatia; na verdade, nem mesmo depreenderão se acredito ou não em sua existência. Nesta ocasião, propus-me a tarefa muito modesta de examinar a relação das ocorrências telepáticas em causa, seja qual for sua origem, com os sonhos, ou, mais exatamente, com nossa teoria dos sonhos. Saberão que comumente se acredita ser muito íntima a conexão entre sonhos e telepatia; apresentarei a opinião de que ambos pouco têm a ver reciprocamente, e que, viesse a existência de sonhos telepáticos a ser estabelecida, não haveria necessidade de modificar nossa concepção dos sonhos, em absoluto. (Freud, 1997e, p. 153)

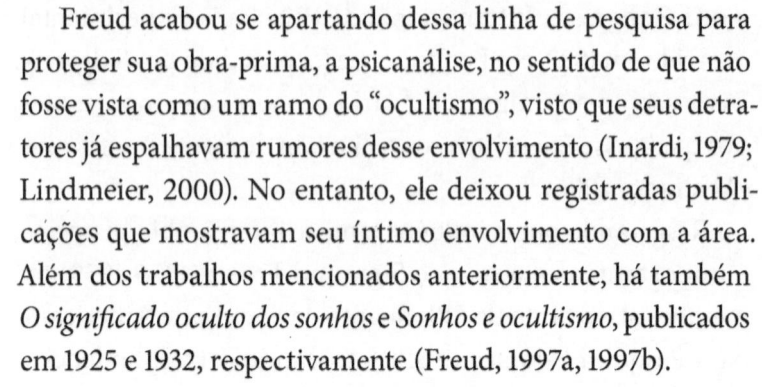

Freud acabou se apartando dessa linha de pesquisa para proteger sua obra-prima, a psicanálise, no sentido de que não fosse vista como um ramo do "ocultismo", visto que seus detratores já espalhavam rumores desse envolvimento (Inardi, 1979; Lindmeier, 2000). No entanto, ele deixou registradas publicações que mostravam seu íntimo envolvimento com a área. Além dos trabalhos mencionados anteriormente, há também *O significado oculto dos sonhos* e *Sonhos e ocultismo*, publicados em 1925 e 1932, respectivamente (Freud, 1997a, 1997b).

Outro personagem importante desse contexto, intimamente relacionado às EAs, seja em termos de suas experiências pessoais, seja no que se refere ao seu desenvolvimento teórico, foi Carl Gustav Jung (1875-1961). Diferentemente de Freud, que inicialmente se aproximou da área e depois buscou se distanciar dela, Jung manteve-se integrado ao campo. Esse fato, inclusive, contribuiu para que ambos se afastassem, ainda que Freud, em certo momento, tenha chegado a acreditar que Jung daria continuidade à psicanálise, ou seja, que seria seu sucessor. Freud tinha medo das experiências vividas por Jung, inclusive tendo presenciado possíveis fenômenos de efeito físico (psicocinese – PK) durante um encontro com Jung. Além desse tipo de experiência, Jung também alegadamente via fantasmas, tinha visões de um passado remoto e, ainda, visões do futuro, prevendo mortes de pessoas (Inardi, 1979).

Como Freud, Jung também realizou pesquisas sobre esses fenômenos (por exemplo, com médiuns), chegando a desenvolver um modelo teórico – a **sincronicidade** – no qual integrava tais experiências à estrutura da psique, prevendo ainda que tais fenômenos ocorriam a partir de um rebaixamento da consciência, o que chamou de *nível psicoide*. Trata-se de um estado no qual a psique individual reflete a psique coletiva (Jung, 1990). Esse rebaixamento pode ser relacionado aos estados modificados de consciência (EMC), associados às experiências psíquicas (psi) tanto nas tradições da humanidade quanto na pesquisa psi contemporânea (por exemplo, aquelas que utilizam Ganzfeld e sonhos). Outro fato importante é que, por meio de cartas, Jung interagiu intensamente com J. B. Rhine, o pai da parapsicologia experimental (Inardi, 1979).

Jung e Freud indicaram que experiências psíquicas (psi) se manifestam no ambiente psicoterapêutico, podendo influenciá-lo. Eisenbud (1970) sugere que isso talvez ocorra pelo forte vínculo afetivo criado nesse *setting*. Essas "interações anômalas psicoterapêuticas", ou, melhor dizendo, esses relatos de casos sobre experiências psi no ambiente da psicoterapia receberam grande atenção por parte de psicólogos e psicanalistas, que publicaram muitos estudos sobre o tema (Fodor, 1942, 1949; Schwartz, 1965, 1967; Mintz, 1983; Ullman, 1949, 1959, 1974, 1975; Servadio, 1935, 1955; Eisenbud, 1946, 1969, 1970; Carpenter, 1988a; Orloff, 1997).

Considerando que as EAs relacionadas à psi têm sido relatadas por um número expressivo de pessoas, bem como as evidências de que o fato de vivenciá-las produz impacto psicossocial, poderíamos indagar se existe alguma associação entre essas experiências e as características de personalidade ou outras variáveis de caráter psicológico. Pesquisas têm explorado essa possibilidade e encontrado resultados interessantes. Por exemplo, indivíduos que relatam ter experiências fora do corpo (EFC) e percepção extrassensorial (PES) tendem a ser mais propensos a ter fantasias, a ficar absortos em seu mundo interno e, ainda, a ser mais suscetíveis à influência hipnótica (Alvarado; Zingrone, 1998). Os estudos incluem variáveis diversas como neuroticismo, abertura à experiência e criatividade (Martins; Zangari, 2013; Schmeidler, 1988). Também a prática regular de atividades que produzem modificação de consciência e a crença na existência desses fenômenos anômalos têm sido estudadas, encontrando-se correlação positiva com as experiências psi (Alvarado; Zingrone, 1998).

Como indicado anteriormente, as EAs relacionadas à psi produzem impacto nas pessoas que as vivenciam. Entre essas influências, podemos citar a mudança de atitudes e de valores e a influência nas crenças e decisões pessoais (Alvarado; Zingrone, 1998; Menezes Júnior; Moreira-Almeida, 2009; Cardeña; Moreira-Almeida, 2011; Machado, 2009, 2010; Reichow, 2017; Batista, 2016). Ao refletirmos sobre esse impacto, podemos imaginar que poucas pessoas relatam essas experiências. No entanto, vários estudos internacionais de levantamento indicam prevalências em torno de 50% da população relatando vivenciá-las.

Além disso, estudos de levantamento feitos por pesquisadores da Universidade de São Paulo (USP), da Universidade do Extremo Sul Catarinense (Unesc) e do Instituto Neuropsi (este conduzido pelo primeiro autor) identificaram que cerca de 85% de 918 respondentes, de São Paulo, Paraná e Santa Catarina, alegaram ter vivenciado pelo menos uma EA (Machado, 2009, 2010; Batista, 2016). Tais estudos não utilizaram um sistema de amostragem (amostra aleatória), que permite a generalização dos resultados para uma população maior. Por isso, estudos ulteriores precisam ser feitos para robustecer esses achados. Ainda assim, eles apontam para uma elevada prevalência de decorrentes impactos psicossociais e clínicos, os quais precisam ser considerados (Machado, 2009, 2010; Batista, 2016). Outro fato é que nem todas essas experiências produzem efeitos positivos; uma parte das pessoas as percebe como geradoras de conflitos e traumas (Montanelli; Parra, 2000).

Como a prevalência dessas experiências parece ser elevada, com forte impacto psicossocial, incluindo efeitos negativos, várias instituições de pesquisa e/ou educação têm desenvolvido sistemas de aconselhamento ou orientação às pessoas que as vivenciam. As Faculdades Integradas Espírita (FIES) ofertaram esse serviço (Pallú, 1998; Eppinger; Pallú, 1997), assim como o Instituto Pernambucano de Pesquisas Psicobiofísicas (IPPP), que ainda o faz. Esses serviços se situam na esfera pedagógica e não envolvem a psicoterapia. No entanto, outras iniciativas incluem essa esfera clínica, como os atendimentos realizados pelo Núcleo Clínico do InterPsi – USP e pelo Instituto das Áreas Fronteiriças da Psicologia e Saúde Mental, na Alemanha (Belz-Merk, 2000, 2008).

Outra questão que merece ser comentada é o trabalho com grupos para desenvolvimento pessoal ou autoconhecimento. Assim como a experiência do primeiro autor com grupos de vivências voltadas à exploração do treinamento da psi, outros grupos semelhantes, que inclusive inspiraram esse trabalho, têm relatado experiências psi (Mintz, 1983; Carpenter, 1988b, 2002). Talvez isso se deva à qualidade dos relacionamentos interpessoais ser mais importante do que as eventuais capacidades individuais (Murphy, 1945). Se isso estiver correto, a presença de tais experiências nesses grupos ou, até mesmo, no contexto clínico psicológico faça sentido. Essa perspectiva também está em sintonia com estudos que visam criar uma coerência mental/emocional entre as pessoas de um grupo para alcançarem pretensos resultados de PK (Lee, 1997; Lee; Ivanova, 1996; Radin; Atwater, 2006; Williams, 2007). Por fim, se essa perspectiva estiver correta, sua ampliação para grupos maiores, alinhados por algum evento global, como no caso das pesquisas do campo da consciência, faria muito sentido (Nelson, 2015; Varvoglis; Bancel, 2015). No entanto, devemos recordar que esses resultados são controversos, esbarrando em dificuldades de replicação e na ausência de boas teorias que deem conta de explicá-los.

Podemos concluir, até o momento, que nosso conhecimento sobre a natureza e as capacidades humanas ainda é muito restrito. O debate na comunidade científica segue acalorado, mas muitos esforços têm sido realizados por pesquisadores da psicologia anomalística e de outras áreas – como a biologia, a física e a antropologia. As experiências e os hipotéticos fenômenos anômalos são pesquisados de forma interdisciplinar e é cada vez mais comum que psicólogos estudem o assunto, visto o recente e exponencial desenvolvimento da área em cursos e departamentos de Psicologia no mundo todo, com destaque para o Reino Unido, como foi evidenciado anteriormente.

Preste atenção!

A ascensão do Reino Unido nos estudos de fenômenos anômalos tem uma justificativa. O Dr. Robert L. Morris (1942-2004), durante sua chefia na Cátedra Koestler de Parapsicologia, na Universidade de Edimburgo, formou 30 doutores ("filhos" acadêmicos), dos quais muitos migraram para outras universidades, passando a desenvolver ensino e pesquisa nesse campo, consolidando e normatizando a área no meio universitário. Por sua vez, esses "filhos" também tiveram seus próprios "filhos" (novos mestres e doutores), produzindo um efeito de progressão geométrica (Carpenter, 2004).

Ainda assim, o envolvimento da psicologia na pesquisa psi não se restringe ao Reino Unido, como foi mostrado anteriormente, se expandindo para vários países, em especial sob a nova "roupagem" científico-cultural da psicologia anomalística. Nesse sobrevoo, vemos que o Brasil vem desempenhando um papel crescente no que tange à pesquisa psi e, mais recentemente, à psicologia anomalística. Considerando o meio universitário, a USP se destaca tanto como precursora quanto no desenvolvimento atual da área.

Já em 1972, a USP oportunizou a pesquisa de doutoramento de Adelaide Petters Lessa sobre o tema da precognição. EAs relacionadas à psi têm sido foco de pesquisas de mestrado e doutorado, com destaque para as orientações iniciais dos doutores Esdras Guerreiro Vasconcellos e Geraldo José Paiva. Entre essas pesquisas, enfatizamos duas, uma desenvolvida pelo Dr. Wellington Zangari (2003), intitulada *Incorporando papéis: uma leitura psicossocial do fenômeno da mediunidade de incorporação em médiuns de umbanda*; e outra realizada pela Dr.ª Fátima Regina Machado (2009), intitulada *Experiências anômalas na vida cotidiana: experiências extra-sensório-motoras e sua associação com crenças, atitudes e bem-estar subjetivo*. Essas teses receberam menção honrosa no Prêmio da Academia Paulista de Psicologia, uma das mais importantes instituições de psicologia do Brasil, a qual tem entre seus membros alguns dos precursores da psicologia nacional. Esse fato contribui para a normalização ou reconhecimento dessa linha de pesquisa em nosso país.

Como foi mais bem descrito no Capítulo 1, o fato mais marcante, histórico, do desenvolvimento da psicologia anomalística na USP foi o ingresso, no quadro de professores do Departamento de Psicologia Social e do Trabalho do Instituto de Psicologia, de Zangari. Com seu ingresso e supervisão, novas pesquisas em nível de mestrado e doutorado passaram a ser conduzidas, incluindo estudos de ambos os autores deste livro e do psicólogo Everton de Oliveira Maraldi (2014), que ganhou o prêmio de melhor tese de doutorado (2013-2015) da Academia Paulista de Psicologia com a tese *Dissociação, crença e identidade: uma perspectiva psicossocial*.

Alguns "filhos acadêmicos" do professor Zangari já se tornaram também orientadores de mestrado e doutorado, como o mencionado Dr. Maraldi, que está agora no Programa de Pós-Graduação em Ciência da Religião da Pontifícia Universidade Católica de São Paulo (PUC-SP), e o Dr. Leonardo Breno Martins, também autor deste livro.

Também foram criadas na USP disciplinas relacionadas às psicologias anomalística e da religião, tanto na graduação quanto na pós-graduação. Além disso, com o apoio da pesquisadora Dr.ª Fátima Regina Machado, em 2010, o Dr. Zangari implantou no mesmo departamento o InterPsi - Laboratório de Estudos Psicossociais: Crença, Subjetividade, Cultura & Saúde (que antes se chamava Inter Psi - Laboratório de Psicologia Anomalística e Processos Psicossociais). O Laboratório InterPsi conta com numerosos grupos de estudo e cobre várias áreas relacionadas de pesquisa:

- Psicologia da Crença, Religiosidade e Espiritualidades
- Crença, religiosidade, espiritualidades e saúde
- Psicologia das Crenças, Psicologia Anomalística e processos psicossociais básicos
- A Perspectiva da Ciência Cognitiva da Religião a respeito da Crença
- Hipnose, Estados Alterados de Consciência, Crença e Cultura
- Implicações epistemológicas, metodológicas e teóricas da Psicologia das Crenças e das Experiências anômalas à Psicologia Social (InterPsi, 2022)

As EAs também têm sido pesquisadas em outras universidades, como a Universidade Estadual de Campinas – Unicamp (Lindmeier, 1998), a Unesc, a Universidade Ceuma (Uniceuma), a Universidade São Francisco (USF) e as Universidades Federais de Juiz de Fora (UFJF), do Paraná (UFPR), do Rio de Janeiro (UFRJ) e de Santa Catarina (UFSC).

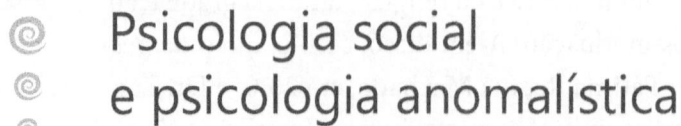

5.2
Psicologia social e psicologia anomalística

A psicologia tem diversas áreas de atuação e de estudo, como a psicologia do desenvolvimento, a psicologia do esporte e a psicologia escolar. Uma delas, de grande interesse para nós, é a psicologia social, entendida como a área da psicologia que reúne e organiza o estudo do ser humano (suas atitudes, comportamentos etc.) em relação às demais pessoas e a si mesmo. A psicologia social também se interessa por fenômenos sociais em si, como imaginário coletivo, rituais e visões de mundo compartilhadas.

A inserção da psicologia social no estudo das EAs, com base nesse rascunho de definição, passa a ser intuitiva. Tais experiências alimentam e são alimentadas pela cultura, fazem parte de rituais e crenças nos mais diversos contextos, afetam e são afetadas pelo comportamento das pessoas etc. Em outras palavras, não pode haver estudo abrangente das EAs sem a participação da psicologia social. Exemplifiquemos isso com o estudo da psi.

A forma como as EAs relacionadas à psi são percebidas parece ser influenciada por crenças, atitudes e valores, ou seja, os ambientes social e cultural medeiam a interpretação e a reação (comportamento) das pessoas com relação às citadas experiências (Alvarado; Zingrone, 1998; Pallú, 1998; Eppinger; Pallú, 1997; Martins; Zangari; Medeiros, 2017; Zangari, 2003). Por outro lado, essas experiências podem influenciar as crenças, as atitudes e os valores culturais, assim como podem ser decisivas para criar e manter cultos e crenças, o que é muito importante para os psicólogos sociais, visto que, como estudam as crenças e atividades de comunidades, devem compreender a influência social das experiências psi e suas nuances (Alvarado; Zingrone, 1998).

Avançando ainda mais, é importante ressaltar que ambientes religiosos e afins parecem favorecer as experiências psi, o que pode ser observado em alguns estudos de PK com geradores de eventos aleatórios (GEAs) (Hirukawa; Ishakawa, 2004; Hirukawa et al., 2006). Os desdobramentos da intersecção entre psicologia social e psicologia anomalística, portanto, não cessam, ainda que tenhamos de ser parcimoniosos nos exemplos, para não nos estendermos em demasia.

Outro modo de ilustrar a relação entre essas áreas é destacar o quanto a psicologia anomalística, no Brasil, é enraizada na psicologia social. Como mencionamos, o Laboratório InterPsi é o grande disseminador do campo no país. Ainda que não seja, de modo algum, o único grupo de pesquisa sobre o assunto no Brasil, seu efeito no surgimento e no suporte dos demais grupos e pesquisadores isolados em diferentes regiões do país não pode ser ignorado. O ponto de interesse surge quando consideramos que o InterPsi está alocado justamente no Departamento de Psicologia Social e do Trabalho do Instituto de Psicologia da USP. Em termos práticos, isso significa que os aspectos basilares da psicologia social tendem a se entremear nos estudos de psicologia anomalística realizados tanto pelo InterPsi e por seus pesquisadores quanto por aqueles a quem o laboratório influencia pelo Brasil.

A título de exemplo, estudos específicos sobre EAs sob perspectivas afiliadas à psicologia social se dedicaram a temas como mediunidade, experiências fora do corpo (EFC), experiências de quase morte (EQM), contatos com alienígenas, PES, PK, *poltergeist*, experiências em estados alterados de consciência, EAs em crianças, entre outros (Machado, 1993, 1996a, 1996b, 2003, 2008, 2009; Radin; Machado; Zangari, 2000; Maraldi, 2014; Martins, 2011, 2015; Martins; Zangari, 2012, 2013; Martins; Zangari; Medeiros, 2017; Zangari, 1996, 2000, 2003, 2007; Zangari; Machado, 1997). Tudo isso confere ao Brasil uma posição de grande destaque na psicologia anomalística mundial. Este livro está repleto de exemplos de pesquisas sob essa perspectiva, servindo como mais uma ilustração do quão profícua é a aproximação entre psicologia social e psicologia anomalística.

5.3
Psicologia da religião e psicologia anomalística

Anteriormente, sugerimos especificidades da psicologia anomalística em relação à parapsicologia, à psicologia da religião e a áreas afins. Pretendemos explorar aqui, com maior profundidade, o estudo psicológico da religião em interface com as EAs.

Como visto até o momento, EAs podem (e até mesmo tendem a) possuir conteúdo religioso explícito ou ser interpretadas dessa forma. EQM, êxtases místicos, mediunidade, *poltergeist* e outros tantos episódios costumam envolver diretamente temas como Deus, espíritos e vida após a morte. Até mesmo experiências que envolvem alienígenas, psi e outros temas aparentemente não religiosos apresentam potencial para interpretações dessa natureza, como quando "poderes da mente" são considerados dons divinos e pretensos alienígenas trazem mensagens espirituais de amor ao próximo e devoção a Deus.

Contudo, essa conexão não pode nos impedir de reconhecer que EAs e experiências religiosas não são sinônimos, pois podemos encontrar incontáveis exemplos de casos exclusivos de cada categoria. Muitos dos alegados contatos com alienígenas não têm qualquer componente religioso explícito ou mesmo implícito (quando o protagonista não lhe confere qualquer sentido religioso direto ou indireto). O bem-estar após orar pela manhã antes de começar o dia, uma experiência religiosa, normalmente não tem qualquer componente de EA. E assim os exemplos se acumulam.

No domínio das crenças, aquelas propriamente religiosas (como a existência do Céu e do Inferno e a ocorrência de milagres) poderiam ser também consideradas uma categoria específica de crença paranormal, dado que versam sobre fenômenos excepcionais que aparentemente violam princípios cientificamente conhecidos da natureza, sendo objeto de controvérsia sobre o modo como a realidade funciona. Recorde-se de que a concepção de fenômenos religiosos se aproxima bastante (senão completamente) da definição de EAs que vimos no Capítulo 1. Por isso, autores como Rice (2003) consideram que as crenças paranormais se dividem em duas grandes categorias: as crenças paranormais **clássicas**, que dizem respeito à psi e a temas imediatamente próximos no domínio do paranormal; e as crenças paranormais **religiosas**.

Com base nisso, diversos estudos buscaram investigar a relação entre crenças paranormais clássicas e religiosas, movidos pela hipótese de que, se ambas são crenças paranormais, variando aparentemente apenas no que se refere ao tema, pessoas adeptas de uma dessas categorias de crença também sustentariam a outra. Uma hipótese concorrente sustenta que, ao contrário, essas duas categorias não seriam consistentemente verificadas nas mesmas pessoas porque razões históricas as colocariam em direções um tanto opostas. Assim, católicos e evangélicos convencionais, por exemplo, tenderiam a resistir a crenças paranormais clássicas, ao passo que pessoas provenientes de outras religiões (como o kardecismo) poderiam ser mais favoráveis a crenças paranormais clássicas. De qualquer modo, a eventual associação entre os dois tipos de crença deve ser verificada empiricamente.

As pesquisas feitas a esse respeito encontraram resultados contraditórios, ora favoráveis, ora desfavoráveis à relação entre crenças paranormais clássicas e crenças paranormais religiosas. No caso em que relações foram encontradas, elas ora foram diretas (quanto mais se acredita em uma das categorias, mais se acredita na outra), ora foram inversas (quanto mais se acredita em uma, menos se acredita na outra). Os resultados também se comportaram de modos distintos, a depender da religião e das crenças paranormais clássicas abordadas. O ponto se encontra, pois, em aberto, sugerindo que o tópico é mais complexo do que outrora imaginado e demandando a inclusão de outras variáveis, como o tipo de religiosidade e traços individuais para refinar as análises.

Para saber mais

Para uma revisão desses estudos, sugerimos consultar a obra de Maraldi, Zangari e Machado (2011).

MARALDI, E. de O.; ZANGARI, W.; MACHADO, F. R. A psicologia das crenças paranormais: uma revisão crítica. **Boletim Academia Paulista de Psicologia**, São Paulo, v. 31, n. 81, p. 394-421, jul./dez. 2011. Disponível em: <https://www.redalyc.org/articulo.oa?id=94622764010>. Acesso em: 6 set. 2022.

As relações entre paranormalidade e religião podem assumir contornos que vão além da esfera individual, requisitando uma perspectiva sensível à psicologia social. Um exemplo é o que ocorreu entre as décadas de 1960 e 1980, com a chamada *guerra de palavras* entre católicos e espíritas brasileiros, tendo como pano de fundo as EAs. A vertente católica, liderada pelo Padre Quevedo (1930-2019), e a vertente espírita, liderada por Hernani Guimarães Andrade (1913-2003), tinham algo em comum, a despeito de suas diferenças religiosas: ambas se valiam da parapsicologia para tentar validar suas crenças e desacreditar a crença rival. Para isso, apresentavam versões ideologicamente enviesadas da parapsicologia importada da Europa e da América do Norte, ora validando, ora atacando milagres de santos, vidas passadas, materializações e toda sorte de fenômenos interessantes a cada lado da contenda (Machado, 1996a).

Concluímos, assim, que a relação entre crenças e experiências anômalas e religiosas não somente existe no cotidiano como é repleta de sutilezas e complicações que demandam muitos estudos adicionais. As áreas dedicadas a cada uma delas (respectivamente, a psicologia anomalística e a psicologia da religião) se beneficiam, portanto, de pesquisas conjuntas, o que é facilitado por pertencerem ao domínio mais amplo da psicologia e por partilharem métodos e perfis de pesquisa ontológica e fenomenológica.

5.4
Psicologia anomalística na literatura psicológica

Em momentos diferentes deste livro (especialmente no Capítulo 1), explicamos que o estudo científico do extraordinário acompanha a psicologia desde seus primórdios na condição de disciplina formal, muito antes do surgimento de termos como *experiências anômalas, psicologia anomalística* e *parapsicologia*.

Pioneiros da psicologia tradicional, como Freud, Jung, William James, Pierre Janet (1859-1947), Myers, Sidgwick e Théodore Flournoy (1854-1920), tiveram grande interesse por aquilo que, atualmente, chamamos de *experiências anômalas*, ainda que isso constitua uma espécie de "lado B" da história da disciplina, por vezes tendo sua exposição esquecida em disciplinas de formação e em obras históricas (Alvarado, 2003; Alvarado et al., 2007; Maraldi, 2014; Martins, 2015).

Longe de constituírem apenas curiosidades intelectuais para aqueles eminentes pioneiros, as experiências espirituais ou psíquicas desempenharam papéis decisivos em suas teorizações e, portanto, nos primeiros passos da psicologia. Entre os muitos exemplos, as notórias teorias freudianas sobre o inconsciente são herdeiras não apenas dos estudos de Freud sobre as histerias e dos demais fatos históricos amplamente divulgados, mas também de seus estudos sobre médiuns espiritualistas, que o ajudaram a considerar a existência de processos psicológicos complexos e inconscientes, culturalmente atribuídos a espíritos (Alvarado et al., 2007).

Ainda sobre o pai da psicanálise, algumas de suas obras mais famosas (como *Totem e tabu*, *O futuro de uma ilusão* e *Moisés e o monoteísmo*) dizem respeito a crenças e experiências religiosas que, como vimos, apresentam conexões diversas com experiências incomuns. Portanto, a psicanálise atual, que não dispensa os alicerces originais de Freud, consequentemente traz consigo produtos da intersecção entre as EAs e o estudo da psique.

Jung, discípulo e dissidente de Freud, também tinha enorme interesse por EAs, como já mencionamos, tendo ele mesmo reportado vivências extraordinárias em primeira mão em consultório e fora dele. Seus trabalhos teóricos, ainda fundamentais na psicologia analítica atual, abordam a conexão mística com a realidade (o que ele chama de **participação mística**), ocorrências sincronizadas e aparentemente muito improváveis de ocorrer por acaso (fenômeno que ele denomina *sincronicidade*), entre outros. Jung também considerou que experiências religiosas e místicas podem ser saudáveis, representando conexões com dimensões arquetípicas da psique (Maraldi, 2014). Por fim, ainda sem esgotar o assunto, foi o autor do primeiro estudo sistemático sobre visões de óvnis, com sua clássica obra *Um mito moderno sobre coisas vistas no céu* (Jung, 2011), publicada em 1958. Nela, Jung aventa possibilidades arquetípicas e associadas a tensões psíquicas projetadas ao mundo exterior para compreender esses episódios.

Já Janet e Myers participaram dos desenvolvimentos teóricos sobre o processo de dissociação, cujas implicações para as EAs, como a mediunidade, abordamos em outros momentos deste livro. Myers chegou a trabalhar, por exemplo, com telepatia e alegações de clarividência (a pretensa capacidade de ver cenas distantes sem o uso dos sentidos convencionais), distinguindo-a de visões de origem mediúnica, relativas ao que se acreditaria ser o mundo espiritual. Já William James trabalhou com as experiências místicas, defendendo haver aspectos saudáveis nessas experiências (Maraldi, 2014). As contribuições desses autores desempenharam papel histórico no desenvolvimento do campo e, por isso, ainda ecoam na psicologia contemporânea.

Flournoy, por seu turno, prestou diversas contribuições ainda aplicadas à psicologia atual (Zangari; Machado, 2016). Uma das principais foi a formulação de um princípio atualmente conhecido como *exclusão metodológica do transcendente*, que é o princípio metodológico e epistemológico pelo qual o estudo psicológico das alegações religiosas e extraordinárias deve se concentrar naquilo que a ciência consegue investigar, ou seja, o mundo natural, que inclui as dimensões psicológicas humanas. Assim, a eventual e indemonstrável existência de Deus e de outros aspectos sobrenaturais é reconhecida como não pertencente ao campo da psicologia, o que permite que essa ciência investigue e trate demandas ligadas ao sobrenatural sem ferir a cientificidade. Em um exemplo concreto e clássico de aplicação desse princípio e de seu interesse por alegações extraordinárias, Flournoy investigou a famosa médium francesa Hélène Smith (1861-1929), concluindo, em resumo, que processos inconscientes e fenômenos dissociativos desempenhavam importante papel em suas experiências espirituais, nas psicografias e nas línguas estranhas que ela falava e atribuía aos marcianos.

O ponto fundamental é que tais desenvolvimentos históricos ecoam na presença atual das EAs na psicologia atual. A literatura psicológica, em especial livros-texto e periódicos profissionais, parece evidenciar crescente interesse pelos estudos da psicologia anomalística. Por exemplo, entre 1990 e 1999, 18 livros de introdução à psicologia, escritos em inglês, abordaram a pesquisa de EAs relacionadas à psi (Smith; Ferrier, 1999). Um destaque entre essas obras é a *Introduction to Psychology* (Atkinson et al., 2000), que é bastante usada nos cursos de Psicologia dos Estados Unidos, e foi traduzida para outras línguas, como o português. Essa obra faz uma síntese das pesquisas com a técnica Ganzfeld e as controvérsias a ela relacionadas. A propósito, as discussões estatísticas e metodológicas dos resultados produzidos por essa técnica têm sido realizadas no *Psychological Bulletin*, publicado pela Associação Americana de Psicologia, uma revista profissional muito importante para a psicologia (Bem, 1994; Bem; Honorton, 1994; Hyman, 1994; Milton; Wiseman, 1999, 2001; Storm; Ertel, 2001). Isso também ocorre com as pesquisas de PK com RNGs (Bösch; Steinkamp; Boller, 2006a, 2006b; Radin et al., 2006; Wilson; Shadish, 2006).

> **Preste atenção!**
> Talvez o caso mais emblemático que evidencia o interesse da psicologia no estudo científico do extraordinário é a obra *Varieties of Anomalous Experience: Examining the Scientific Evidence*, editado pela Associação Americana de Psicologia (Cardeña; Lynn; Krippner, 2000). A publicação considera os fenômenos psi e suas pesquisas, além das principais categorias de EAs em geral. Uma segunda edição revisada foi publicada em 2014 (Cardeña; Lynn; Krippner, 2014), enquanto uma versão brasileira chegou ao mercado em 2013 (Cardeña; Lynn; Krippner, 2013).

Por tudo isso – e longe de ter o tema como esgotado, ou apenas como uma curiosidade histórica –, a psicologia teve e tem grande apreço pelo tema das EAs. O fato de muitos profissionais dessa ciência ignorarem ou menosprezarem o estudo psicológico das EAs se deve muito mais ao desconhecimento e a outras nuances sutis, que não incluem, por certo, a ilegitimidade e o desinteresse da psicologia pelo tema.

5.5
Psicologia anomalística em meio a controvérsias

O campo da psicologia anomalística é repleto de controvérsias, como vimos ao longo deste livro. Questões de ordem ontológica sobre a eventual existência e as características de fenômenos anômalos são, por si mesmas, controversas.

Vimos que resultados altamente sugestivos da realidade da psi não são, ainda, suficientes para convencer parcela aparentemente majoritária da comunidade científica. O que se tem, na verdade, são acalorados debates sobre pontos delicados, como a adequação ou não das técnicas de análise estatística utilizadas, os métodos experimentais empregados e a possibilidade ou não da existência de fenômenos anômalos.

Importante!

Enquanto a controvérsia entre os especialistas permanece acesa por tempo indeterminado, a não aceitação definitiva da realidade de fenômenos extraordinários pela ciência em geral – e pela psicologia, em particular – acaba por conflitar com as representações coletivas socialmente difundidas a respeito tanto do paranormal quanto da ciência.

Por um lado, são bastante difundidos sistemas de crença que apoiam a existência de todo tipo de fenômeno anômalo, algo que é alvo de observação e, até mesmo, de crítica por céticos e cientistas há muito tempo – por exemplo, em Dawkins (2019) e Sagan (2006). Por outro lado, tal disparidade entre concepções populares e perspectivas majoritárias entre cientistas acaba por contribuir para atitudes ambíguas em relação à ciência. Ao mesmo tempo que a ciência é vista como fonte de rigor e passível de uso para a legitimação de crenças (como quando se usa a mecânica quântica para validar preceitos esotéricos), ela é atacada como sendo conservadora, arrogante e atrasada em face dos avanços da humanidade sobre a "espiritualidade". Assim, o abismo culturalmente verificável entre os cientistas e o restante da sociedade acaba aumentando com a manutenção da pouca consideração predominante da ciência no que se refere a fenômenos anômalos, o que poderia ser mudado caso os cientistas (partidários e céticos) empreendessem um esforço conjunto mais volumoso e dedicado a superar, ao menos, os aspectos mais elementares da controvérsia do campo. Tem-se, pois, uma razão de ordem social (além da científica) para a continuidade dos estudos.

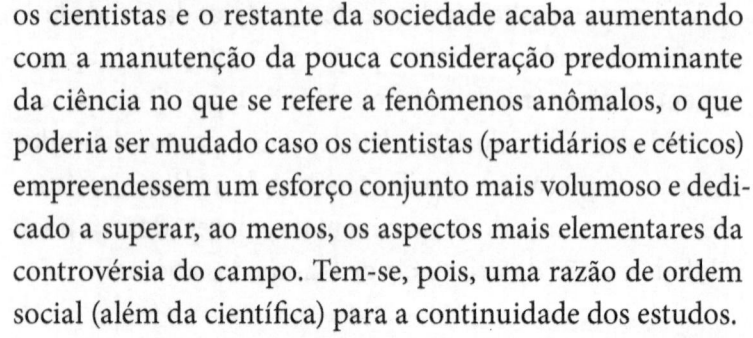

Ainda com relação às controvérsias, a existência delas é um dos pontos comuns entre todas as ciências. Cada área científica tem questões não resolvidas, resultados contraditórios sobre temas importantes. A psicologia, a neurociência e áreas afins ainda se debatem diante da dificuldade de responder a perguntas fundamentais sobre a origem da consciência, a extensão dos processos inconscientes, entre tantos outros aspectos importantes sobre a mente. Um dos motivos para essas controvérsias é a chamada *crise de replicabilidade*, que assola, entre outras áreas, a psicologia. Trata-se da constatação de que muitas conclusões da psicologia são baseadas em estudos insuficientes e generalizações apressadas desses resultados. Para agravar o ponto, tentativas de replicar (repetir) tais estudos, para confirmar os resultados anteriores, não raro falham.

Em um estudo surpreendente, publicado pelo aclamado periódico científico *Science* (Open Science Collaboration, 2015) e realizado pelo esforço conjunto de 270 pesquisadores, testou-se a replicabilidade dos resultados de 100 estudos em psicologia cognitiva e social (ou seja, o quanto seus resultados se confirmariam em novos estudos). Entre 36% e 47% dos estudos concordaram, em seus resultados, com os estudos originais, a depender do quão permissivo era o critério de concordância. Os estudos em psicologia cognitiva se saíram melhor quanto à replicabilidade do que os em psicologia social.

Trazendo à tona um exemplo entre os temas de interesse deste livro, e que comentamos anteriormente, o famoso psicólogo social Daryl Bem (2011) publicou os resultados de nove estudos sobre precognição (a apreensão cognitiva do futuro) e premonição (a apreensão afetiva do futuro), com o balanço final favorável à existência de processos anômalos dessa natureza. O artigo chamou a atenção também por vir de um pesquisador bastante conhecido em áreas mais "convencionais", o que inspirou tentativas de replicação que, em boa parte, não se mostraram bem-sucedidas. Inspirados pela controvérsia reaquecida pelos estudos de Bem sobre temas paranormais, Makel, Plucker e Hegarty (2012) realizaram uma extensa metanálise dos estudos em psicologia publicados desde 1900 em 100 periódicos de alto impacto. Como um dos surpreendentes resultados, apenas 1,07% deles eram replicações, deixando os outros 98,93% como estudos que não tiveram a oportunidade de ter seus resultados rigorosamente confirmados. Tudo isso levanta uma bandeira de alerta quanto à confiabilidade de incontáveis estudos e quanto àquilo que realmente sabemos sobre a realidade.

Interessa-nos que os resultados ligados direta ou indiretamente a crenças e EAs na literatura psicológica participam das controvérsias em torno da replicabilidade, inspirando-nos cuidados adicionais no que se refere a seu caráter intrinsecamente controverso. Além disso, talvez o caráter fronteiriço dessas "pesquisas anômalas" tenha particular poder para esclarecer pontos difíceis da questão, como quando os pioneiros da psicologia estudaram o desconhecido fenômeno da dissociação por meio de médiuns. Recordando-nos das críticas ao campo, talvez os pretensos problemas metodológicos da pesquisa psi (que usa os mesmos métodos e as mesmas técnicas da mais robusta ciência) acabem por possibilitar a descoberta de problemas fundamentais do método científico que ainda não são claros, permitindo a melhoria geral da ciência em médio e longo prazos, talvez contornando, por fim, os problemas de replicabilidade que agora enfrentamos.

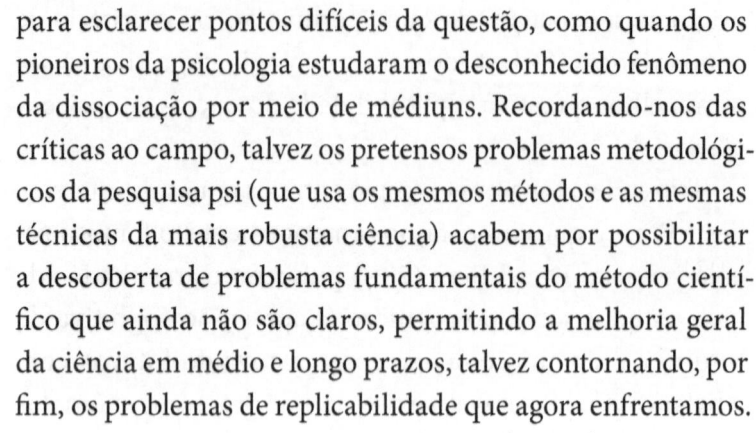

Por isso, as EAs não apenas são objeto de controvérsias, mas fazem parte de um universo maior de polêmicas da ciência, tendo potencial, inclusive, para ser parte efetiva das soluções.

Síntese

Neste capítulo, complementamos que a psicologia anomalística é, antes de tudo, parte da psicologia. Ambas se influenciaram mutuamente desde sempre, tanto que, como indicamos, diversos componentes da psicologia como um todo tiveram suas origens associadas ao estudo do anômalo. Ao mesmo tempo, a psicologia anomalística se vale de métodos e teorias da psicologia em geral para compreender seu objeto de estudo.

Abordar a psicologia anomalística significa trazer à tona também toda a história da psicologia, seus objetos de estudo convencionais, os métodos clássicos de pesquisa etc. Por isso, a psicologia anomalística tem sua aparente marginalidade alicerçada não em seu mérito ou em sua cientificidade, mas no desconhecimento de profissionais e do grande público, aliada a estereótipos irrefletidos sobre o que é ou não ciência.

Como costuma dizer em suas aulas o professor Wellington Zangari, da Universidade de São Paulo (USP), tantas vezes citado neste livro, "proximidade não é o mesmo que identidade". Em outras palavras, ter alguma proximidade de pessoas e temas ligados ao sobrenatural, ao paranormal e, até mesmo, à pseudociência (proximidade que acontece ao estudarmos esses assuntos) não significa que a psicologia anomalística (e a psicologia da religião) sejam pseudociência, misticismo, religião ou algo parecido. Conforme demonstramos ao longo do capítulo, a identidade da psicologia anomalística é científica, algo legitimado tanto pelo uso de teorias e métodos científicos quanto pela clara delimitação de objetos de estudo também passíveis de investigação científica pela psicologia em geral: pessoas, relatos, subjetividade e crenças. Portanto, a psicologia anomalística pode estudar esses temas sem deixar de ser ciência.

Atividades de autoavaliação

1. Sobre a relação histórica entre psicologia anomalística e psicologia, assinale a alternativa correta.
   a) Pesquisa psíquica é o nome atual da modalidade de pesquisa sobre fenômenos psi.
   b) O estudo de temas tradicionais da psicologia convencional, como dissociação e processos cognitivos inconscientes, começou com o estudo científico de médiuns no século XIX.
   c) As pesquisas sobre hipnose (mesmerismo) seguiram caminhos totalmente separados em relação às pesquisas sobre experiências espirituais.

d) A grande cisão entre a pesquisa psi e a psicologia convencional começou porque os grandes nomes da psicologia do passado (como Freud e William James) repudiavam estudos sobre questões espiritualistas.
e) A psicologia anomalística é a pseudociência da psicologia.

2. Sobre a relação entre psicologia social e psicologia anomalística, assinale a alternativa correta.
   a) A psicologia anomalística é uma subárea da psicologia, assim como a psicologia do esporte e a psicologia do desenvolvimento.
   b) A psicologia anomalística tem um referencial teórico específico, o que a distingue em relação a outras áreas da psicologia, incluindo a psicologia social.
   c) A relação entre experiências anômalas (EAs) e psicologia social é unidirecional: o imaginário coletivo, as crenças socialmente partilhadas e demais temas de ordem social causam EAs.
   d) No Brasil, a psicologia anomalística em associação com a psicologia social ainda se encontra em estágio embrionário em comparação com os demais países.
   e) Como as EAs são profundamente individuais, a psicologia anomalística não tem relação com a psicologia social.

3. No que se refere à relação entre psicologia anomalística e psicologia da religião, analise as afirmações a seguir e assinale V para as verdadeiras e F para as falsas.

( ) Experiências anômalas (EAs) e experiências religiosas são sinônimos.

( ) As pesquisas mostram, de modo consistente, que pessoas que apresentam alto nível de crença religiosa também apresentam alto nível de crença paranormal tradicional.

( ) Experiências anômalas e religiosas podem compartilhar tanto características quanto interpretações, embora isso não seja obrigatório.

( ) Vertentes religiosas se aproveitaram da parapsicologia para defender seus pontos de vista e atacar perspectivas contrárias, exemplificando como a relação entre as áreas transcende a esfera individual e atinge a dimensão cultural.

Agora, assinale a alternativa que apresenta a sequência correta:

a) V, F, F, V.
b) F, V, F, F.
c) V, V, V, F.
d) F, F, V, V.
e) F, F, F, V.

4. Sobre a psicologia anomalística na literatura psicológica, assinale a alternativa correta.
   a) A literatura psicológica convencional atual não aborda a psicologia anomalística, o que faz com que os avanços dessa área somente possam ser encontrados em obras próprias e em periódicos altamente especializados.
   b) O presente desinteresse da psicanálise por experiências anômalas (EAs) decorre, antes de tudo, do desinteresse que Freud nutria pelo tema.
   c) Sem o estudo psicológico das EAs, a psicologia, na condição de ciência, não teria avançado, ao menos não com a velocidade com que o fez, em temas fundamentais como a mente inconsciente, a dissociação, entre outros.
   d) A exclusão metodológica do transcendente diz respeito à conclusão das pesquisas em psicologia anomalística de que fenômenos sobrenaturais não existem.
   e) A exclusão metodológica do transcendente é uma desculpa da psicologia para não aceitar o sobrenatural.

5. Em relação às controvérsias que envolvem a psicologia anomalística, é correto afirmar que:
   a) as experiências motivam uma relação ambígua e inconsistente de muitas pessoas em relação à ciência. Ora os sujeitos se valem da ciência para confirmar suas convicções sobre o paranormal, ora a atacam quando ela se posiciona contrariamente a algum aspecto de suas crenças.

b) se a controvérsia a respeito da existência ou não de fenômenos anômalos não está sanada, ao menos é consenso no campo que traços de personalidade dos protagonistas não podem explicar os episódios ou parte deles.
c) ainda que não se possa afirmar o mesmo sobre outras categorias de experiências anômalas (EAs), os resultados das pesquisas psi permitiram o consenso científico sobre a existência de percepção extrassensorial (PES) e psicocinese (PK).
d) se não existissem os resultados contraditórios da psicologia anomalística, a psicologia, em geral, não sofreria com problemas de replicabilidade em seus estudos.
e) a psicologia da religião foi criada para ajudar a resolver as controvérsias da psicologia anomalística em relação à religião.

Atividades de aprendizagem

Questões para reflexão

1. Caso você tenha cursado Psicologia (ou esteja cursando), algum professor abordou diretamente as crenças e experiências anômalas e/ou religiosas? Caso a resposta seja sim, com que frequência isso aconteceu? Na eventualidade de você nunca ter cursado Psicologia, tente conceber as respostas com base em seu conhecimento de campo. O que tais respostas lhe dizem sobre o modo como os profissionais e acadêmicos próximos a você e à sua universidade de referência enxergam o tema?

2. Diante de tantas controvérsias, por que não deixar o campo do paranormal e do sobrenatural integralmente sob responsabilidade da religião, do misticismo e de correntes afins? Por que a ciência deveria se ocupar dessas questões, ainda mais quando se considera a "exclusão metodológica do transcendente"? Em sua opinião, a ciência deveria tomar para si esses objetos de estudo e ser combativa com relação à religião e ao misticismo? Tente fundamentar suas opiniões também no que você leu até aqui e compare com suas impressões sobre o mesmo tema antes de ter contato com a psicologia anomalística.

Atividade aplicada: prática

1. Vimos ao longo do livro que nossas crenças e expectativas acabam por modelar ou, no mínimo, influenciar o modo como acolhemos ou rejeitamos as pesquisas sobre temas contraintuitivos e/ou extraordinários, como as experiências anômalas (EAs). Ao ler sobre os resultados das pesquisas sobre psi, por exemplo, podemos nos sentir bastante convencidos da realidade da percepção extrassensorial (PES) e da psicocinese (PK), caso tenhamos o mínimo de simpatia ou de abertura mental para o tema, ou podemos cogitar incontáveis possibilidades (algumas razoáveis, outras não) para que esses resultados não sejam confiáveis. Você, como leitor, tende a ser refém do mesmo viés. É bastante possível até que você pense que, diferentemente dos demais, é imune a tais vieses. Essa tendência humana em considerar que apenas os outros

são vulneráveis ao engano é conhecida na psicologia como *viés do ponto cego*. De qualquer modo, sugerimos um interessante experimento para que você verifique o quanto o fenômeno descrito anteriormente é poderoso: mostre os resultados das pesquisas psi contidos neste livro para algumas pessoas com perfis distintos (de parentes mais velhos e idosos a adolescentes, de céticos a crentes) e observe suas reações. Estimule-as por meio do debate.

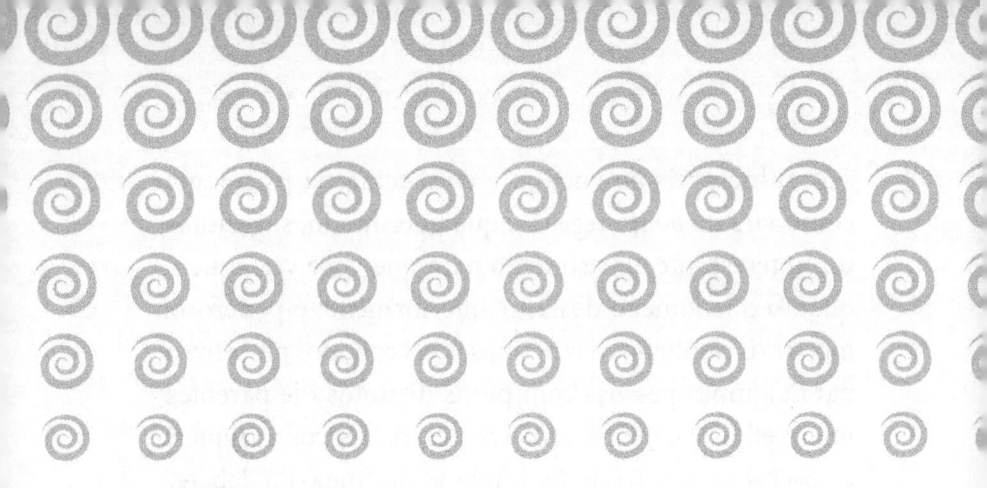

6
Diagnóstico diferencial entre experiências anômalas e/ou espirituais e transtornos mentais

Apesar da complexidade da questão vista até aqui, a qual sugere que as experiências anômalas (EAs) não podem ser explicadas de modo simplista, é comum no cotidiano da cultura – e até mesmo entre profissionais da saúde – a consideração de que pessoas que alegam episódios dessa natureza têm algum transtorno mental. Ao longo da história, inclusive no período de nascimento e de consolidação da psicologia e da psiquiatria, tal tendência à patologização já se fazia presente (Maraldi, 2014). Embora uma parcela de nós já esteja atualmente sensibilizada para a complexidade das EAs, ainda assim o viés da patologização pode se fazer presente. Para constatar isso, basta você imaginar sua reação, leitor, diante de um cliente que surge no consultório psicológico ou médico alegando que, ao sair de um banheiro público, percebeu que estava em outra dimensão, habitada por entidades que pareciam seres humanos, mas que não o eram. Os seres ali viventes, ainda segundo o relato, têm olhos completamente negros (inclusive na parte que corresponde à esclera) e são hostis aos humanos. Após peregrinar por aquela dimensão paralela por horas, o cliente consegue retornar à nossa dimensão entrando e saindo do banheiro novamente. Ainda que essa história seja bizarra e tentadoramente sugestiva de patologia, ela se insere em um conjunto de outras parecidas que vêm se acumulando nos últimos anos, a ponto de, nas redes sociais, tal dimensão paralela já até possuir um nome: Setealem.

As perguntas que naturalmente se seguem são: Existe alguma relação entre EAs e transtornos mentais? Se sim, qual é essa relação? Como diferenciar sintomas de transtornos mentais e de EAs saudáveis? Tentaremos responder a essas perguntas a seguir.

6.1
Experiências anômalas (EAs): peculiaridades e psicopatologias

Como mencionamos, EAs podem ser muito estranhas, inspirando atitudes de estranhamento e patologização. Contudo, há um conceito que busca discriminar justamente os detalhes dessa questão: a **peculiaridade**. Trata-se de uma variável multidimensional no domínio das diferenças individuais (algo próximo a características de personalidade), que contempla crenças, experiências e percepções da realidade.

Como ocorre nos demais domínios no campo das diferenças individuais, a peculiaridade é um *continuum*, variando entre níveis altos e baixos conforme cada sujeito. Indivíduos com alta peculiaridade tendem a apresentar percepções e ideias que se aproximam de alucinações e delírios, sendo clinicamente significativos. Já pessoas com baixa peculiaridade tendem a não reportar experiências estranhas, tampouco ter crenças e visões de mundo destoantes daquilo que predomina em sua cultura (Kerns et al., 2014).

Perceba que uma alta peculiaridade não implica automaticamente na presença de um transtorno mental, embora deva ser levada em consideração em uma avaliação clínica mais ampla e meticulosa. Além disso, como se trata de um *continuum*, passamos a compreender que um significativo número de pessoas – possivelmente, até a maioria de nós – se encontra em pontos intermediários dessa escala, podendo experimentar experiências e visões de mundo incomuns com naturalidade e sem um componente patológico obrigatório.

Em outras palavras, diferentemente do que é visto na perspectiva patologizante, experiências e ideias incomuns não são algo que os indivíduos têm (portadores de transtorno) ou não têm (pessoas saudáveis). É bastante possível que a consideração dessas características individuais distribuídas em um *continuum* torne mais compreensível a elevada prevalência das EAs em todas as culturas humanas estudadas a respeito, como vimos ao longo deste livro.

6.2
Experiências anômalas (EAs) e transtornos mentais

Como é possível perceber, crenças e EAs não pertencem, obrigatoriamente, ao universo da patologia. Contudo, é possível que casos pontuais, ou mesmo categorias inteiras de alguma EA específica, relacionem-se ou dependam de transtornos mentais. Afinal, se temas corriqueiros podem ser objeto de delírios e alucinações, o mesmo pode ocorrer com entidades ditas sobrenaturais, capacidades psi e temas afins.
Kerns et al. (2014) apontam quatro formas pelas quais EAs e transtornos mentais podem se relacionar:

1. **sobreposição**, que ocorre quando EAs e transtornos apenas compartilham elementos, como ver vultos ou ouvir vozes, sem que uma relação causal seja clara;
2. **EAs** podem favorecer a ocorrência de transtornos mentais, como quando motivam ou impulsionam quadros de ansiedade ou desorganizam a vida das pessoas envolvidas;

3. **transtornos mentais** podem originar EAs, como quando alucinações são entendidas como o testemunho da presença de seres sobrenaturais;
4. **outras variáveis** podem ser responsáveis tanto por transtornos psicológicos quanto por EAs, como ocorre com alguns traços de personalidade e traumas infantis;
5. **coexistência**, de modo independente, entre EAs e transtornos mentais, como quando, entre tantos exemplos, alguém com determinado transtorno observa um óvni no céu noturno junto com outras pessoas, que também conseguem vê-lo (Martins, 2015, p. 66).

Para facilitar a visualização, as cinco possibilidades descritas anteriormente poderiam ser graficamente representadas pela Figura 6.1.

Figura 6.1 – Relações entre EAs e transtornos mentais

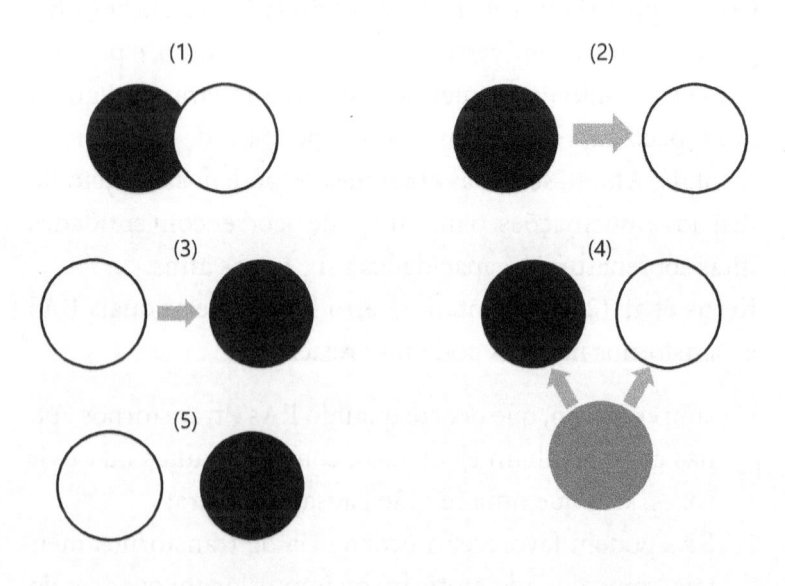

Na Figura 6.1, a cor preta representa as EAs, ao passo que a cor branca representa algum transtorno mental e a cor cinza, alguma variável adicional que pode influenciar o quadro, como traços de personalidade ou peculiaridade.

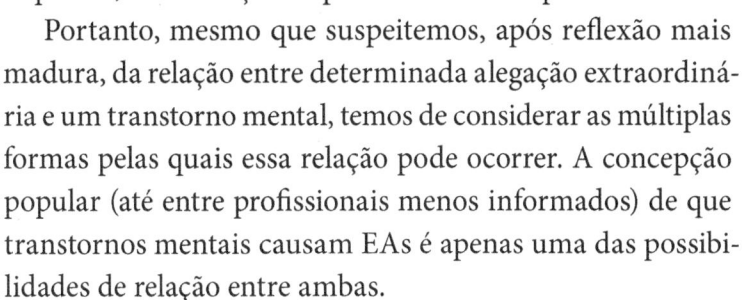

Portanto, mesmo que suspeitemos, após reflexão mais madura, da relação entre determinada alegação extraordinária e um transtorno mental, temos de considerar as múltiplas formas pelas quais essa relação pode ocorrer. A concepção popular (até entre profissionais menos informados) de que transtornos mentais causam EAs é apenas uma das possibilidades de relação entre ambas.

6.3
Problemas religiosos ou espirituais no Manual Diagnóstico e Estatístico de Transtornos Mentais da Associação Americana de Psiquiatria

O *Manual Diagnóstico e Estatístico de Transtornos Mentais* da Associação Americana de Psiquiatria, mais conhecido como DSM (sigla derivada do nome em inglês *Diagnostic and Statistical Manual of Mental Disorders*), encontra-se em sua quinta edição – DSM-V (APA, 2014). A obra é o maior guia de referência em diagnóstico de transtornos mentais do mundo, servindo de orientação a psiquiatras, psicólogos e profissionais afins de todo o mundo ao reunir o que há de "consensual" (ao menos de maneira ideal) no momento em relação a transtornos mentais dentro da comunidade científica organizada em torno da Associação Americana de Psiquiatria.

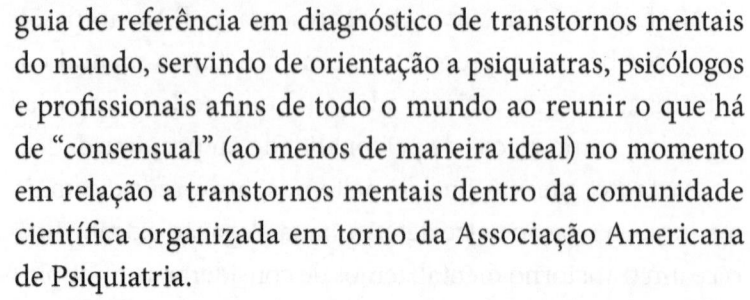

Dada a existência de tantos pontos sensíveis e que necessitam de mais pesquisas na área de transtornos mentais, o DSM não está livre de controvérsias. Ainda assim, seu conteúdo não pode ser ignorado. Diante disso, abordaremos brevemente um dos eixos temáticos desse manual, os **problemas religiosos ou espirituais**, que são de suma importância à discussão deste capítulo.

O que o DSM considera como problemas religiosos ou espirituais inclui – mas não se limita a – experiências estressantes associadas à perda ou ao questionamento da fé, à mudança de religião e ao questionamento de valores espirituais (APA, 2014). O texto não desenvolve essas questões por ter outro objetivo: em vez de discutir teoricamente o ponto, pretende fornecer uma taxonomia dos transtornos mentais, isto é, uma classificação sobre a qual pairou algum consenso. Em outras palavras, o DSM é um texto prático. Assim, o profissional clínico pode ter um parâmetro concreto para classificar o que encontra no consultório, o que permite (ao menos idealmente) que tratamentos padronizados sejam aplicados.

Ao menos alguns pontos podem ser levantados em relação a nosso tema central de interesse. A seção de "Problemas Religiosos e Espirituais" não aborda EAs, embora não se feche a tal possibilidade de associação temática, já que os exemplos de problemas ali apresentados não se pretendem exaustivos. Por outro lado, é interessante notar que até questões cotidianas ligadas a crenças religiosas e espirituais são reconhecidas como potencializadoras de problemas psiquiátricos. Com base nisso, podemos nos sensibilizar ainda mais quanto ao potencial das EAs – as quais, a princípio, podem ser muito mais impactantes, em razão de sua estranheza – para se associar a transtornos mentais diversos.

> **Importante!**
> ••••••••••••••••••••••••••••••••••••••
> Outro ponto interessante é a associação dos problemas religiosos e espirituais ao estresse, o que inclui angústia, ansiedade e experiências afins. Portanto, quando nos referimos a problemas psicológicos relacionados a experiências religiosas e espirituais, estamos considerando não apenas alucinações e delírios, mas também transtornos de ordem emocional.

Se a categoria específica de problemas religiosos e espirituais do DSM não aborda diretamente as EAs, podemos observar o ponto ser brevemente tratado em outros trechos do manual. O texto é sensível à importância de não se patologizar apressadamente pessoas com ideias não convencionais (incluindo espirituais e extraordinárias), em virtude da influência da cultura em geral e de grupos religiosos em particular (APA, 2014). Entre os exemplos, é citada uma condição chamada *Maladi moun*, um conceito popular em comunidades haitianas para problemas psicológicos e afins causados em uma pessoa por outras que lhe tenham inveja (APA, 2014). Algo próximo em nossa cultura seria o "mal olhado", que, de certa maneira, se relaciona ao universo das EAs por ser a influência de alguém sobre outra pessoa por uma via alheia aos sentidos e forças físicas convencionais.

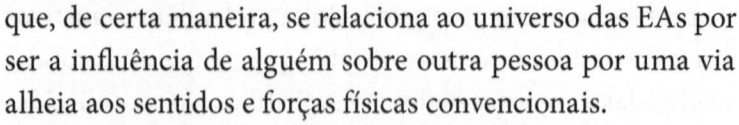

Em linguagem parapsicológica, poderíamos mesmo aproximar o manual da bio-PK, que vimos anteriormente neste livro. O texto também trata de sintomas psicopatológicos que podem se associar a alegações extraordinárias, como ouvir vozes e ver coisas que as demais pessoas não conseguem perceber, entre outros já conhecidos da psiquiatria.

O ponto fundamental, talvez, seja perceber que o DSM (e a comunidade médica, por extensão) está progressivamente sensibilizado às nuances das experiências humanas extraordinárias e combatendo a patologização automática desses casos.

6.4
Experiências psicóticas/ anômalas em populações não clínicas

Como mencionamos, populações não clínicas (ou seja, as pessoas que não têm transtornos mentais) reportam EAs com considerável frequência, o que é particularmente verdadeiro no Brasil. Além disso, no dia a dia, as EAs podem ser decisivamente influenciadas por processos individuais, culturais e biológicos, como transliminaridade, peculiaridade, vieses cognitivos, traços de personalidade e imaginário coletivo.

Nesse sentido, também podemos destacar a participação em rituais, em grupos e em culturas que valorizam e promovem tais experiências. Além disso, como vimos, as EAs podem coexistir de cinco modos distintos com transtornos mentais no cotidiano de seus protagonistas. Um dos cenários resultantes dessa mistura é a significativa prevalência e a importância de tais experiências para populações não clínicas.

Um elemento adicional a esse quadro já estabelecido permite compreender com mais profundidade a questão, pois adiciona o elemento das experiências psicóticas. *Psicose* é um termo genérico e de uso histórico para reunir transtornos que têm em comum algum nível de desconexão com a realidade consensual, como a esquizofrenia, o transtorno esquizoafetivo e o transtorno bipolar. Em termos práticos, essa desconexão é representada por alucinações e delírios, os chamados *sintomas positivos* (pois acrescentam elementos à experiência do sujeito).

Outro elemento fundamental para caracterizar um transtorno mental é a desadaptação pessoal no cotidiano. Trata-se de um conjunto de elementos que costuma prejudicar o dia a dia do indivíduo diagnosticado com um transtorno psicótico, não bastando, portanto, que ele tenha experiências e ideias não convencionais (Menezes Júnior; Moreira-Almeida, 2009; Cardeña; Moreira-Almeida, 2011). Tal prejuízo costuma ocorrer em virtude de outros sintomas que acompanham a experiência da pessoa, como a redução dos afetos e a dificuldade de realizar atividades normais, os chamados *sintomas negativos* (pois retiram elementos, como ao diminuir a capacidade de pensar de modo organizado e de interagir socialmente).

Esse conjunto de características comuns aos transtornos psicóticos é, por vezes, chamado *esquizotipia*. Contudo, uma parcela da população geral apresenta tipicamente apenas os sintomas positivos da esquizotipia, sem experimentar, ao menos de modo consistente, os sintomas negativos. Na prática, isso significa que tais indivíduos tendem a ver e a ouvir coisas que as demais pessoas não veem ou ouvem, além de ter ideias não convencionais, mas sem que isso implique em prejuízo significativo em sua vida. Elas se encontram usualmente bem adaptadas ao convívio social e ao trabalho, e têm senso crítico em relação às suas experiências incomuns. Esse perfil, que somente nas últimas décadas tem sido estudado de modo consistente, é chamado *esquizotipia saudável* (ou *esquizotipia benigna*, ou, ainda, *esquizotipia feliz*). Como você já deve ter imaginado, a esquizotipia benigna apresenta relação direta com a propensão para reportar EAs (McCreery; Claridge, 2002).

É fundamental, entretanto, compreender que as EAs e as experiências psicóticas em populações não clínicas **não são sinônimos obrigatórios**. Alucinações e crenças que envolvam entidades fantasmagóricas, alienígenas e temas afins, além de crenças não convencionais associadas a esses assuntos, podem ser facilmente entendidas por seus protagonistas como EAs, algo que corrobora o que indicamos na Seção 6.2.

Porém, se as alucinações e os delírios tiverem como pano de fundo temas mais convencionais, como delírios de grandeza ou a audição de vozes que o protagonista compreende como vindos de sua própria mente ou de pessoas cochichando ao seu redor, não temos motivo para considerá-las como EAs. Ainda assim, nosso entendimento sobre EAs se aprofunda ao compreendermos as origens e as características de sintomas psicóticos em geral.

6.5
Diretrizes para o diagnóstico diferencial

Diagnóstico diferencial é um termo clínico de aparência complexa, mas seu significado é simples de compreender. Trata-se do trabalho técnico-científico de distinguir algo que está sendo avaliado em relação a outras coisas parecidas. Em nosso caso, o diagnóstico diferencial permitiria justamente distinguir EAs saudáveis e transtornos mentais de conteúdo religioso/espiritual. Ou seja, ao discutir diagnóstico diferencial aplicado a esse caso, buscamos responder à questão: Como reconhecer o que é saudável ou não? Se alguém ouve vozes e se diz médium, por exemplo, como saber se isso se deve a uma esquizofrenia ou não?

Estudos têm sido feitos para reconhecer a diferença entre experiências incomuns saudáveis e patológicas. Menezes Júnior e Moreira-Almeida (2009) realizaram uma extensa revisão da literatura científica exatamente sobre esse tema, derivando daí nove critérios que distinguiriam experiências saudáveis e patológicas com conteúdo extraordinário/anômalo/espiritual. Tais critérios deveriam ser verificados no estudo de cada caso e de cada testemunha envolvida diretamente, caso seja interessante e pertinente verificar a eventualidade de um transtorno mental subjacente.

Os critérios que distinguem as experiências saudáveis das patológicas são (Menezes Júnior; Moreira-Almeida, 2009):
1. **Ausência de sofrimento psicológico persistente ou resistente às tentativas de resolução da pessoa**: transtornos mentais tendem a causar sofrimento persistente. EAs saudáveis, ao contrário, tenderiam a não causar sofrimento, ou a causá-lo de modo passageiro. Como vemos no cotidiano, indivíduos que têm experiências como mediunidade, experiências fora do corpo (EFC) etc. costumam ter uma vida relativamente tranquila, como a maioria de nós.
2. **Ausência de prejuízos sociais e ocupacionais persistentes**: este item é um desdobramento do anterior. Enquanto pessoas portadoras de algum transtorno mental tendem a ter dificuldades práticas e de convívio social no dia a dia, indivíduos saudáveis que têm EAs tendem a se encontrar bem organizados social e ocupacionalmente. Ou seja, tais sujeitos conseguem se organizar, trabalhar e manter laços sociais de forma análoga à maneira que a maioria de nós consegue.
3. **As experiências saudáveis têm duração relativamente curta e ocorrem episodicamente**: EAs saudáveis tendem a ocorrer de modo pontual e rápido, o que difere bastante de experiências patológicas verificadas em transtornos como a esquizofrenia. No caso patológico, as experiências são invasivas, persistentes e inoportunas.
4. **Atitude crítica preservada com relação à realidade "objetiva" das experiências e às reações das demais pessoas**: indivíduos saudáveis que têm EAs costumam ser bastante cuidadosos e, até mesmo, críticos com relação àquilo que vivenciaram. Provavelmente todos os pesquisadores do campo estão acostumados a ser inquiridos pelos próprios

protagonistas dos episódios que investigam a respeito de sua saúde mental: estariam "loucos"? Por outro lado, portadores de transtornos mentais do grupo das psicoses costumam ter aquilo que é chamado de *certeza psicótica*, ou seja, a convicção inabalável de que suas alucinações e delírios são reais.

5. **Compatibilidade da experiência com um grupo cultural ao qual o protagonista pertence**: EAs como mediunidade, EFC, contatos com alienígenas, entre outras, tendem fortemente a ecoar o que é esperado em cada cultura. Vimos isso anteriormente, quando discutimos o conteúdo de alucinações hipnagógicas e hipnopômpicas. Cartas mediúnicas são muito parecidas entre si, assim como aparições de anjos e santos católicos, experiências de quase morte (EQM), viagens astrais etc., ecoando no contexto em que ocorrem. Evidência adicional disso surge quando, por exemplo, comparamos EAs de determinada categoria em diferentes culturas, pois somente assim elas passam a apresentar características distintas: quando comparadas (Maraldi, 2014; Martins, 2015). Já as experiências patológicas costumam ser altamente individuais, ao menos em seus detalhes, o que confere aos episódios um caráter um tanto "bizarro" e desajustado às circunstâncias em que ocorrem.

6. **Ausência de comorbidades**: comorbidades são transtornos, síndromes ou sintomas que acompanham um quadro patológico já existente. Transtornos mentais, não raro, apresentam comorbidades, de modo que sintomas psicóticos, por exemplo, podem ser acompanhados de quadros de ansiedade, depressão etc. Já as EAs saudáveis não costumam vir acompanhadas desses transtornos "paralelos".

7. **Controle sobre as experiências:** alucinações e outras experiências patológicas costumam escapar completamente ao controle (consciente ou inconsciente) de seu protagonista, ocorrendo em momentos inoportunos e com duração comprometedora. Já as experiências saudáveis, com exceções pontuais (por exemplo, as abduções por alienígenas), tendem a ocorrer de modo harmônico ao contexto e em momentos oportunos, com duração adequada. Como exemplo, consideremos as vivências mediúnicas: é típica uma sequência de preparações para o transe mediúnico, incluindo orações, danças e o posicionamento em uma mesa (a depender da religião em pauta).
8. **Crescimento pessoal:** EAs tendem a representar acréscimos à vida dos envolvidos, auxiliando-os a ressignificar a vida e a lidar com questões cotidianas. Caso tais episódios não tenham tamanha repercussão, ao menos podem representar curiosidades interessantes e um convite à abertura mental para outras possibilidades. As experiências patológicas, ao contrário, costumam significar prejuízo pessoal e diminuição da capacidade geral do funcionamento psicológico dos envolvidos.
9. **Atitude de ajuda aos outros:** não raro, os acréscimos à vida dos protagonistas de EAs incluem um aumento da disposição a atitudes mais humanistas e solidárias, como se a vida tivesse adquirido, a partir dali, uma conotação mais universalista. Isso coloca as experiências, portanto, como socialmente construtivas. Enquanto isso, experiências patológicas costumam motivar o indivíduo a dificuldades de convivência e ao isolamento social.

Em estudo posterior, Cardeña e Moreira-Almeida (2011) acabaram por reforçar as conclusões anteriores com uma nova revisão da literatura a esse respeito, com ênfase, dessa vez, em populações latino-americanas. Os citados autores concluíram também que a maioria das experiências espirituais (em torno de 90%) não tem relação com transtornos de natureza psicótica, ainda que envolvam episódios dissociativos e psicóticos sem contornos patológicos (ou seja, a já mencionada esquizotipia saudável).

Mais tarde, Menezes Júnior, Alminhana e Moreira-Almeida (2012) concentraram seu estudo em uma amostra de 115 pessoas que procuraram auxílio em centros espíritas em Juiz de Fora (Minas Gerais), em razão de EAs de aparência psicótica e/ou dissociativa. Ao aplicarem os critérios anteriormente apresentados nesses participantes, concluíram que apenas alguns deles se mantiveram adequados (ausência de prejuízos sócio-ocupacionais, duração curta, ocorrência episódica e natureza final benéfica), ao passo que os demais não encontraram repercussão na amostra investigada. Especialmente as questões do sofrimento emocional e da falta de controle voluntário se fizeram presentes entre os participantes investigados.

Podemos notar, contudo, que as pessoas que compuseram a amostra desse estudo procuravam ajuda nos centros espíritas, o que aponta, ao menos, dois aspectos relevantes: (1) elas se encontravam sob dificuldades emocionais, o que sugere que patologias possivelmente se faziam presentes; e (2) elas possivelmente não são representativas do universo maior de protagonistas de EAs.

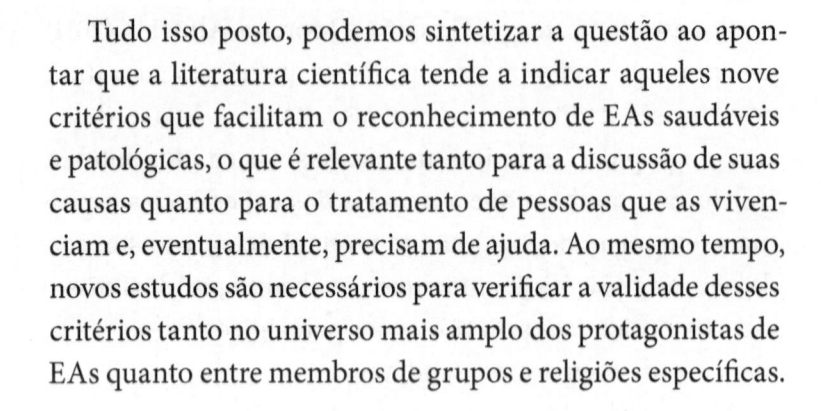

Tudo isso posto, podemos sintetizar a questão ao apontar que a literatura científica tende a indicar aqueles nove critérios que facilitam o reconhecimento de EAs saudáveis e patológicas, o que é relevante tanto para a discussão de suas causas quanto para o tratamento de pessoas que as vivenciam e, eventualmente, precisam de ajuda. Ao mesmo tempo, novos estudos são necessários para verificar a validade desses critérios tanto no universo mais amplo dos protagonistas de EAs quanto entre membros de grupos e religiões específicas.

6.6
Experiências anômalas (EAs) e/ou espirituais e transtornos mentais: contribuições da psicologia social

A psicologia social, como mencionamos, é a área da psicologia que estuda as crenças, os comportamentos, as emoções e demais manifestações do indivíduo diante da presença real ou imaginada de outras pessoas. Encaixam-se nessa categoria de interesses, portanto, as crenças e as EAs que os indivíduos têm, as quais costumam refletir o contexto cultural em que eles se encontram.

Ao mesmo tempo, a psicologia social estuda fenômenos grupais em si, como crenças e imaginário compartilhado, rituais, comportamento de grupo etc. Também aqui encontramos conexão com o tema de interesse deste livro, pois muitas crenças e EAs são fenômenos de grupo, ocorrendo como parte fundamental de determinadas práticas/ ocasiões coletivas e rituais (a sessão mediúnica, por exemplo, é um ritual).

O mesmo ocorre com transtornos mentais, que também detêm um componente cultural fundamental, tanto em seu reconhecimento quanto em suas características. Quanto ao reconhecimento, certas condições são compreendidas como patológicas ou não, a depender do momento histórico e do local, como os conhecidos exemplos da epilepsia e da esquizofrenia sendo considerados dons espirituais em diferentes momentos da história.

No entanto, mesmo as características dos transtornos podem sofrer influência fundamental da cultura. Watters (2010) analisa o que ele chama de *americanização dos transtornos mentais*, isto é, a tendência alienada de reduzir toda a heterogeneidade das manifestações mentais a uma aparente homogeneidade oriunda dos estudos e manuais psiquiátricos norte-americanos. Entre os exemplos dessa variabilidade culturalmente lapidada, ele cita o chamado *zar*, uma condição de tendência patológica própria do Oriente Médio, caracterizada por gargalhadas, gritos e cantos específicos e orientados pela crença na possessão espiritual por entidades com contornos igualmente particulares. Os estudos sobre histeria do início da psicologia (século XIX) tinham como objeto as chamadas *histéricas*, mulheres com episódios de desmaios e paralisias que, atualmente, são dificílimas de encontrar, mas que na época eram abundantes. O transtorno de base (a histeria, ou, em terminologia mais moderna, a *personalidade histriônica*) atualmente se manifesta com outros contornos, pois as expectativas culturais a respeito mudaram (Maraldi, 2014).

Por isso, a psicologia social tem muitas contribuições a prestar no estudo da interface entre transtornos mentais e EAs, ao permitir a discriminação cuidadosa do quanto a interação entre as pessoas afeta a forma e o conteúdo dos episódios, e o quanto isso pesa em seu desfecho saudável ou patológico.

Síntese

Neste capítulo, demonstramos que a relação entre experiências anômalas (EAs) e patologias mentais é muito intuitiva, o que explica o imaginário a respeito tanto para a população em geral quanto para acadêmicos. Afinal, há uma tendência até mesmo histórica em responsabilizar as pessoas por alegações estranhas. Contudo, conforme indicamos, pesquisas revelam que EAs tendem a ser saudáveis, ainda que casos isolados de patologia possam acontecer. Isso coloca em xeque aquela patologização tão popular, além de mostrar o caráter não absoluto do que é "inacreditável".

Por fim, abordamos o caráter saudável das EAs, que coexiste com todos os vieses cognitivos e outros fenômenos psicológicos que levantamos ao longo do livro. Isso reafirma que há muito mais possibilidades além da simples dicotomia popular que coloca esses casos como "loucura" ou "realidade". As possibilidades são muitas e estamos apenas começando a entendê-las.

Em comparação com outras ciências, a psicologia e áreas afins são ciências jovens, e seu objeto de estudo é particularmente difícil, pois os fenômenos tendem a não se prestar à observação direta. Enquanto um astrônomo pode apontar um telescópio e observar o espaço sideral, o psicólogo não pode abrir o crânio e observar a mente, a cognição, o inconsciente etc. Tudo isso impõe dificuldades que estamos apenas começando a contornar. Os avanços são lentos, mas prometem ser compensadores.

Atividades de autoavaliação

1. Sobre a relação entre experiências anômalas (EAs) e transtornos mentais, assinale V para as afirmações verdadeiras e F para as falsas.
   ( ) A peculiaridade é um traço individual que varia de pessoa para pessoa, sendo os extremos mais altos dessa tendência sugestivos (ainda que não comprovatórios) de transtornos mentais.
   ( ) A peculiaridade, na condição de traço, permite que ideias e experiências não convencionais ocorram com a maioria das pessoas.
   ( ) A tendência a considerar protagonistas de EAs como portadores de algum transtorno mental existe desde o começo da psicologia e da psiquiatria.
   ( ) Um dos poucos "mitos populares" sobre EAs que se mostrou correto pelas pesquisas é sua associação com transtornos mentais de natureza psicótica, como a esquizofrenia.

Agora, assinale a alternativa que apresenta a sequência correta:

a) V, F, F, V.
b) F, V, F, F.
c) V, V, V, F.
d) F, F, V, V.
e) V, V, F, V.

2. Sobre as experiências anômalas (EAs) e os transtornos mentais, assinale a alternativa **incorreta**.
   a) EAs podem compartilhar características com transtornos mentais sem que isso implique em uma clara relação de causalidade.
   b) Transtornos mentais podem causar EAs, mas não o contrário.
   c) Diversos transtornos mentais e EAs podem ser causados por um terceiro fator, como traços de personalidade.
   d) É possível que uma pessoa tenha transtornos mentais e EAs sem que haja qualquer relação entre ambos.
   e) O estudo das EAs pode contribuir para o entendimento dos transtornos mentais e vice-versa.

3. Sobre o DSM-V, assinale a alternativa correta.
   a) O DSM é um manual prático, de modo que orienta profissionais da saúde a respeito do diagnóstico de doenças, mas não se aprofunda nas sutilezas das experiências religiosas/espirituais.
   b) O DSM-V tem uma seção inteira dedicada às experiências anômalas (EAs).

c) O modo como as experiências espirituais são tratadas no DSM mostra que a comunidade científica ainda não considera o papel do contexto cultural sobre a ocorrência e as características de experiências incomuns.

d) O DSM-V estimula a se patologizar apressadamente e com base em pouca evidência pessoas que alegam EAs.

e) O DSM-V encoraja que os profissionais deixem as experiências espirituais e afins a cargo exclusivo das religiões.

4. Sobre a questão das experiências anômalas (EAs) em populações não clínicas, assinale V para as afirmações verdadeiras e F para as falsas.

( ) EAs e experiências psicóticas em populações não clínicas são equivalentes.

( ) A presença de alucinações e de delírios é suficiente para o diagnóstico de transtornos psicóticos.

( ) A esquizotipia benigna é um modo saudável pelo qual algumas pessoas experimentam a emergência consciente de conteúdos inconscientes, de modo a potencialmente ocasionar EAs.

( ) A esquizotipia se associa a outros conceitos, como a peculiaridade, ainda que não sejam exatamente sinônimos.

Agora, assinale a alternativa que apresenta a sequência correta:

a) V, F, F, V.
b) F, V, F, F.
c) V, V, V, F.
d) F, F, V, V.
e) V, F, V, V.

5. A respeito do diagnóstico diferencial entre experiências anômalas (EAs) saudáveis e transtornos mentais de conteúdo espiritual, podemos afirmar que:
   a) EAs saudáveis tendem a ser longas, duradouras e espontâneas, ocorrendo de modo inesperado no dia a dia.
   b) um dos critérios mais importantes e validados por pesquisas para esse diagnóstico diferencial é a ausência de prejuízos sociais e ocupacionais.
   c) EAs saudáveis não causam sofrimento psicológico, visto que são construtivas.
   d) a certeza subjetiva em relação à veracidade das experiências é um privilégio específico de pessoas com transtornos mentais, sendo conhecida como *certeza psicótica*.
   e) EAs saudáveis tendem a ser espontâneas e sem controle.

6. No que se refere à psicologia social em interface com o estudo de transtornos mentais, assinale V para as afirmações verdadeiras e F para as falsas.

( ) A psicologia social é importante no estudo das experiências extraordinárias porque elas têm importantes componentes culturais.
( ) A cultura afeta o modo como até transtornos mentais básicos, como a esquizofrenia, se manifestam.
( ) As pesquisas norte-americanas sobre transtornos mentais têm se mostrado um excelente critério para avaliar experiências extraordinárias nas mais diversas culturas.
( ) A influência da psicologia social no estudo de experiências anômalas (EAs) e de transtornos mentais pode ser verificada, entre outras ocasiões, pelo crescente cuidado da comunidade psiquiátrica em considerar variáveis culturais.
( ) Os transtornos mentais são invenções culturais movidas exclusivamente pelo interesse na medicalização da população.

Agora, assinale a alternativa que apresenta a sequência correta:

a) V, F, F, V, V.
b) V, F, V, F, F.
c) F, F, V, F, V.
d) F, V, F, F, V.
e) V, V, F, V, F.

Atividades de aprendizagem

Questões para reflexão

1. Você consegue se lembrar de já ter duvidado da sanidade mental de alguém porque a pessoa disse que ouvia espíritos, já viu um disco voador ou algo do universo das experiências anômalas (EAs)? Já presenciou alguém ser ridicularizado e ter sua sanidade posta em dúvida por abordar experiências pessoais desse tipo?

2. Algumas pessoas, especialmente de certos meios religiosos, defendem que a esquizofrenia é, na verdade, uma mediunidade não disciplinada. Em outras palavras, portadores desse transtorno estariam ouvindo e vendo espíritos, e não vozes da própria mente. Considerando o que foi apresentado neste livro sobre transtornos mentais, sobre esquizotipia, transliminaridade, exclusão metodológica do transcendente e navalha de Occam, justifique por que essa hipótese não é popular na comunidade científica.

Atividade aplicada: prática

1. Um dos grandes erros de estudantes de Psicologia nos primeiros anos do curso é "diagnosticar" parentes e amigos com transtornos psicológicos. Cientes disso, desejamos que você, leitor, não cometa o mesmo erro. Contudo, de modo informal e ciente de que diagnósticos reais necessitam da avaliação de profissionais, sugerimos que considere as pessoas com quem conversou anteriormente sobre experiências anômalas (EAs). Recordando o que foi conversado, pergunte-se, principalmente, se as experiências

tinham duração curta, se eram episódicas, se não prejudicavam as atividades sociais e profissionais e se seu saldo final era benéfico ou neutro para essas pessoas. É provável que as EAs de seus amigos e familiares preencham ao menos esses quatro critérios principais. Ademais, caso não preencham, seria interessante conversar com a pessoa sobre a possibilidade de se consultar com um profissional, não necessariamente pela eventualidade de um transtorno, mas porque estaria ocorrendo sofrimento psicológico associado ao tema.

Considerações finais

Neste livro, abordamos uma infinidade de temas relacionados à psicologia anomalística, alguns dos quais talvez você tenha considerado complicados. Ainda assim, optamos por apresentar tamanha densidade por uma razão bastante específica: mostrar o quanto o estudo científico das experiências anômalas (EAs) é complexo, ao contrário do que tantas pessoas parecem pensar.

No dia a dia, as pessoas têm uma infinidade de experiências que parecem ser extraordinárias. Quando pensam em alguém que não veem há muito tempo e justamente essa pessoa telefona quase imediatamente, concluem que houve telepatia. Ao sonharem com um pássaro negro na janela (ou qualquer outro sinal de mau agouro), e, no dia seguinte, um ente querido falece, acreditam que aquele foi um sonho premonitório. Quando abrem os olhos durante a noite, ao se depararem com vultos estranhos ao redor da cama, entendem imediatamente que estão sendo visitados por alienígenas.

Tais conclusões podem até mesmo estar corretas, eventualmente. Contudo, devemos considerar o que vimos até aqui: uma infinidade de explicações mais simples e prosaicas está disponível para cada uma dessas situações, e testar tais hipóteses é um processo imensamente complexo e trabalhoso, que se contrapõe à rapidez e à facilidade com que os indivíduos cotidianamente concluem que viveram algo paranormal ou sobrenatural. Portanto, a densidade deste livro serve como um convite para que você considere, leitor, com mais cuidado, até mesmo, as experiências mais impactantes e aparentemente reais.

O método científico é realmente laborioso e relativamente lento. Conclusões científicas sólidas sobre fenômenos desafiadores como as EAs somente são possíveis após muitas pesquisas – e isso leva tempo. Como demonstramos, as pesquisas experimentais sobre a psi ocorrem desde a primeira metade do século XX e a controvérsia segue acesa. A despeito disso, avanços têm sido conquistados, como o pré-registro das pesquisas *on-line*, para que qualquer um possa consultar seus detalhes, ou o movimento crescente em favor de estudos com equipes que combinem pesquisadores céticos e crentes no paranormal.

Ainda que os cientistas não sejam seres isentos, e que sua posição favorável ou desfavorável ao paranormal seja motivada também por vieses individuais, culturais e históricos, o método científico apresenta um grande ponto forte, que é difícil de encontrar em outros contextos: os mecanismos de autocorreção. Cientistas podem facilmente cometer erros, e esses erros podem perdurar por um tempo relativamente alto. Contudo, a autocorreção mediante a revisão dos estudos por outros cientistas, as replicações cuidadosas, as metanálises, os debates calorosos e, até mesmo, potencialmente ofensivos entre pesquisadores, tudo isso colabora para que os pontos fracos sejam gradativamente superados e as conclusões se tornem cada vez mais sólidas e acabem constituindo, finalmente, avanços reais. Isso justifica todo o trabalho e a complexidade que demonstramos ao longo desta obra.

A ciência avança devagar, mas seus passos são firmes. O clássico *O nome da rosa* (Eco, 1980) tem, em seu primeiro capítulo, uma das passagens mais criticadas da literatura mundial, por descrever com enorme lentidão e detalhismo a subida do personagem pela montanha até chegar ao mosteiro onde a história se desenvolve. Cada pedra e arbusto do caminho são descritos, cada passo é comentado. Ao ser confrontado com tais críticas, o autor do livro, Umberto Eco, teria respondido que aqueles que não tinham paciência para subir a montanha não mereciam entrar no mosteiro. O mesmo vale para a ciência. Sem a paciência necessária para que as pesquisas ocorram, para que os pesquisadores debatam e para que os mecanismos de autocorreção façam seu trabalho, corremos riscos maiores de comprar gato por lebre.

Este livro, portanto, é um discurso de amor pela ciência. Nós, seus autores, nutrimos interesse de longa data por EAs. Ambos já participamos de todo tipo de ritual e prática de alteração de consciência, metemo-nos em grupos religiosos bastante incomuns, dormimos em casas mal-assombradas, fizemos vigílias em regiões ermas repletas de aparições de óvnis etc. Contudo, ao longo do caminho, percebemos que a ciência possibilitava que nossa busca por respostas alcançasse patamares de rigor que eram inéditos. Por isso, decidimos transmitir esse entusiasmo e essas ferramentas a você, leitor interessado pelo extraordinário. Em complemento a esse amor pela ciência, e tendo em vista o senso crítico que nos inspira, particularmente ao refletir sobre nossos naturais e onipresentes enganos, acreditamos que a exploração científica dessa variedade de experiências extraordinárias também amplia as possibilidades de compreensão do ser humano e de suas capacidades.

Se ao menos parte dessas experiências efetivamente se constituir em fenômenos anômalos, como sugerem estudos experimentais avaliados por métodos estatísticos (metanálises), talvez o leque de possibilidades humanas possa ser alargado, bem como os recursos para desenvolvê-lo. Nesse sentido, as pesquisas sobre potenciais aplicações da psi estão na vanguarda, mesmo que, como pode ser depreendido desta obra, ainda esteja em seus primórdios.

Talvez o avanço científico, explorando-se de forma criteriosa, lenta e parcimoniosa tais possibilidades, possa contribuir para a compreensão e o desenvolvimento humano, propondo novas estratégias e olhares.

Lista de siglas

APRU	Anomalistic Psychology Research Unit
ASPR	American Society for Psychical Research (Sociedade Americana para Pesquisa Psíquica)
BL	*Base line* (linha de base)
CA	Cognição anômala
Cars	Childhood Autism Rating Scale (Escala de Classificação do Autismo Infantil)
CD	Cura a distância
CGR	Ciência cognitiva da religião
Cipe	Centro Integrado de Pesquisa Experimental
Clap	Centro Latino-Americano de Parapsicologia
CMM	Centro Médico de Maimônides
COG-R	Grupo de Estudos de Ciência Cognitiva da Religião
CSAPP	Centre for the Study of Anomalous Psychological Processes
DMILS	Direct Mental Interaction on Living Systems (Interação mental direta sobre sistemas vivos)

	DSM	Diagnostic and Statistical Manual of Mental Disorders (Manual Diagnóstico e Estatístico de Transtornos Mentais)
	EAs	Experiências anômalas
	EDA	*Electrodermal activity* (atividade eletrodérmica)
	EEG	Eletroencefalograma
	EFC	Experiências fora do corpo
	EMC	Estados modificados de consciência
	EMG	Eletromiograma
	EP	Efeito pressentimento
	EQM	Experiências de quase morte
	ERD	*Event related desynchronization* (comportamento de dessincronização relacionada ao evento)
	ERP	*Evoked related potentials* (potenciais evocados relatados ao evento)
	FIES	Faculdades Integradas Espírita
	FRNM	Foundation for Research on the Nature of Man (Fundação para Pesquisa da Natureza do Homem)
	GCP	Global Consciousness Project (Projeto da Consciência Global)
	GEA	Gerador de eventos aleatórios (*random event generator* – REG)
	GeHip	Grupo de Estudos de Psicologia da Crença: Hipnose e Estados Alterados de Consciência

Gema	Grupo de Estudos de Psicologia da Crença: Epistemologia e Metodologia de Pesquisa da Crença
Geppapsirel	Grupo de Estudos e Pesquisas em Psicologia da Religião
Gepsirel	Grupo de Estudos de Psicologia da Crença: Psicologia da Religião
Giepar	Grupo Interdisciplinar de Estudos em Psicologia Anomalística e da Religião
Gruppa	Grupo de Pesquisa em Psicologia Anomalística e Processos Psicossociais
Hadd	*Hypersensitive agency detection device* (dispositivo hipersensível de detecção de agentes)
HI	*High* (altas)
Iaps	International Affective Picture System
IBPP	Instituto Brasileiro de Pesquisas Psicobiofísicas
IGPP	Institut für Grenzgebiete der Psychologie und Psychohygiene (Instituto das Áreas Fronteiriças da Psicologia e Saúde Mental)
IlusoriaMente	Grupo de Estudos de Psicologia da Crença: Percepção e Arte Mágica
INPP	Instituto Nacional de Pesquisas Psicobiofísicas
InterPsi	Laboratório de Estudos Psicossociais: Crença, Subjetividade, Cultura & Saúde

Ions	Institute of Noetic Sciences (Instituto de Ciências Noéticas)
IPPP	Instituto Pernambucano de Pesquisas Psicobiofísicas
IRI	International Research Institute
IRMf	Ressonância magnética funcional
JEMCs	Jornadas de Estados Modificados de Consciência
JSPR	*Journal of Society for Psychical Research*
LO	*Low* (baixas)
MEA	Média esperada por acaso
MeditativaMente	Grupo de Estudos de Psicologia da Crença: Práticas Meditativas
NPG	Núcleo de Pesquisa Ganzfeld
PA	Perturbação anômala
Pear	Princeton Engineering Anomalies Research Lab (Laboratório de Pesquisas de Anomalias em Engenharia de Princeton)
PES	Percepção extrassensorial (*extrasensory perception* – ESP)
PK	*Psychokinesis* (psicocinese)
PMIR	*Psi-Mediated Instrumental Response* (resposta instrumental mediada por psi)
PRP	Percepção remota precognitiva
PUC	Pontifícia Universidade Católica

REM	*Rapid eyes movement* (movimento rápido dos olhos)
RNG	*Random-number generator*
RV	*Remote viewing* (visão remota)
Saic	Science Applications International Corporation (Corporação Internacional de Aplicações da Ciência)
sLORETA	*Standardized Low Resolution Electromagnetic Tomography* (tomografia eletromagnética de baixa resolução)
SPR	Society for Psychical Research (Sociedade para Pesquisa Psíquica)
SRI	Stanford Research Institute (Instituto de Pesquisa de Stanford)
UFJF	Universidade Federal de Juiz de Fora
UFPR	Universidade Federal do Paraná
UFRJ	Universidade Federal do Rio de Janeiro
UFSC	Universidade Federal de Santa Catarina
Unepsi	Unidade de Estudos e Pesquisas da Função Psi e Práticas Vivenciais
Unesc	Universidade do Extremo Sul Catarinense
Unicamp	Universidade Estadual de Campinas
Uniceuma	Universidade Ceuma
USF	Universidade São Francisco

⊚	USP	Universidade de São Paulo
⊚	Vipac	Vivências para Autoconhecimento
⊚	VRA	Visão remota associativa
⊚	VRs	Visualizadores remotos

Referências

ADLER, S. R. **Sleep Paralysis**: Night-Mares, Nocebos, and the Mind-Body Connection. New Jersey: Rutgers University Press, 2011.

ALEXANDER, C. **Physiology and Psi**. Durham: Rhine Research Center Class, 29 Jun. 1998. 2 videos 8mm. 120 min.

ALEXANDER, C. et al. EEG and SPECT Data of Selected Subject during Psi Tasks: the Discovery of a Neurophysiological Correlate. In: THE PARAPSYCHOLOGICAL ASSOCIATION ANNUAL CONVENTION, 41., 1998, Halifax. **Proceedings**... Halifax: Parapsychological Association, 1998. p. 3-13.

ALEXANDER, C. H.; BROUGHTON, R. S. CL1-Ganzfeld Study: a Look at Brain Hemisphere Differences and Scoring in the Autoganzfeld. In: THE PARAPSYCHOLOGICAL ASSOCIATION ANNUAL CONVENTION, 42., 1999, Palo Alto. **Proceedings**... Palo Alto: Parapsychological Association, 1999. p. 3-18.

ALVARADO, C. S. **Aspects of the History of Parapsychology**: I. Psychical Research at the 1889 International Congress of Physiological Psychology. Sept. 14th, 2006. Disponível em: <http://www.pflyceum.org/162.html>. Acesso em: 6 set. 2022.

ALVARADO, C. S. Dissociation in Britain During the Late Nineteenth Century: the Society for Psychical Research, 1882-1900. **Journal of Trauma and Dissociation**, v. 3, p. 9-33, 2002.

ALVARADO, C. S. Expandindo os horizontes da parapsicologia: os fenômenos Psi no contexto. **Revista Mexicana de Psicologia Paranormal**, v. 1, n. 1, nov. 1996.

ALVARADO, C. S. Historical Writings on Parapsychology and its Contributions to Psychology. **PA e-newsletter**, Winter 2003. Disponível em: <https://www.pflyceum.org/85.html>. Acesso em: 6 set. 2022.

ALVARADO, C. S. On the Centenary of Frederic W. H. Myers's Human Personality and Its Survival of Bodily Death. **Journal of Parapsychology**, Durham, v. 68, p. 3-43, 2004.

ALVARADO, C. S. et al. Perspectivas históricas da influência da mediunidade na construção de idéias psicológicas e psiquiátricas. **Archives of Clinical Psychiatry**, São Paulo, v. 34, n. 1, p. 42-53, 2007. Disponível em: <https://www.scielo.br/j/rpc/a/7jmgGtYGmXRjwLFTbsB6nLs/abstract/?lang=pt#:~:text=CONCLUS%C3%95ES%3A%20Apesar%20de%20a%20mediunidade,da%20psicologia%20e%20da%20psiquiatria. >. Acesso em: 6 set. 2022.

ALVARADO, C. S.; ZINGRONE, N. L. Anomalías de interacción con el ambiente en la psicología: el estudio de los fenómenos parapsicológicos. **Revista Puertorriqueña de Psicología**, v. 11, p. 99-147, 1998. Disponível em: <https://www.repsasppr.net/index.php/reps/article/view/100/483>. Acesso em: 6 set. 2022.

ALVARADO, C. S.; ZINGRONE, N. La Parapsicología y las tradiciones espiritistas y ocultistas: ampliando el alcance del estudio de las experiencias humanas. In: ENCUENTRO IBEROAMERICANO DE PARAPSICOLOGÍA, 1., 1996, Buenos Aires. **Atas**... Buenos Aires: Alejandro Parra – Instituto de Psicología Paranormal, 1996. p. 23-27.

APA – American Psychiatric Association. **DSM-5**: Manual diagnóstico e estatístico de transtornos mentais. Porto Alegre: Artmed, 2014.

APPELLE, S. et al. Alien abduction experiences. In: CARDEÑA, E.; LYNN, S. J.; KRIPPNER, S. (Ed.). **Varieties of Anomalous Experience**: Examining the Scientific Evidence. 2. ed. Washington, DC: American Psychological Association, 2014. p. 213-240.

ASTIN, J. A.; HARKNESS, E.; ERNST, E. The Efficacy of "Distant Healing": a Systematic Review of Randomized Trials. **Annals of Internal Medicine**, v. 132, p. 903-910, 2000.

ATKINSON, R. L. et al. **Introduction to Psychology**. 13. ed. Fort Worth: Harcourt College Publishers, 2000.

BAPTISTA, J.; DERAKHSHANI, M.; TRESSOLDI, P. E. Explicit Anomalous Cognition: a Review of the Best Evidence in Ganzfeld, Forced Choice, Remote Viewing and Dream Studies. In: CARDEÑA, E.; PALMER, J.; MARCUSSON-CLAVERTZ, D. (Ed.). **Parapsychology**: a Handbook for the 21st Century. Jefferson: McFarland, 2015. p. 192-214.

BAPTISTA, J.; DERAKHSHANI, M.; TRESSOLDI, P. E. A Review of the Best Evidence in Ganzfeld, Forced-Choice, Remote Viewing and Dream Studies. In: CARDEÑA, E.; PALMER, J.; MARCUSSON-CLAVERTZ, D. (Ed.). **Parapsychology**: a Handbook for the 21st Century. Jefferson: McFarland, 2015. p. 557-619.

BARRETT, J. L. Cognitive Science of Religion: What is it and Why is it? **Religion Compass**, v. 1, n. 6, p. 768-786, 2007.

BARRETT, J. L. **Why Would Anyone Believe in God?** Lanham: Altamira Press, 2004.

BARRIONUEVO, V. L. O. C. **Seguindo os passos de Charles Honorton**. Curitiba: Própria, 1994.

BARRIONUEVO, V. L. O. C. **Seguindo os passos de Charles Honorton**: uma apostila sobre os experimentos Ganzfeld. Edição do autor. Curitiba: [s.n.], 1994.

BARRIONUEVO, V. L. O. C.; PALLÚ, T. R. Ganzfeld: una perspectiva didáctica. In: ENCUENTRO PSI, 3., 1998, Buenos Aires. **Atas**... Buenos Aires: Instituto de Psicología Paranormal, 1998. p. 14-26.

BARRIONUEVO, V. L. O. C.; PALLÚ, T. R. Telepatia em los experimentos Ganzfeld de la UNIBIO: 1993-1996. **Revista Argentina de Psicología Paranormal**, Buenos Aires, v. 11, p. 27-40, enero/abr. 2000.

BARROS, A. G. Psi na administração de empresa: pesquisa realizada na cidade de Recife, PE, Brasil. In: ENCUENTRO PSI, 3., 1998, Buenos Aires. **Atas**... Buenos Aires: Instituto de Psicología Paranormal, 1998. p. 27-33.

BATISTA, B. C. **Replicação da Pesquisa Experiências Psi na Vida Cotidiana, sua prevalência, relevância e associação com crenças e atitudes**. Trabalho de Conclusão de Curso (Graduação em Psicologia) – Universidade do Extremo Sul Catarinense, Criciúma, 2016.

BELZ-MERK, M. Clinical Parapsychology: Today's Implications, Tomorrow's Applications. In: UTRECHT II: CHARTING THE FUTURE OF PARAPSYCHOLOGY, 2., 2008, Utrecht. **Proceedings**... Utrecht: Het John Bormanfonds & Parapsychology Foundation, 2008. p. 14-15.

BELZ-MERK, M. Counceling and Therapy for People who Claim Exceptional Experiences. In: THE PARAPSYCHOLOGICAL ASSOCIATION ANNUAL CONVENTION, 43., 2000, Freiburg. **Proceedings**... Freiburg: Parapsychological Association, 2000. p. 14-32.

BEM, D. J. Feeling the Future: Experimental Evidence for Anomalous Retroactive Influences on Cognition and Affect. **Journal of Personality and Social Psychology**, v. 100, n. 3, p. 407-425, Mar. 2011.

BEM, D. J. Precognitive Habituation: Replicable Evidence for a Process of Anomalous Cognition. ANNUAL CONVENTION OF PARAPSYCHOLOGICAL ASSOCIATION, 46., 2003, Vancouver. **Proceedings**... Vancouver, 2003. p. 6-20.

BEM, D. J. Response to Hyman. **Psychological Bulletin**, v. 115, p. 25-27, 1994.

BEM, D. J.; HONORTON, C. Does Psi Exist? Replicable Evidence for an Anomalous Process of Information Transfer. **Psychological Bulletin**, v. 115, p. 4-18, 1994.

BIERMAN, D. Anomalous Baseline Effects in Mainstream Emotion Research Using Psychophysiological Variables. In: THE PARAPSYCHOLOGICAL ASSOCIATION ANNUAL CONVENTION, 43., 2000, Freiburg. **Proceedings**... Freiburg: Parapsychological Association, 2000. p. 34-47.

BIERMAN, D.; RABEYRON, T. Can Psi Research Sponsor itself? Simulations and Results of an Automated ARV-Casino Experiment. In: ANNUAL CONVENTION OF THE PARAPSYCHOLOGICAL ASSOCIATION IN VITERBO, 56., 2013, Viterbo. **Proceedings**... Durham: The Journal of Parapsychology, v. 77, n. 2, Fall 2013. p. 165-191. Disponível em: <https://www.proquest.com/docview/1537381234>. Acesso em: 6 set. 2022.

BÖSCH, H.; STEINKAMP, F.; BOLLER, E. Examining Psychokinesis: the Interaction of Human Intention with Random Number Generators – a Meta-Analysis. **Psychological Bulletin**, v. 132, p. 497-523, 2006a.

BÖSCH, H.; STEINKAMP, F.; BOLLER, E. In the Eye of the Beholder: Reply to Wilson and Shadish (2006) and Radin, Nelson, Dobyns, and Houtkooper (2006). **Psychological Bulletin**, v. 132, n. 4, p. 533-537, 2006b.

BRAUD, L. W.; BRAUD, W. G. Further Studies of Relaxation as a Psi-Conductive State. **Journal of the American Society for Psychical Research**, New York, v. 68, p. 229-245, 1974.

BRAUD, W. G. Psi-Conducive States. **Journal of Communication**, v. 25, n. 1, p. 142-152, Mar. 1975.

BRAUD, W. G.; SCHLITZ, M. A. Conscious Interactions with Remote Biological Systems: Anomalous Intentionality Effects. **Subtle Energies**, v. 2, n. 1, p. 1-46, 1991. Disponível em: <https://journals.sfu.ca/seemj/index.php/seemj/article/view/112/94>. Acesso em: 6 set. 2022.

BRAUD, W. G.; WOOD, R.; BRAUD, L. W. Free-Response GESP Performance During an Experimental Hypnagogic State Induced by Visual and Acoustic Ganzfeld Techniques: a Replication and Extension. **Journal of the American Society for Psychical Research**, New York, v. 69, n. 2, p. 105-113, 1975.

BROUGHTON, R. S. Exploring Repeated Sampling Techniques in Field-RNG Research. In: THE PARAPSYCHOLOGICAL ASSOCIATION ANNUAL CONVENTION, 42., 1999, Palo Alto. **Proceedings**... Palo Alto: Parapsychological Association, 1999. p. 35-47.

BROUGHTON, R. S. **Parapsychology**: the Controversial Science. New York: Ballantine Books, 1991.

BULLARD, T. E. UFO Abduction Reports: the Supernatural Kidnap Narrative Returns in Technological Guise. **Journal of American Folklore**, v. 102, n. 404, p. 147-170, Apr./June 1989. Disponível em: <https://www.jstor.org/stable/pdf/540677.pdf>. Acesso em: 6 set. 2022.

BURDICK, D. S.; KELLY, E. F. Statistical Methods in Parapsychological Research. In: WOLMAN, B. B. (Ed.). **Handbook of Parapsychology**. Jefferson: McFarland & Company, 1977. p. 81-130.

BURK, L. et al. Psychic/Intuitive Diagnosis: Two Case Reports and Commentary; Experiences with Aromatherapy in the Elderly; Use of Lavandula Latifolia as an Expectorant; Characteristics and Complaints of Patients Seeking Therapy. **The Journal of Alternative and Complementary Medicine**, v. 3, n. 3, p. 209-212, 1997.

CADORET, R. J. An Exploratory Experiment: Continuous EEG Recording During Clairvoyant Card Tests. **Journal of Parapsychology**, Durham, v. 28, p. 226, 1964.

CALLEGARO, M. M. **O novo inconsciente**. Porto Alegre: Artmed, 2011.

CAMP, B. H. Statement in Notes Section. **Journal of Parapsychology**, Durham, v. 1, p. 305, 1937.

CARDEÑA, E. The Experimental Evidence for Parapsychological Phenomena: a Review. **American Psychologist**, v. 76, n. 5, p. 663-677, July/Aug. 2018.

CARDENÃ, E.; LYNN, S. J.; KRIPPNER, S. (Ed.). **Varieties of Anomalous Experience**: Examining the Scientific Evidence. Washington, DC: APA, 2000.

CARDENÃ, E.; LYNN, S. J.; KRIPPNER, S. (Ed.). **Varieties of Anomalous Experience**: Examining the Scientific Evidence. 2. ed. Washington, DC: APA, 2014.

CARDENÃ, E.; LYNN, S. J.; KRIPPNER, S. (Org.). **Variedades da experiência anômala**: análise de evidências científicas. São Paulo: Atheneu, 2013.

CARDEÑA, E.; MOREIRA-ALMEIDA, A. Diagnóstico diferencial entre experiências espirituais e psicóticas não patológicas e transtornos mentais: uma contribuição de estudos latino-americanos para o CID-11. **Revista Brasileira de Psiquiatria**, v. 33, n. 1, p. S29-S36, maio 2011. Disponível em: <https://www.scielo.br/j/rbp/a/BNrGHL53rkSd76rbrgjytmF/?format=pdf&lang=pt>. Acesso em: 6 set. 2022.

CARDEÑA, E.; PEKALA, R. J. Researching States of Consciousness and Anomalous Experiences. In: CARDEÑA, E.; LYNN, S. J.; KRIPPNER, S. (Ed.). **Varieties of Anomalous Experience**: Examining the Scientific Evidence. 2. ed. Washington, DC: American Psychological Association, 2014. p. 21-56.

CARPENTER, J. Obituary Robert L. Morris. **Journal of Parapsychology**, Durham, v. 68, p. 422-431, 2004.

CARPENTER, J. Parapsychology and the Psychotherapy Session: their Phenomenological Confluence. **Journal of Parapsychology**, Durham, v. 52, n. 3, p. 213-224, 1988a.

CARPENTER, J. Quasi-Therapeutic Group Process and ESP. **Journal of Parapsychology**, Durham, v. 52, n. 4, p. 279-304, Dec. 1988b.

CARPENTER, J. The Intrusion of Anomalous Communication in Group and Individual Psychotherapy: Clinical Observations and Research Project. In: SIMPÓSIO DA FUNDAÇÃO BIAL: AQUÉM E ALÉM DO CÉREBRO, 4., 2002, Porto. **Anais**... Porto: Fundação Bial, 2002. p. 255-274.

CARUNCHIO, B. F. Caminhando pela vida e transitando pela morte: experiência de quase morte (EQM) como uma experiência mística. **Rever – Revista de Estudos da Religião**, São Paulo, v. 17, n. 2, p. 11-36, maio/ago. 2017. Disponível em: <https://revistas.pucsp.br/index.php/rever/article/view/34122/23457>. Acesso em: 6 set. 2022.

CARUNCHIO, B. F. EQM perturbadora, saúde mental e a espiritualidade do paciente: analisando relatos de brasileiros. **Rever – Revista de Estudos da Religião**, São Paulo, v. 20, n. 2, p. 171-186, maio/ago. 2020. Disponível em: < https://revistas.pucsp.br/index.php/rever/article/view/50692/33114>. Acesso em: 6 set. 2022.

CASTLE, R. L. V. Sleep and Dreams. In: WOLMAN, B. B. (Ed.). **Handbook of Parapsychology**. Jefferson: McFarland, 1977. p. 473-499.

CASTRO. J. F. B. de. Crença na paranormalidade e os fenômenos psi com estudantes universitários no Brasil. In: I CONGRESSO INTERNACIONAL E BRASILEIRO DE PARAPSICOLOGIA, 1., 1997, Recife. **Anais**... Recife, 2010. p. 147-173.

CLANCY, S. A. **Abducted**: how People come to Believe they Were Kidnapped by Aliens. Cambridge: Harvard University Press, 2005.

CORINDA, T. **13 Steps to Mentalism**. Cranbury: D. Robbins & Company, 1996.

DALTON, K. Exploring the Links: Creativity and Psi in the Ganzfeld. In: THE PARAPSYCHOLOGICAL ASSOCIATION ANNUAL CONVENTION, HELD IN CONJUNCTION WITH THE SOCIETY FOR PSYCHICAL RESEARCH, 40., 1997, Brighton. **Proceedings**... Brighton: Parapsychological Association, 1997a. p. 119-134.

DALTON, K. Is there a Formula to Success in the Ganzfeld? Observations on Predictors of Psi Ganzfeld Performance. **European Journal of Parapsychology**, v. 13, p. 71-82, 1997b.

DALTON, K. **Os experimentos Ganzfeld**. Curitiba: Facibem, 14 out. 1997c. Palestra. 2 vídeos 8mm. 120 min.

DALTON, K. **The Relationship between Creativity and Anomalous Cognition in the Ganzfeld**. Thesis (Ph.D. in Parapsychology) – University of Edinburgh, Edinburgh, 1997d.

DAWKINS, R. **Deus, um delírio**. São Paulo: Companhia das Letras, 2019.

DEAN, D. et al. **Executive ESP**. Englewood Cliffs; New Jersey: Prentice-Hall, 1974.

DEFLORIN, R.; SCHMIED, I. Paranormal Experiences in the German Population: Conception of an Empirical Study. In: THE PARAPSYCHOLOGICAL ASSOCIATION ANNUAL CONVENTION, 43., 2000, Freiburg. **Proceedings**... Freiburg: Parapsychological Association, 2000. p. 86-98.

DIVYA, B. R.; NAGENDRA, H. R.; RAM, A. Effect of Consciousness Fields on Random Events at Public Gatherings: an Exploratory Study. **International Journal of Preventive and Public Health Sciences**, v. 1, n. 5, p. 26-31, Jan./Feb. 2016. Disponível em: <https://ijpphs.com/index.php/ijpphs/article/view/70/68>. Acesso em: 6 set. 2022.

DUNNE, B. J.; JAHN, R. G. Information and Uncertainty in Remote Perception Research. **Explore**, New York, v. 3, n. 3, p. 254-269, 2007.

DUNNE, B. J.; JAHN, R. G. Information and Uncertainty in Remote Perception Research. **Journal of Scientific Exploration**, v. 17, n. 2, p. 207-241, 2003.

ECO, U. **O nome da rosa**. Rio de Janeiro: Nova Fronteira, 1980.

EDGE, H. L. et al. **Foundations of Parapsychology**: Exploring the Boundaries of Human Capability. London: Taylor & Francis, 1986.

EHRENWALD, J. **Telepathy and Medical Psychology**. New York: Norton, 1948.

EISENBUD, J. Chronologically Extraordinary Psi Correspondences in the Psychoanalytic Setting. **Psychoanalytic Review**, New York, v. 56, n. 1, p. 9-27, Spring 1969.

EISENBUD, J. **Psi and Psychoanalysis**. New York: Grune and Stratton, 1970.

EISENBUD, J. Telepathy and the Problems of Psychoanalysis. **Psychoanalytic Quarterly**, v. 15, n. 1, p. 32-87, 1946.

EPPINGER, R.; PALLÚ, T. R. **Sonhos, parapsicologia e aconselhamento**. Edição do autor. Curitiba: [s.n.], 1997.

EYSENCK, H. J.; SARGENT, C. **Explicando lo inexplicado**. Barcelona: Debate, 1993.

FESTINGER, L.; RIECKEN, H.; SCHACHTER, S. **When Prophecy Fails**: a Social and Psychological Study of a Modern Group that Predicted the Destruction of the World. New York: Harper-Torchbooks, 1956.

FODOR, N. Telepathic Dreams. **American Imago**, v. 3, n. 3, p. 61-85, Aug. 1942.

FODOR, N. **The Search for the Beloved**. New York: Hermitage Press, 1949.

FORER, B. R. The Fallacy of Personal Validation: a Classroom Demonstration of Gullibility. **The Journal of Abnormal and Social Psychology**, v. 44, n. 1, p. 118-123, 1949. Disponível em: <http://apsychoserver.psych.arizona.edu/jjbareprints/psyc621/forer_the%20fallacy%20of%20personal%20validation_1949.pdf>. Acesso em: 6 set. 2022.

FRENCH, C. C. Why I Study… Anomalistic Psychology. **The Psychologist**, v. 14, n. 7, p. 356-357, 2001.

FREUD, S. **Algumas notas adicionais sobre a interpretação de sonhos como um todo**. Rio de Janeiro: Imago, 1997a. Edição Eletrônica Brasileira das Obras Completas de Sigmund Freud. 1 CD-ROM.

FREUD, S. **Conferência XXX – Sonhos e ocultismo**. Rio de Janeiro: Imago, 1997b. Edição Eletrônica Brasileira das Obras Completas de Sigmund Freud. 1 CD-ROM.

FREUD, S. **Psicanálise e telepatia**. Rio de Janeiro: Imago, 1997c. Edição Eletrônica Brasileira das Obras Completas de Sigmund Freud. 1 CD-ROM.

FREUD, S. **Sobre a psicopatologia da vida cotidiana**. Rio de Janeiro: Imago. 1997d. Edição Eletrônica Brasileira das Obras Completas de Sigmund Freud. 1 CD-ROM.

FREUD, S. **Sonhos e telepatia**. Rio de Janeiro: Imago, 1997e. Edição Eletrônica Brasileira das Obras Completas de Sigmund Freud. 1 CD-ROM.

FREUD, S. **O mal-estar na civilização**. Tradução de Paulo César de Souza. 5. reimp. São Paulo: Penguin Classics; Companhia das Letras, 2014.

GALLUP, G. H.; NEWPORT, F. Belief in Paranormal Phenomena among Adult Americans. **Skeptical Inquirer**, v. 15, n. 2, p. 137-146, Winter 1991.

GIESLER, P. V. Parapsychology Anthropology: I. Multi-Method Approaches to the Study of Psi in the Field Setting. **Journal of the American Society for Psychical Research**, New York, v. 78, n. 4, p. 289-330, 1984.

GOULDING, A. et al. A New System for the Automated Digital Ganzfeld. In: THE PARAPSYCHOLOGICAL ASSOCIATION CONVENTION, 44., 2001, New York. **Proceedings**… New York: The Parapsychological Association, 2001. p. 408-410.

GREELEY, A. M. **The Sociology of the Paranormal**: a Reconnaissance. Beverly Hills: Sage Publications, 1975.

GREYSON, B. Near Death Experiences. In: CARDEÑA, E.; LYNN, S. J.; KRIPPNER, S. (Ed.). **Varieties of Anomalous Experience**: Examining the Scientific Evidence. 2. ed. Washington, DC: American Psychological Association, 2014. p. 333-368.

HARARY, K.; TARG, R. A New Approach to Forecasting Commodity Futures. **PSI Research**, v. 4, n. 3-4, p. 79-88, 1985.

HAY, D.; MORISY, A. Reports of Esctatic, Paranormal, or Religious Experience in Great Britain and the United States: a Comparison of Trends. **Journal for the Scientific Study of Religion**, v. 17, n. 3, p. 255-268, Sept. 1978.

HEATH, P. R. **The PK Zone**: a Cross-Cultural Review of Psychokinesis (PK). New York: Universe, 2003.

HEIDER, F. **The Psychology of Interpersonal Relations**. New York: Wiley, 1958.

HIBBARD, W. S.; WORRING, R. W.; BRENNAN, R. **Psychic Criminology**: a Guide for Using Psychics in Investigations. Springfield: Charles C. Thomas Publisher, 2002.

HINTERBERGER, T.; HOUTKOOPER, J. M.; KOTCHOUBEY, B. Effects of Feedback Control on Slow Cortical Potentials and Random Events. **The Parapsychological Association Convention**, 2004, p. 39-50. Disponível em: <https://www.researchgate.net/publication/228803403_Effects_of_feedback_control_on_slow_cortical_potentials_and_random_events>. Acesso em: 6 set. 2022.

HIRASAWA, M.; YAMAMOTO, M. An Experiment on Unknown Subconscious Information Transfer with Auditory Brain Evoked Potential. **Journal of International Society of Life Information Science**, v. 14, n. 1, p. 32-37, 1996.

HIRUKAWA, T. et al. Field REG Experiments of Religious Rituals and other Group Events in Paraná, Brazil. In: ENCONTRO PSI, 3., 2006, Curitiba. **Anais**... Curitiba: FIES, 2006. p. 17-26.

HIRUKAWA, T.; ISHAKAWA, M. Anomalous Flutuations of RNG Data in Nebuta: Summer Festival in Northeast Japan. In: THE PARAPSYCHOLOGICAL ASSOCIATION ANNUAL CONVENTION, 47., 2004, Vienna. **Proceedings**... Vienna: Parapsychological Association, 2004. p. 389-398.

HIRUKAWA, T.; ISHIKAWA, M. Anomalous Fluctuation of RNG Data in Nebuta: Summer Festival in Northeast Japan. **The Parapsychological Association Convention**, 2004, p. 389-397. Disponível em: <http://www.isc.meiji.ac.jp/~ishikawa/data/nebuta.pdf>. Acesso em: 6 set. 2022.

HODGE, D. R. A Systematic Review of the Empirical Literature on Intercessory Prayer. **Research on Social Work Practice**, v. 17, n. 2, p. 174-187, 2007.

HONORTON, C. Precognition and Real-Time ESP Performance in a Computer Task with an Exceptional Subject. **Journal of Parapsychology**, Durham, v. 51, n. 4, p. 291-320, 1987.

HONORTON, C. Psi and Internal Attention States. In: WOLMAN, B. B. (Ed.). **Handbook of Parapsychology**. Jefferson: McFarland, 1977. p. 435-472.

HONORTON, C. Relationship between EEG Alpha Activity and ESP Card-Guessing Performance. **Journal of the American Society for Psychical Research**, New York, v. 63, n. 4, p. 365-374, 1969.

HONORTON, C.; CARBONE, M. A Preliminary Study of Feedback-Augmented EEG Alpha Activity and ESP Card-Guessing Performance. **Journal of the American Society for Psychical Research**, New York, v. 65, n. 1, p. 66-74, 1971.

HONORTON, C.; DAVIDSON, R.; BINDLER, P. Feedback-Augmented EEG Alpha, Shifts in Subjective State, and ESP Card-Guessing Performance. **Journal of the American Society for Psychical Research**, New York, v. 65, n. 3, p. 308-323, 1971.

HONORTON, C. et al. Psi Communication in the Ganzfeld Experiments with an Automated Testing System and a Comparison with a Meta-Analysis of Earlier Studies. **Journal of Parapsychology**, Durham, v. 54, n. 2, p. 99-139, June 1990.

HONORTON, C.; HARPER, S. Psi-Mediated Imagery and Ideation in an Experimental Procedure for Regulating Perceptual Input. **Journal of the American Society for Psychical Research**, New York, v. 68, n. 2, p. 156-168, 1974.

HYMAN, R. Anomaly or Artifact? Comments on Bem and Honorton. **Psychology Bulletin**, v. 115, n. 1, p. 19-24, 1994. Disponível em: <https://citeseerx.ist.psu.edu/viewdoc/download?doi=10.1.1.377.2779&rep=rep1&type=pdf>. Acesso em: 6 set. 2022.

HYMAN, R. Meta-Analysis that Conceals more than it Reveals: Comment on Storm et al. (2010). **Psychological Bulletin**, v. 136, n. 4, p. 486-490, July 2010. Disponível em: <https://www.researchgate.net/publication/44689724_Meta-Analysis_That_Conceals_More_Than_It_Reveals_Comment_on_Storm_et_al_2010>. Acesso em: 6 set. 2022.

HYMAN, R. Parapsychology: the Science of Ostensible Anomalies. **Behavioral and Brain Sciences**, v. 10, n. 4, p. 593-594, 1987.

HYMAN, R.; HONORTON, C. A Joint Communiqué: the Psi Ganzfeld Controversy. **Journal of Parapsychology**, Durham, v. 50, n. 4, p. 351-364, 1986.

INARDI, M. **A história da parapsicologia**. Lisboa: Edições 70, 1979.

INTERPSI – Instituto de Psicologia da USP. Laboratório de Estudos Psicossociais: crença, subjetividade, cultura e saúde. **Pesquisas**. Disponível em: <http://interpsi.org/pesquisas/>. Acesso em: 6 set. 2022.

IRWIN, H. J. **An Introduction to Parapsychology**. 3. ed. Jefferson: McFarland & Company, 1999.

IRWIN, H. J.; WATT, C. A. **An introduction to Parapsychology**. Jefferson: McFarland, 2007.

ITICE, N. M. da S.; PIANARO, J. A.; SILVA, F. E. da. Fenômenos anômalos relacionados à psi em empresas do ramo imobiliário: um estudo exploratório. In: ENCONTRO PSI: PESQUISA PSI E PSICOLOGIA ANOMALÍSTICA, 7., 2011, Curitiba. **Anais**... Curitiba, 2011. p. 125-134.

JAHN, R. et al. Mind/Machine Interaction Consortium: PortREG Replication Experiments. **Journal of Scientific Exploration**, v. 14, n. 4, p. 499-555, 2000.

JAHN, R. et al. Correlations of Random Binary Sequences with Pre-Stated Operator Intention: a Review of a 12-year Program. **Journal of Scientific Exploration**, v. 11, n. 3, p. 345-367, 1997.

JAHN, R. J.; DUNNE, B. J.; NELSON, R. D. Anomalías en ingeniería: una revisión de las investigaciones del equipo PEAR en la Universidad de Princeton. **Revista Argentina de Psicología Paranormal**, Buenos Aires, v. 31, p. 165-191, 1997.

JAMES, W. **As variedades da experiência religiosa**. São Paulo: Cultrix, 2019.

JOBST, K. A. One Man's Meat is Another Man's Poison: the Challenge of Psychic/Intuitive Diagnosis to the Diagnostic Paradigm of Orthodox Medical Science. **The Journal of Alternative and Complementary Medicine**, New York, v. 3, n. 1, p. 1-3, 1997.

JUNG, C. G. **Sincronicidade**. Petrópolis: Vozes, 1990.

JUNG, C. G. **Um mito moderno sobre coisas vistas no céu**. Petrópolis: Vozes, 2011.

KASIAN, S. J. Dream Homes: when Dreams Seem to Predict Real Estate Sales. In: ENCONTRO PSI, 3., 2006. **Anais**... [S.l.]: 2006. p. 76-90.

KAZMIER, L. J. **Estatística aplicada à economia e à administração**. São Paulo: McGraw-Hill, 1982.

KEELEY, J. P. **The Coping Stone in Psycho-Analysis**: Freud, Psychoanalysis and the Society for Psychical Research. Dissertation (Ph.D in Psychology) – Graduate School of Arts and Sciences, Columbia University, New York, 2002. Disponível em: <https://www.proquest.com/openview/87d008c8bbbec56688775c3dd79d530d/1?pq-origsite=gscholar&cbl=18750&diss=y>. Acesso em: 6 set. 2022.

KELLY, E. F.; LENZ, J. E. E. G. EEG Changes Correlated with a Remote Stroboscopic Stimulus: a Preliminary Study. **Research in Parapsychology**, p. 58-63, 1975.

KERNS, J. G. et al. Anomalous Experiences, Peculiarity, and Psychopathology. In: CARDEÑA, E.; LYNN, S. J.; KRIPPNER, S. (Ed.). **Varieties of Anomalous Experiences**: Examining the Scientific Evidence. 2. ed. Washington, DC: American Psychological Association, 2014. p. 57-76.

KOLODZIEJZYK, G. Greg Kolodziejzyk's 13-year Associative Remote Viewing Results. **Journal of Parapsychology**, Durham, v. 76, n. 2, p. 349-367, Fall 2012. Disponível em: <http://www.rhine.org/images/jp/v76Fall2012/gJPF2012Kolodziejzyk.pdf>. Acesso em: 6 set. 2022.

KREIMAN, N. **Curso de parapsicologia**. Buenos Aires: Kier, 1994.
KRIPPNER, S. The Maimonides ESP-Dream Studies. In: RAO, K. R. (Ed.). **Charles Honorton and the Impoverished State of Skepticism**. Jefferson: MacFarland, 1994. p. 39-55.
LEE, A. G. O desenvolvimento de formas de esforços sincronizados em grupos para realização de telecinesia. In: CONGRESSO INTERNACIONAL E BRASILEIRO DE PARAPSICOLOGIA, 1., 1997, Recife. **Anais**... Recife: IPPP, 1997. p. 12-21.
LEE, A. G.; IVANOVA, T. K. Elaboration of Methods of Efforts Synchronization in Operator Groups for Realizing the Telekinetic Phenomenon. In: LEE, A. G. **The Selected Works in Region of Parapsychology**. Moscow: Leonid L. Vasilyev Fund of Parapsychology, 1996. p. 66-89.
LÉVI-STRAUSS, C. **Antropologia estrutural**. São Paulo: Cosac Naify, 2015.
LEVIN, J. **Estatística aplicada a ciências humanas**. São Paulo: Harbra, 1978.
LEWIS, L.; SCHMEIDLER, G. R. Alpha Relations with Non-Intentional and Purposeful ESP after Feedback. **Journal of the American Society for Psychical Research**, v. 65, p. 455-467, 1971.
LINDMEIER, K. **A parapsicologia e a epilepsia numa visão junguiana**. Bragança Paulista: Edusf, 2000.
LINDMEIER, K. **Avaliação experimental da interferência de imagens-símbolos arquetípicas no fenômeno de clarividência em sujeitos portadores ou não-portadores de epilepsia**. 152 f. Tese (Doutorado em Ciências Médicas) – Universidade Estadual de Campinas, Campinas, 1998.
LOFTUS, E. F. Creating False Memories. **Scientific American**, v. 277, n. 3, p. 70 75, 1997.
LYONS, A.; TRUZZI, M. **The Blue Sense**: Psychic Detectives and Crime. New York: Warner Books, 1991.

MACHADO, F. Field Investigations of Haunting and Poltergeists. In: UTRECHT II: CHARTING THE FUTURE OF PARAPSYCHOLOGY, 2., 2008, Utrecht. **Proceedings**... Utrecht: Het John Bormanfonds & Parapsychology Foundation, 2008. p. 115-150.

MACHADO, F. R. **A ação dos signos nos poltergeists**: estudo do processo de comunicação dos fenômenos poltergeist a partir de seus relatos. 304 f. Tese (Doutorado em Comunicação e Semiótica) – Pontifícia Universidade Católica de São Paulo, São Paulo, 2003.

MACHADO, F. R. **A causa dos espíritos**: um estudo sobre a utilização da parapsicologia para a defesa da fé católica e espírita no Brasil. 249 f. Tese (Doutorado em Ciências da Religião) – Pontifícia Universidade Católica de São Paulo, São Paulo, 1996a.

MACHADO, F. R. A história do Eclipsy. **Revista Brasileira de Parapsicologia**, v. 2, p. 37-40, 1993.

MACHADO, F. R. Experiências anômalas (extra-sensório-motoras) na vida cotidiana e sua associação com crenças, atitudes e bem-estar subjetivo. **Boletim Academia Paulista de Psicologia**, v. 30, n. 79, p. 462-483, 2010.

MACHADO, F. R. **Experiências anômalas na vida cotidiana**: experiências extra-sensório-motoras e sua associação com crenças, atitudes e bem-estar subjetivo. 344 f. Tese (Doutorado em Psicologia) – Universidade de São Paulo, São Paulo, 2009.

MACHADO, F. R. Psicología del poltergeist. In: ENCUENTRO IBEROAMERICANO DE PARAPSICOLOGÍA, 1., 1996, Buenos Aires. **Atas**... Buenos Aires: Instituto de Psicología Paranormal, 1996b. p. 97-101.

MACHADO, F. R.; ZANGARI, W. Estudos de três casos poltergeist em São Paulo, Brasil. In: ENCUENTRO PSI, 3., 1998, Buenos Aires. **Atas**... Buenos Aires: Instituto de Psicología Paranormal, 1998. p. 75-81.

MAKEL, M. C.; PLUCKER, J. A.; HEGARTY, B. Replications in Psychology Research: How Often do They Really Occur? **Perspectives on Psychological Science**, v. 7, n. 6, p. 537-542, 2012.

MARALDI, E. de O. **Dissociação, crença e identidade**: uma perspectiva psicossocial. 629 f. Tese (Doutorado em Psicologia Social) – Universidade de São Paulo, São Paulo, 2014. Disponível em: <https://www.teses.usp.br/teses/disponiveis/47/47134/tde-18032015-105415/publico/maraldi_original.pdf>. Acesso em: 6 set. 2022.

MARALDI, E. de O. **Metamorfoses do espírito**: usos e sentidos das crenças e experiências paranormais na construção da identidade de médiuns espíritas. 782 f. Dissertação (Mestrado em Psicologia) – Universidade de São Paulo, São Paulo, 2011. Disponível em: <https://www.teses.usp.br/teses/disponiveis/47/47134/tde-29042011-114125/publico/maraldi_me.pdf>. Acesso em: 6 set. 2022.

MARALDI, E. de O.; ZANGARI, W.; MACHADO, F. R. A psicologia das crenças paranormais: uma revisão crítica. **Boletim Academia Paulista de Psicologia**, São Paulo, v. 31, n. 81, p. 394-421, jul./dez. 2011. Disponível em: <https://www.redalyc.org/articulo.oa?id=94622764010>. Acesso em: 6 set. 2022.

MARTIN, D. R.; STRIBIC, F. P. Studies in Extrasensory Perception: I. An Analysis of 25, 000 Trials. **Journal of Parapsychology**, Durham, v. 2, p. 23-30, 1938.

MARTINS, L. B. "Contatos imediatos": investigando personalidade, transtornos mentais e atribuição de causalidade em experiências subjetivas com óvnis e alienígenas. 323 f. Dissertação (Mestrado em Psicologia Social) – Universidade de São Paulo, São Paulo, 2011. Disponível em: <https://www.teses.usp.br/teses/disponiveis/47/47134/tde-20042012-160401/publico/martins_me_corrigida.pdf>. Acesso em: 6 set. 2022.

MARTINS, L. B. Epistemological, Methodological and Ethical Aspects of Conducting Interviews About Anomalous Experiences. **Paranthropology**, v. 4, n. 1, p. 15-24, Jan. 2013. Disponível em: <http://paranthropologyjournal.weebly.com/uploads/7/7/5/3/7753171/paranth_vol4no1a.pdf>. Acesso em: 6 set. 2022.

MARTINS, L. B. **Na trilha dos alienígenas**: uma proposta psicológica integrativa sobre experiências ufológicas e paranormais. 456 f. Tese (Doutorado em Psicologia Social) – Universidade de São Paulo, São Paulo, 2015. Disponível em: <https://www.teses.usp.br/teses/disponiveis/47/47134/tde-04012016-094128/publico/martins_do.pdf>. Acesso em: 6 set. 2022.

MARTINS, L. B.; ZANGARI, W. Fatores da personalidade e experiências anômalas contemporâneas. **Boletim Academia Paulista de Psicologia**, São Paulo, v. 33, n. 84, p. 162-180, jan./jun. 2013. Disponível em: <https://www.redalyc.org/pdf/946/94632386013.pdf>. Acesso em: 6 set. 2022.

MARTINS, L. B.; ZANGARI, W. Relações entre experiências anômalas tipicamente contemporâneas, transtornos mentais e experiências espirituais. **Revista de Psiquiatria Clínica**, v. 39, n. 6, p. 198-202, 2012. Disponível em: <https://www.scielo.br/j/rpc/a/r5pZznHwcB4XBC3mgqvdhfM/?format=pdf&lang=pt>. Acesso em: 6 set. 2022.

MARTINS, L. B.; ZANGARI, W.; MEDEIROS, G. T. Contemporaneidade e experiências anômalas: dimensões psicossociais de vivências culturalmente limítrofes. **Phenomenological Studies – Revista da Abordagem Gestáltica**, v. 23, n. 2, p. 137-149, maio/ago. 2017. Disponível em: <http://pepsic.bvsalud.org/pdf/rag/v23n2/v23n2a02.pdf>. Acesso em: 6 set. 2022.

MASON, R. Expanding Diagnostic Vision with Medical Intuition: Interviews with Jay Caliendo, Medical Intuitive, and Abraham C. Kuruvilla, MD, MD (H). **Alternative and Complementary Therapies**, v. 6, n. 6, p. 331-336, 2000.

MASTERS, K. S.; SPIELMANS, G. I.; GOODSON, J. T. Are there Demonstrable Effects of Distant Intercessory Prayer? A Meta-Analytic Review. **Annals of Behavioral Medicine**, v. 32, n. 1, p. 21-26, 2006.

MAY, E.; McMONEAGLE, J. **Remote Viewing**. Rhine Research Center Class, Durham, 22 Jun. 1998. 2 videos 8mm. 120 min.

MAY, E. C. et al. **ESP Wars, East and West**: an Account of the Military Use of Psychic Espionage as Narrated by the Key Russian and American Players. [S.l.]: Crossroad Press; Panta Rei, 2015. eBook.

MAY, E. C.; MARWAHA, S. B. E. **Extrasensory Perception**: Support, Skepticism, and Science. Westport: Praeger, 2015. 2 v.

McCREERY, C.; CLARIDGE, G. Healthy Schizotypy: the Case of Out-of-the-Body Experiences. **Personality and Individual Differences**, v. 32, n. 1, p. 141-154, 2002.

McDONOUGH, B. E.; DON, N. S.; WARREN, C. A. Differential Event-Related Potentials to Targets and Decoys in a Guessing Task. **Journal of Scientific Exploration**, v. 16, n. 2, p. 187-206, 2002.

McDONOUGH, B. E.; DON, N. S.; WARREN, C. A. Mind, Brain, and Behavior: a Preliminary Study of Their Interrelationships During Performance on a Psi Task. In: COOK, E. W. (Ed.). **Research in Parapsychology 1992**. Lanham: Scarecrow Press, 1996. p. 12-16.

McDONOUGH, B. E.; WARREN, C. A.; DON, N. S. A Third Replication of Event-Related Brain Potential (ERP) Indicators of Unconscious Psi. In: THE PARAPSYCHOLOGICAL ASSOCIATION ANNUAL CONVENTION, 41., 1998, Halifax. **Proceedings**... Halifax: Parapsychological Association, 1998. p. 64-75.

McDONOUGH, B. E.; WARREN, C. A.; DON, N. S. Event-Related Brain Potentials (ERPs) to Psi Targets. Proceedings of Presented Papers. In: THE PARAPSYCHOLOGICAL ASSOCIATION ANNUAL CONVENTION, 42., 1999, Palo Alto. **Proceedings**... Palo Alto: Parapsychological Association, 1999. p. 189-201.

McDONOUGH, B. E.; WARREN, C. A.; DON, N. S. Event-Related Potentials in a Guessing Task: the Gleam in the Eye Effect. **International Journal of Neuroscience**, v. 65, n. 1-4, p. 209-219, 1992.

McDONOUGH, B. E.; WARREN, C. A.; DON, N. S. Gamma Band (40 Hz) EEG and Unconscious Target Detection in the psi Task. In: THE PARAPSYCHOLOGICAL ASSOCIATION ANNUAL CONVENTION, 43., 2000, Freiburg. **Proceedings**... Freiburg: Parapsychological Association, 2000. p. 166-178.

MENEZES JÚNIOR, A.; ALMINHANA, L.; MOREIRA-ALMEIDA, A. Perfil sociodemográfico e de experiências anômalas em indivíduos com vivências psicóticas e dissociativas em grupos religiosos. **Revista de Psiquiatria Clínica**, v. 39, n. 6, p. 203-207, 2012. Disponível em: <https://www.scielo.br/j/rpc/a/jfK7hcXLy9x7prRvJdbs7YQ/?format=pdf&lang=pt>. Acesso em: 6 set. 2022.

MENEZES JÚNIOR, A.; MOREIRA-ALMEIDA, A. Diagnóstico diferencial entre experiências espirituais e transtornos mentais. **Revista de Psiquiatria Clínica**, v. 36, n. 2, p. 75-82, 2009. Disponível em: <https://www.scielo.br/j/rpc/a/wSfc4qWn4Cc5NkFKXY6RKdc/?format=pdf&lang=pt>. Acesso em: 6 set. 2022.

MILLS, A.; TUCKER, J. B. Past-Life Experiences. In: CARDEÑA, E.; LYNN, S. J.; KRIPPNER, S. (Ed.). **Varieties of Anomalous Experience**: Examining the Scientific Evidence. 2. ed. Washington, DC: American Psychological Association, 2014. p. 303-332.

MILTON, J. **Parapsychology's First International Email Debate**. 2-21 May 1999a.

MILTON, J. Should Ganzfeld Research Continue to be Crucial in the Search for a Replicable Psi Effect? Part I. Discussion Paper and Introduction to an Electronic Mail Discussion. **Journal of Parapsychology**, Durham, v. 63, n. 4, p. 309-333, 1999b.

MILTON, J.; WISEMAN, R. Does Psi Exist? Lack of Replication of an Anomalous Process of Information Transfer. **Psychology Bulletin**, v. 125, n. 4, p. 387-391, July 1999.

MILTON, J.; WISEMAN, R. Does Psi Exist? Reply to Storm and Ertel (2001). **Psychology Bulletin**, v. 127, n. 3, p. 434-438, 2001.

MILTON, J.; WISEMAN, R. Ganzfeld at the Crossroads: a Meta-Analysis of the New Generation of Studies. In: THE PARAPSYCHOLOGICAL ASSOCIATION ANNUAL CONVENTION, HELD IN CONJUNCTION WITH THE SOCIETY FOR PSYCHICAL RESEARCH, 40., 1997, Brighton. **Proceedings**... Brighton: Parapsychological Association, 1997. p. 267-282.

MINTZ, E. **The Psychic Thread**. New York: Human Sciences Press, 1983.

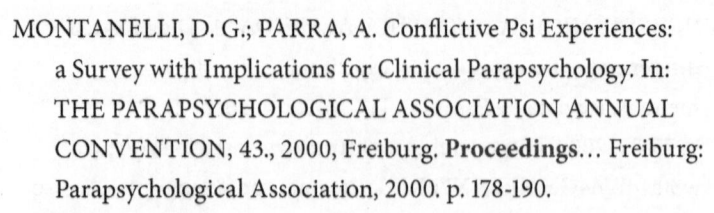

MONTANELLI, D. G.; PARRA, A. Conflictive Psi Experiences: a Survey with Implications for Clinical Parapsychology. In: THE PARAPSYCHOLOGICAL ASSOCIATION ANNUAL CONVENTION, 43., 2000, Freiburg. **Proceedings**... Freiburg: Parapsychological Association, 2000. p. 178-190.

MORRIS, C. Parapsychology, Biology, and Anpsy. In: WOLMAN, B. B. (Ed.). **Handbook of Parapsychology**. Jefferson: McFarland, 1977. p. 687-715.

MORRIS, R. L. Parapsychology, Biology, and Anpsi. In: WOLMAN, B. B. (Ed.). **Handbook of Parapsychology**. Jefferson: McFarland, 1977. p. 687-715.

MORRIS, R. L. et al. EEG Patterns and ESP Results in Forced-Choice Experiments with Lalsingh Harribance. **Journal of the American Society for Psychical Research**, New York, v. 66, n. 3, p. 253-268, 1972.

MORRIS, R.; WATT, C. La investigación parapsicológica en la Cátedra Koestler. **Revista Argentina de Psicología Paranormal**, Buenos Aires, v. 8, p. 147-166, 1997.

MOSSBRIDGE, J.; TRESSOLDI, P.; UTTS, J. Predictive Physiological Anticipation Preceding Seemingly Unpredictable Stimuli: a Meta-Analysis. **Frontiers in Psychology**, v. 3, art. 390, p. 1-18, Oct. 2012.

MURPHY, G. Field Theory and Survival. **Journal of the American Society for Psychical Research**, New York, v. 39, p. 181-209, 1945.

MYERS, F. W. H.; GURNEY, E.; PODMORE, F. Phantasms of the Living. London: Trübner, 1886.

NEGI, R. Role of Extra Sensory Perception (ESP) in Managerial Decision Making. **African Journal of Business Management**, v. 4, n. 15, p. 3232-3237, 2010.

NELSON. R. D. **Connected**: The Emergence of Global Consciousness. Princeton: ICRL Press, 2019.

NELSON, R. D. Global Consciousness Project. In: ENCONTRO PSI: PESQUISA PSI E PSICOLOGIA ANOMALÍSTICA, 7., 2011, Curitiba. **Anais**... Curitiba, 2011. p. 201.

NELSON, R. D. Implicit Physical Psi: the Global Consciousness Project. In: CARDEÑA, E.; PALMER, J.; MARCUSSON-CLAVERTZ, D. (Ed.). **Parapsychology**: a Handbook for the 21st Century. Jefferson: McFarland, 2015. p. 282-292.

NELSON, R. D. Meta-Analysis "Debate". Message #5. In: MILTON, J. **Parapsychology's First International Email Debate**. 2-21 May 1999a.

NELSON, R. D. Meta-Analysis and Proof. Message #53. In: MILTON, J. **Parapsychology's First International Email Debate**. 2-21 May 1999b.

NELSON, R. D. The Global Consciousness Project. In: THE PARAPSYCHOLOGICAL ASSOCIATION CONVENTION, 42., 1999, Palo Alto. **Proceedings**... Palo Alto: Parapsychological Association, 1999c. p. 202-218.

NELSON, R. D. et al. PortREG Replication Design and Phase 1: Results. In: THE PARAPSYCHOLOGICAL ASSOCIATION ANNUAL CONVENTION, 43., 2000, Freiburg. **Proceedings**... Freiburg: Parapsychological Association, 2000a. p. 417.

NELSON, R. D. et al. Studies of Anomalous Structure, PortREG Replication Phase 1. In: THE PARAPSYCHOLOGICAL ASSOCIATION ANNUAL CONVENTION, 43., 2000, Freiburg. **Proceedings**... Freiburg: Parapsychological Association, 2000b. p. 420.

NELSON, R. D. et al. The IGPP Mind/Machine Consortium PortREG Replication. In: THE PARAPSYCHOLOGICAL ASSOCIATION ANNUAL CONVENTION, 43., 2000, Freiburg. **Proceedings**... Freiburg: Parapsychological Association, 2000c. p. 416.

NEUBERN, M. **Psicologia, hipnose e subjetividade**: revisitando a história. Belo Horizonte: Diamante, 2009.

NIEBUHR, G. M.; PACIORNIK, A. L.; SILVA, F. E. da. Psichomanteum: um estudo exploratório da técnica e seu possível efeito sobre nível do luto em relação a amigos ou parentes falecidos In: ENCONTRO PSI: PESQUISA PSI E PSICOLOGIA ANOMALÍSTICA, 7., 2011, Curitiba. **Anais**... Curitiba: Cipe, 2011. p. 148-161.

NOGUEIRA, C. S. et al. Telepatia em sonhos: um estudo didático. In: ENCONTRO PSI, 2., 2004, Curitiba. **Anais**...Curitiba: FIES, 2004. p. 141-147.

OPEN SCIENCE COLLABORATION. Estimating the Reproducibility of Psychological Science. **Science**, v. 349, n. 6.251, 2015. Disponível em: <https://www.science.org/doi/10.1126/science.aac4716>. Acesso em: 6 set. 2022.

ORLOFF, J. **Second Sight**. Boston: Warner Books, 1997.

OTTO, R. **Mysticism East and West**: a Comparative Analysis of the Nature of Mysticism. Eugene: Wipf and Stock Publishers, 2016.

PAIVA, G. J. Psicologia cognitiva e religião. **Rever – Revista de Estudos da Religião**, São Paulo, v. 7, p. 183-191, mar. 2007. Disponível em: <https://www.pucsp.br/rever/rv1_2007/p_paiva.pdf>. Acesso em: 6 set. 2022.

PALLÚ, T. R. Orientación en parapsicología: reacciones a psi. In: ENCUENTRO PSI, 3., 1998, Buenos Aires. **Atas**... Buenos Aires: Instituto de Psicología Paranormal, 1998. p. 82-85.

PALMER, J. A Community Mail survey of Psychic Experiences. **Journal of the American Society for Psychical Research**, v. 73, p. 221-251, 1979.

PALMER, J. A psicologia da ESP. In: CONGRESSO INTERNACIONAL E BRASILEIRO DE PARAPSICOLOGIA, 1., 1997, Recife. **Anais**... Recife: IPPP, 1997a. p. 200-227.

PALMER, J. Correlates of ESP-Ganzfeld Magnitude and Direction in the FRNM Manual Ganzfeld Database. In: THE PARAPSYCHOLOGICAL ASSOCIATION ANNUAL CONVENTION, 41., 1998, Halifax. **Proceedings**... Halifax: Parapsychological Association, 1998a. p. 3-13.

PALMER, J. Correlates of ESP-Ganzfeld Magnitude and Direction in the PRL and RRC Autoganzfeld Database. In: THE PARAPSYCHOLOGICAL ASSOCIATION ANNUAL CONVENTION, HELD IN CONJUNCTION WITH THE SOCIETY FOR PSYCHICAL RESEARCH, 40., 1997, Brighton. **Proceedings**... Brighton: Parapsychological Association, 1997b. p. 283-298.

PALMER, J. **Overview of Parapsychology**. Rhine Research Center Class, Durham, 9 June 1998b. 2 videos 8mm. 120 min.

PALMER, J. et al. A Controlled Study of Intuitive Medical Assessment. In: PA CONVENTION, 46., 2003, Vancouver. **Proceedings**... Vancouver, 2003. p. 385-395.

PARIKH, J.; NEUBAUER, F.; LANK, A. G. **Intuição**: a nova fronteira da administração. São Paulo: Cultrix, 2003.

PARKER, A. A Pilot Study of the Influence of Experimenter Expectancy on ESP Scores. In: MORRIS, J. D.; ROLL, W. D.; MORRIS, R. L. (Ed.). **Research in Parapsychology 1974**. Metuchen: Scarecrow Press, 1975a. p. 42-44.

PARKER, A. A Review of the Ganzfeld Work at Gothenburg University. **Journal of the Society for Psychical Research**, London, v. 64, p. 1-15, Jan. 2000. Disponível em: <https://medarbetarportalen.gu.se/digitalAssets/1299/1299605_JSPR4W.pdf>. Acesso em: 6 set. 2022.

PARKER, A. Some Findings Relevant to the Change State Hypothesis. In: MORRIS, J. D.; ROLL, W. D.; MORRIS, R. L. (Ed.). **Research in Parapsychology 1974**. Metuchen: Scarecrow Press, 1975b. p. 40-42.

PARNIA, S. et al. AWARE – Awareness During Resuscitation – a Prospective Study. **Resuscitation**, v. 85, n. 12, p. 1799-1805, 2014.

PRATT, J. G. et al. **Extra-Sensory Perception After Sixty Years**: a Critical Appraisal of the Research in Extra-Sensory Perception. New York: Henry Holt and Company, 1940.

PERSINGER, M. A. Religious and Mystical Experiences as Artifacts of Temporal Lobe Function: A General Hypothesis. **Perceptual and Motor Skills**, v. 57, n. 3, p. 1255-1262, 1983.

PERSINGER, M. A. The Harribance Effect as Pervasive Out-Of-Body Experiences: Neuroquantal Evidence with More Precise Measurements. **NeuroQuantology**, v. 8, n. 4, p. 444-465, 2010.

PERSINGER, M. A.; SAROKA, K. S. Protracted Parahippocampal Activity Associated with Sean Harribance. **International Journal of Yoga**, v. 5, n. 2, p. 140-145, 2012.

PILATO, S.; HIRAOKA, R.; SILVA, F. E. Ganzfeld Digital Fisiológico: em busca de uma medida mais objetiva para psi. In: ENCONTRO PSI, 2., 2004, Curitiba. **Anais**... Curitiba: FIES, 2004. p. 172-179.

PLAYFAIR, G. L.; KEEN, M. A Possibly Unique Case of Psychic Detection. **Journal of the Society for Psychical Research**, v. 68, n. 1, p. 1-17, Jan. 2004.

PLESHETTE, G. (Ed.). **Biofeedback regulation of EEG Alpha, Mental Imagery, and Psi Guessing Performance**. Metuchen: Scarecrow, 1974.

POINCARÉ, H. **Science and Hypothesis**. Paris: Science Press, 1905.

PRESEZENIAK, M. R.; SILVA, F. E. da; GERHARDT, J. Testando os efeitos da intenção humana sobre vegetais: um estudo exploratório. In: ENCONTRO PSI: PESQUISA PSI E PSICOLOGIA ANOMALÍSTICA, 7., 2011, Curitiba. **Anais**... Curitiba, 2011. p. 135-140.

PUTHOFF, H. E. ARV Applications. In: **Research in Parapsychology 1984**: Abstracts and Papers from the Twenty-Seventh Annual Convention of the Parapsychological Association. Metuchen: Scarecrow Press, 1985. p. 121-122.

RADIN, D. **Entangled Minds**: Extrasensory Experiences in a Quantum Reality. New York: Paraview Pocket Books, 2006.

RADIN, D. Further Investigation of Unconscious Differential Anticipatory Responses to Future Emotions. In: THE PARAPSYCHOLOGICAL ASSOCIATION ANNUAL CONVENTION, 41., 1998, Halifax. **Proceedings**... Halifax: Parapsychological Association, 1998. p. 162-183.

RADIN, D. **Mentes interligadas**: evidências científicas da telepatia, da clarividência e de outros fenômenos psíquicos. São Paulo: Aleph, 2008.

RADIN, D. Psychophysiology and Anomalous Cognition. In: MAY, E. C.; MARWAHA, S. B. (Ed.). Extrasensory Perception: Support, Skepticism, and Science. Westport: Praeger, 2015. 2. v. p. 317-346.

RADIN, D. **The Conscious Universe**: the Scientific Truth of Psychic Phenomena. San Francisco: Harper Edge, 1997.

RADIN, D.; ATWATER, F. H. Entrained Minds and the Behavior of Random Physical Systems. In: THE PARAPSYCHOLOGICAL ASSOCIATION CONVENTION, 49., 2006, Stockholm. **Proceedings**... Stockholm: Parapsychological Association, 2006. p. 153-163.

RADIN, D. et al. **A Disturbance in the Force – Exploring Collective Consciousness at Burning Man**: a Report on Five Years of Exploratory Experiments. San Francisco: Institute of Noetic Sciences, 2017.

RADIN, D. et al. Reexamining Psychokinesis: Comment on Bösch, Steinkamp, and Boller. **Psychological Bulletin**, v. 132, n. 4, p. 529-532, 2006.

RADIN, D. I.; MACHADO, F. R.; ZANGARI, W. Effects of Distant Healing Intention Through Time and Space: Two Exploratory Studies. **The Journal of Parapsychology**, v. 62, n. 2, p. 116, 1998.

RADIN, D. I.; MACHADO, F. R.; ZANGARI, W. Effects of Distant Healing Intention Through Time and Space: Two Exploratory Studies. **Subtle Energies & Energy Medicine**, v. 11, n. 3, p. 207-239, 2000. Disponível em: <https://journals.sfu.ca/seemj/index.php/seemj/article/view/309/272>. Acesso em: 6 set. 2022.

RADIN, D. I.; NELSON, R. D. A Meta-Analysis of Mind-Matter Interaction Experiments from 1959 to 2000. In: JONAS, W. B.; CRAWFORD, C. C. (Ed.). **Healing, Intention and Energy Medicine**: Research Methods and Clinical Applications. Edinburgh: Churchill Livingstone, 2003. p. 39-48.

RADIN, D. I.; NELSON, R. D. Evidence for Consciousness-Related Anomalies in Random Physical Systems. **Foundations of Physics**, v. 19, n. 12, p. 1499-1514, 1989.

RADIN, D.; PIERCE, A. Psi and Psychophysiology. In: CARDEÑA, E.; PALMER, J.; MARCUSSON-CLAVERTZ, D. (Ed.). **Parapsychology**: a Handbook for the 21st Century. Jefferson: McFarland, 2015. p. 230-243.

RANDI, J. The Project Alpha Experiment: Part 1. The First Two Years. **Skeptical Inquirer**, v. 7, n. 4, p. 24-33, 1983a.

RANDI, J. The Project Alpha Experiment: Part 2. Beyond the Laboratory. **Skeptical Inquirer**, v. 8, n. 1, p. 36-45, 1983b.

RAO, K. R. (Ed.). **The Basic Experiments in Parapsychology**. Jefferson: McFarland, 1984.

RAO, K. R.; FEOLA, J. (Ed.). **Alpha Rhythm and ESP in a Free Response Situation**. Metuchen: Scarecrow, 1973.

REBER, A. S.; ALCOCK, J. E. Searching for the Impossible: Parapsychology's Elusive Quest. **American Psychologist**, v. 75, n. 3, p. 391-399, 2020. Disponível em: <http://dx.doi.org/10.1037/amp0000486>. Acesso em: 6 set. 2022.

REICHOW, J. R. C. **Estudo de experiências anômalas em médiuns e não médiuns**: prevalência, relevância, diagnóstico diferencial de transtornos mentais e relação com qualidade de vida. 568 f. Tese (Doutorado em Psicologia) – Universidade de São Paulo, São Paulo, 2017. Disponível em: <https://www.teses.usp.br/teses/disponiveis/47/47134/tde-18012018-163219/publico/reichow_do.pdf>. Acesso em: 6 set. 2022.

RHINE J. B. **Extra-Sensory Perception**. Boston: Boston Society for Psychical Research, 1934.

RICE, T. W. Believe it or Not: Religious and Other Paranormal Beliefs in the United States. **Journal for the Scientific Study of Religion**, v. 42, n. 1, p. 95-106, 2003.

RIESS, B. F. A Case of High Scores in Card Guessing at a Distance. **Journal of Parapsychology**, Durham, v. 1, n. 4, p. 260-263, 1937.

ROCHA, A. C. et al. Investigating the Fit and Accuracy of Alleged Mediumistic Writing: a Case Study of Chico Xavier's Letters. **Explore**, v. 10, n. 5, p. 300-308, 2014.

ROE, C. A.; SONNEX, C.; ROXBURGH, E. C. Two Meta-Analyses of Noncontact Healing Studies. **Explore**, v. 11, n. 1, p. 11-23, 2015.

ROLL, W. G. et al. Neurobehavioral and Neurometabolic (SPECT) Correlates of Paranormal Information: Involvement of the Right Hemisphere and Its Sensitivity to Weak Complex Magnetic Fields. **International Journal of Neuroscience**, v. 112, n. 2, p. 197-224, 2002.

ROLL, W. G.; PERSINGER, M. A. Is ESP a Form of Perception? Contributions from a Study of Sean Harribance. **Journal of Parapsychology**, Durham, v. 62, n. 2, p. 118, 1998.

ROSS, L.; LEPPER, M. R.; HUBBARD, M. Perseverance in Self-Perception and Social Perception: Biased Attributional Processes in the Debriefing Paradigm. **Journal of Personality and Social Psychology**, v. 32, n. 5, p. 880-892, 1975.

ROUDER, J. N.; PROVINCE, J. M.; MOREY, R. D. A Bayes Factor Meta-Analysis of Recent Extrasensory Perception Experiments: Comment on Storm, Tressoldi, and Di Risio (2010). **Psychological Bulletin**, v. 139, n. 1, p. 241-247, Jan. 2013.

SAGAN, C. **O mundo assombrado pelos demônios**: a ciência vista como uma vela no escuro. São Paulo: Companhia das Letras, 2006.

SCHMEIDLER, G. **Parapsychology and Psychology**: Matches and Mismatches. Jefferson: McFarland, 1988.

SCHMIDT, S. Experimental Research on Distant Intention Phenomena. In: CARDEÑA, E.; PALMER, J.; MARCUSSON-CLAVERTZ, D. (Ed.). **Parapsychology**: a Handbook for the 21st Century. Jefferson: McFarland, 2015. p. 244-257.

SCHMIDT, S. et al. Distant Intentionality and the Feeling of Being Stared at: Two Meta-Analyses. **British Journal of Psychology**, v. 95, p. 235-247, 2004. Disponível em: <https://canvas.harvard.edu/files/1274336/download?download_frd=1>. Acesso em: 6 set. 2022.

SCHOUTEN, S. A. Psychics and Police Investigations. In: KRIPPNER, S. et al. (Ed.). **Advances in Parapsychological Research 10**. Jefferson: McFarland, 2021. p. 198-258.

SCHWARTZ, B. Possible Telesomatic Reactions. **Journal of the Medical Society of New Jersey**, v. 64, n. 11, p. 600-603, 1967.

SCHWARTZ, B. **Psychic-Dynamics**. New York: Pageant Press, 1965.

SCHWARTZ, S. A. The Location and Reconstruction of a Byzantine Structure in Marea, Egypt, Including a Comparison of Electronic Remote Sensing and Remote Viewing. **Journal of Scientific Exploration**, v. 33, n. 3, p. 451-480, 2019.

SCHWARTZ, S. A.; DE MATTEI, R. J. The Discovery of an American Brig: Fieldwork Involving Applied Remote Viewing Including a Comparison with Electronic Remote Sensing. **Journal of Scientific Exploration**, v. 34, n. 1, p. 62-92, 2020.

SERVADIO, E. A Presumptively Telepathic-Precognitive Dream During Analysis. **International Journal of Psychoanalysis**, v. 36, n. 1, p. 27-30, Jan./Feb. 1955.

SERVADIO, E. Psychoanalysis and Telepathy. **Imago**, v. 21, n. 4, p. 489-497, 1935.

SHERWOOD, S.; ROE, C. A. A Review of Dream ESP Studies Conducted since the Maimonides Dream ESP Programme. **Journal of Consciousness Studies**, v. 10, n. 6-7, p. 85-109, 2003.

SHERWOOD, S. J.; ROE, C. A. An Updated Review of Dream ESP Studies Conducted since the Maimonides Dream ESP Program. In: KRIPPNER, S. et al. (Ed.). **Advances in Parapsychological Research 9**. Jefferson: McFarland, 2013. p. 61-123.

SHIMIZU, T.; YAMAMOTO, K.; ISHIKAWA, M. A Field RNG Experiment: Use of Digital RNG at Movie Theatres. **NeuroQuantology**, v. 15, n. 1, p. 60-66, 2017.

SICHER, F. et al. Positive Therapeutic Effect of Distant Healing in an Advanced Aids Population. In: THE PARAPSYCHOLOGICAL ASSOCIATION ANNUAL CONVENTION, 41., 1998, Halifax. **Proceedings**... Halifax: Parapsychological Association, 1998. p. 242.

SILVA, F. E. da. **Aspectos neusopsicológicos dos fenômenos anômalos relacionados a psi e do processo de tomada de decisão**: verificando a possibilidade de que a tomada de decisão seja também mediada por psi. Projeto de Pesquisa (Doutorado em Psicologia Social) – Instituto de Psicologia da Universidade de São Paulo, São Paulo, 2013.

SILVA, F. E. da. Pesquisa psi e neurociência: uma breve apresentação. In: ENCONTRO PSI: PESQUISA PSI E NEUROCIÊNCIAS, 6., 2010, Curitiba. **Anais**... Curitiba, 2010. p. 3-12.

SILVA. F. E. da. Prevalência e relevância das experiências anômalas (EAs) na prática profissional de psicólogos(as). In: SIMPÓSIO DE PSICOLOGIA ANOMALÍSTICA E CIÊNCIA DAS RELIGIÕES, 2., 2019, Curitiba. **Anais**... Curitiba, 2019. Mesa redonda – Psicologia Anomalística, Ciência das Religiões, Educação e Formação Profissional.

SILVA, F. E. da. **Psi: é possível treinar? Revisando a literatura sobre desenvolvimento psi.** 239 f. Dissertação (Mestrado em Psicologia) – Instituto de Psicologia da Universidade de São Paulo, São Paulo, 2009. Disponível em: <https://www.teses.usp.br/teses/disponiveis/47/47134/tde-09082013-122528/publico/fabiodasilva_completa.pdf>. Acesso em: 6 set. 2022.

SILVA, F. E. da. Reporting an Exploratory Group Experience in Psi Training. In: THE PARAPSYCHOLOGICAL ASSOCIATION ANNUAL CONVENTION, 54., 2011, Curitiba. **Anais**... Curitiba, 2011. p. 11.

SILVA, F. E. da. **Survey sobre experiências PSI realizado em Curitiba, Brasil.** Comunicação pessoal, 2017.

SILVA, F. E. da. **Um hipotético efeito antecipatório anômalo para estímulos aparentemente imprevisíveis poderia afetar a tomada de decisão humana?** 226 f. Tese (Doutorado em Psicologia Social) – Universidade de São Paulo, São Paulo, 2014. Disponível em: <https://teses.usp.br/teses/disponiveis/47/47134/tde-11122014-103827/publico/silva_do.pdf>. Acesso em: 6 set. 2022.

SILVA, F. E. da; DIAS, A. V. B.; CARVALHO, M. J. Ômega-3 e psi: um estudo exploratório com estudantes da escola André Luiz. In: ENCONTRO PSI: PESQUISA PSI E PSICOLOGIA ANOMALÍSTICA, 7., 2011, Curitiba. **Anais**... Curitiba, 2011. p. 117-124.

SILVA, F. E. da et al. Distant Healing Intention to Autistic Patients: an Exploratory Study. In: ENCONTRO PSI: PARAPSICOLOGIA & PSICOLOGIA, 4., 2008, Curitiba. **Anais**... Curitiba, 2008. p. 27-37.

SILVA, F. E. da; HIRAOKA, R.; PILATO, S. Analisando estados no-ordinarios de consciencia y otros factores favoraveis para la telepatia: um estudo exploratório. **Revista Argentina de Psicología Paranormal**, Buenos Aires, v. 14, p. 187-216, jul./oct. 2003.

SILVA, F. E. da; PILATO, S.; HIRAOKA, R. Digital and Physiological Ganzfeld: Looking for a more Objective Measure of Psi. In: THE PARAPSYCHOLOGICAL ASSOCIATION CONVENTION, 48., 2005, Palo Alto. **Proceedings**... Palo Alto, 2005. p. 250-255.

SILVA, F. E. da; PILATO, S.; HIRAOKA, R. Ganzfeld vs. no Ganzfeld: an Exploratory Study of the Effects of Ganzfeld Conditions on ESP. In: THE PARAPSYCHOLOGICAL ASSOCIATION ANNUAL CONVENTION, 46., 2003, Vancouver. **Proceedings**... Vancouver, 2003. p. 31-49.

SILVA NETO, S. A. **Paranormalidade e doença mental**: o fenômeno paranormal como causa e sintoma de distúrbios psíquicos. Olinda: Novo Estilo, 1996.

SKINNER, B. F. 'Superstition' in the Pigeon. **Journal of Experimental Psychology**, v. 38, n. 2, p. 168-172, 1948.

SMITH, C. C.; LAHAM, D.; MODDEL, J. Stock Market Prediction Using Associative Remote Viewing by Inexperienced Remote Viewers. **Journal of Scientific Exploration**, v. 28, n. 1, p. 7-16, Jan. 2014.

SMITH, M. D.; FERRIER, G. Parapsychology in Introductory Psychology Textbooks: Ten Years on. **Journal of Parapsychology**, Durham, v. 63, n. 3, p. 225-237, Sept. 1999.

SMITH, P. H.; MODDEL, G. Applied Psi. In: CARDEÑA, E.; PALMER, J.; MARCUSSON-CLAVERTZ, D. (Ed.). **Parapsychology**: a Handbook for the 21st Century. Jefferson: McFarland, 2015. p. 1094-1118.

STANFORD, R. G. et al. EEG Correlates of Free-Response GESP in an Individual Subject. **Journal of the Society for Psychical Research**, v. 66, p. 357–368, 1972.

STANFORD, R. G.; LOVIN, C. EEG Alpha Activity and ESP Performance. **Journal of the American Society for Psychical Research**, New York, v. 64, p. 375–384, 1970.

STANFORD, R. G.; PALMER, J. Free-response ESP Performance and Occipital Alpha Rhythms. **Journal of the American Society for Psychical Research**, New York, v. 69, n. 3, p. 235-243, 1975.

STEINKAMP, F. Meta-Analysis and Proof. Message #55. In: MILTON, J. **Parapsychology's First International Email Debate**. 2-21 May 1999.

STEVENSON, W. J. **Estatística aplicada à administração**. São Paulo: Harbra, 1981.

STORM, L.; BURNS, N. R. Pro Attitude and Macro-PK: a Pilot Study Using Neuro-Feedback and EMG Biofeedback. **Australian Journal of Parapsychology**, v. 7, n. 2, p. 112-132, 2007.

STORM, L. et al. On the Correspondence between Dream Content and Target Material under Laboratory Conditions: a Meta-Analysis of Dream-ESP Studies, 1966-2016. **International Journal of Dream Research**, v. 10, n. 2, p.120-140, Oct. 2017. Disponível em: <https://journals.ub.uni-heidelberg.de/index.php/IJoDR/article/view/34888/pdf>. Acesso em: 6 set. 2022.

STORM, L.; ERTEL, S. Does Psi Exist? Comments on Milton and Wiseman's (1999) Meta-Analysis of Ganzfeld Research. **Psychological Bulletin**, v. 127, n. 3, p. 424-433, May 2001.

STORM, L.; TRESSOLDI, P. Meta-Analysis of Free-Response Studies 2009-2018: Assessing the Noise-Reduction Model Ten Years on. **PsyArXiv**, 22 May 2020. Disponível em: <https://psyarxiv.com/3d7at/>. Acesso em: 6 set. 2022.

STORM, L.; TRESSOLDI, P. E.; DI RISIO, L. A Meta-Analysis with Nothing to Hide: Reply to Hyman (2010). **Psychological Bulletin**, v. 136, n. 4, p. 491-494, July 2010a.

STORM, L.; TRESSOLDI, P. E.; DI RISIO, L. Meta-Analysis of Free-Response Studies, 1992-2008: Assessing the Noise Reduction Model in Parapsychology. **Psychological Bulletin**, v. 136, n. 4, p. 471-485, July 2010b.

STORM, L.; TRESSOLDI, P. E.; UTTS, J. Testing the Storm et al. (2010) Meta-Analysis Using Bayesian and Frequentist Approaches: Reply to Rouder et al. (2013). **Psychological Bulletin**, v. 139, n. 1, p. 248-254, Jan. 2013.

TARG, R.; KATRA, J. **Miracles of Mind**: Exploring Nonlocal Consciousness and Spiritual Healing. Novato: New Word Library, 1998.

TARG, R.; PUTHOFF, H. E. **Extensões da mente**. Rio de Janeiro: F. Alves, 1978.

TARG, E.; SCHLITZ, M.; IRWIN, H. J. Psi Related Experiences. In: CARDEÑA, E.; LYNN, S. J.; KRIPPNER, S. (Ed.). **Varieties of Anomalous Experience**: Examining the Scientific Evidence. Washington, DC: APA, 2000. p. 219-251.

THALBOURNE, M. A. Transliminality: a Review. **International Journal of Parapsychology**, n. 11, p. 1-34, 2000.

ULLMAN, M. On the Occurrence of Telepathic Dreams. **Journal of the American Society for Psychical Research**, New York, v. 53, p. 50-61, 1959.

ULLMAN, M. Parapsychology and Psychiatry. In: FREEMAN, A. M.; KAPLAN, H. I.; SADDOCK, B. J. (Ed.). **Comprehensive Textbook of Psychiatry**. 2. ed. Baltimore: Williams and Wilkins, 1975. p. 2552-2561. v. 2.

ULLMAN, M. Psi and Psychiatry. In: MITCHELL, E. D. **Psychic Exploration**. New York: Putnam, 1974. p. 246-267.

ULLMAN, M. The Nature of Psi Processes. **Journal of Parapsychology**, Durham, v. 13, n. 1, p. 59-62, 1949.

ULLMAN, M.; KRIPPNER, S.; VAUGHAN, A. **Dream Telepathy**: Experiments in Nocturnal ESP. 2. ed. Jefferson: McFarland, 1989.

UTTS, J. An Assessment of the Evidence for Psychic Functioning. **Journal of Parapsychology**, Durham, v. 59, n. 4, p. 289-320, 1995.

UTTS, J. Replication and Meta-Analysis in Parapsychology. **Statistical Science**, v. 6, n. 4, p. 363-403, 1991.

VARVOGLIS, M.; BANCEL, P. A. Micro-Psychokinesis. In: CARDEÑA, E.; PALMER, J.; MARCUSSON-CLAVERTZ, D. (Ed.). **Parapsychology**: a Handbook for the 21st Century. Jefferson: McFarland, 2015. p. 266-281.

VASCONCELLOS, E. G. A Psiconeuroimunologia da AIDS. In: PAIVA, V. (Org.) **Em tempos de AIDS**. São Paulo: Summus, 1992a. p. 90-101.

VASCONCELLOS, E. G. AIDS e a morte psicossomática. In: PAIVA, V. (Org.) **Em tempos de AIDS**. São Paulo: Summus, 1992b. p. 32-37.

VERNON, D. **Dark Cognition**: Evidence for Psi and Its Implications for Consciousness. London: Routledge, 2020.

VENTURINO, M. An Investigation of the Relationship between EEG Alpha Activity and ESP Performance. **Journal of the American Society for Psychical Research**, v. 72, p. 141-152, 1978.

WALLWORK, S. C. ESP Experiments with Simultaneous Electroencephalographic Recordings. **Journal of the Society for Psychical Research**, v. 36, p. 697-701, 1952.

WALTON, T. **Fire in the Sky**: The Walton Experience. Cambridge, MA: Marlowe & Company, 1996.

WARREN, C. A.; McDONOUGH, B. E.; DON, N. S. Event-Related Brain Potential Changes in a Psi Task. **Journal of Parapsychology**, Durham, v. 56, n. 1, p. 1-30, 1992.

WARREN, C. A.; McDONOUGH, B. E.; DON, N. S. Partial Replication of Single Subject Event Related Potential Effects in a Psi Task. In: COOK, E. W. (Ed.). **Research in Parapsychology 1992**. Lanham: Scarecrow, 1996. p. 17-21.

WATT, C.; TIERNEY, I. Psi-Related Experiences. In: CARDEÑA, E.; LYNN, S. J.; KRIPPNER, S. (Ed.). **Varieties of Anomalous Experience**: Examining the Scientific Evidence. 2. ed. Washington, DC: American Psychological Association, 2014. p. 241-272.

WATT, C. Presidential Address: Parapsychology's Contributions to Psychology. **Journal of Parapsychology**, Durham, v. 69, n. 2, p. 215-231, 2005.

WATTERS, E. A americanização da doença mental. **Revista Latinoamericana de Psicopatologia Fundamental**, São Paulo, v. 13, n. 1, p. 102-115, mar. 2010.

WILLIAMS, B. J. Exploratory Fild RNG Study During a Group Workshop on Psychic Experiences In: THE PARAPSYCHOLOGICAL ASSOCIATION CONVENTION, 50., 2007, Halifax. **Proceedings**... Halifax: Parapsychological Association, 2007. p. 156-168.

WILLIAMS, B. J. Extrasensory Perception and the Brain Hemispheres: Where Does the Issue Stand Now? **NeuroQuantology**, v. 10, n. 3, p. 350-373, 2012.

WILLIAMS, B. J. Revisiting the Ganzfeld ESP Debate: a Basic Review and Assessment. **Journal of Scientific Exploration**, v. 25, n. 4, p. 639-661, Jan. 2011.

WILSON, D.; SHADISH, W. R. On Blowing Trumpets to the Tulips: to Prove or not to Prove the Null Hypothesis: Comment on Bösch, Steinkamp, and Boller (2006). **Psychological Bulletin**, v. 132, n.4, p. 524-528, 2006.

WULFF, D. M. Mystical Experiences. In: CARDEÑA, E.; LYNN, S. J.; KRIPPNER, S. (Ed.). **Varieties of Anomalous Experience**: Examining the Scientific Evidence. 2. ed. Washington, DC: American Psychological Association, 2014. p. 369-408.

YOICHI, H. et al. Brain Blood Volume Change under an ESP Task Measured by Optical Topography. **Journal of International Society of Life Information Science**, v. 20, n. 2, p. 637-641, 2002.

YOUNG, D. E.; AUNG, S. K. H. An Experimental Test of Psychic Diagnosis of Disease. **The Journal of Alternative and Complementary Medicine**, v. 3, n. 1, p. 39-53, 1997.

ZANGARI, W. A psicologia do Ganzfeld. In: ENCUENTRO IBEROAMERICANO DE PARAPSICOLOGÍA, 1., 1996, Buenos Aires. **Atas**... Buenos Aires: Instituto de Psicología Paranormal, 1996. p. 180-186.

ZANGARI, W. Estudos psicológicos da mediunidade: uma breve revisão. **Revista Portuguesa de Parapsicologia**, Braga, v. 58, p. 8-12, 2000.

ZANGARI, W. Experiências anômalas em médiuns de umbanda: uma avaliação fenomenológica e ontológica. **Boletim da Academia Paulista de Psicologia**, São Paulo, v. 27, n. 2, dez. 2007. Disponível em: <http://pepsic.bvsalud.org/scielo.php?script=sci_arttext&pid=S1415-711X2007000200009>. Acesso em: 6 set. 2022.

ZANGARI, W. **Incorporando papéis**: uma leitura psicossocial do fenômeno da mediunidade de incorporação em médiuns de umbanda. 350 f. Tese (Doutorado em Psicologia) – Universidade de São Paulo, São Paulo, 2003. Disponível em: <https://www.teses.usp.br/teses/disponiveis/47/47134/tde-05122018-122252/publico/zangari2003_do.pdf>. Acesso em: 6 set. 2022.

ZANGARI, W. et al. Por que acreditamos no sobrenatural? Atribuição religiosa na perspectiva da ciência cognitiva da religião. In: ESPERANDIO, M. R. et al. (Org.). **Psicologia cognitiva da religião no Brasil**: estado atual e possibilidades futuras. Curitiba: CRV, 2019. p. 89-110.

ZANGARI, W.; MACHADO, F. R. Experiências religiosas e experiências parapsicológicas entre estudantes universitários. In: CONGRESSO INTERNACIONAL E BRASILEIRO DE PARAPSICOLOGIA, 1., 1997, Recife. **Anais**... Recife: IPPP, 1997. p. 347-364.

ZANGARI, W.; MACHADO, F. R. Os 10 mandamentos da exclusão metodológica do transcendente: direitos humanos nas relações entre psicologia, laicidade e religião. In: BERNI, L. E. (Org.). **Coleção psicologia, laicidade e as relações com a religião e a espiritualidade**. São Paulo: CRP-SP, 2016. v. II: Na Fronteira da Psicologia com os Saberes Tradicionais: Práticas e Técnicas. p. 111-114.

ZANOTTO, E. D. **A santa das vidraças**. Disponível em: <https://revistapesquisa.fapesp.br/a-santa-das-vidracas-mais-um-mito-do-vidro/>. Acesso em: 6 set. 2022.

Bibliografia comentada

BERNI, L. E. V. (Org.). **Coleção Psicologia, Laicidade e as Relações com a Religião e a Espiritualidade**. São Paulo: CRP-SP, 2016. 3 v.

Em uma iniciativa louvável, o Conselho Regional de Psicologia de São Paulo (CRP-SP) realizou, em 2016, um congresso reunindo psicólogos e pesquisadores de áreas afins para debater interfaces da psicologia, saberes tradicionais, experiências anômalas (EAs), religiosidade etc. Um dos resultados foi o lançamento dessa coleção, composta de três volumes. Os livros podem ser obtidos gratuitamente no *site* do CRP-SP.

CALLEGARO, M. M. **O novo inconsciente**. Porto Alegre: Artmed, 2011.

Essa obra traz para a língua portuguesa um conjunto bastante rico de pesquisas científicas e discussões sobre um tema diretamente influente no cenário das experiências anômalas (EAs): os processos inconscientes. O termo *novo inconsciente* é importante para distinguir essa perspectiva sobre o inconsciente das mais tradicionais, de ordem psicodinâmica. Aqui, processos inconscientes são compreendidos à luz da neurociência e da psicologia cognitiva, com base em temas como formação de crenças, percepções e comportamentos. Uma abordagem contemporânea das EAs não pode ser frutífera sem considerar os modos inconscientes como produzimos, percebemos, categorizamos e significamos nossas experiências (incluindo as anômalas). Isso torna O *novo inconsciente* um livro essencial

CARDEÑA, E.; LYNN, S. J.; KRIPPNER, S. (Org.). **Variedades da experiência anômala**: análise de evidências científicas. São Paulo: Atheneu, 2013.

Considerada a "bíblia" das experiências anômalas (EAs), o livro já conta com duas edições em inglês (2000 e 2014) e uma em português, lançada pela editora Atheneu. Há dois capítulos iniciais de teor mais abrangente, os quais abordam questões teóricas e metodológicas das EAs. Após essa introdução bastante rica, os capítulos seguintes são dedicados a tipos específicos de EA, incluindo percepção extrassensorial (PES), abduções por alienígenas, psicocinese (PK) e experiências místicas. Não é à toa que se trata de uma obra de referência para o campo da psicologia anômala.

PILATI, R. **Ciência e pseudociência:** por que acreditamos naquilo em que queremos acreditar. São Paulo: Contexto, 2018.

Em tempos de fácil disseminação de informações, pensamento crítico é fundamental. O que é dito na internet, em livros e em outros veículos de comunicação sobre experiências anômalas (EAs) geralmente é falso. Muito do que se diz, até mesmo, sobre o pretenso estudo do paranormal é enganoso. E (quase) ninguém deseja ser enganado. Por isso a obra de Pilati é fundamental. Ela aborda, inclusive, diversos temas relacionados às EAs e crenças afins, convidando-nos a todo momento a dosar nosso desejo por acreditar com a sensatez do ceticismo saudável. Eis um convite que vale a pena ser aceito.

WISEMAN, R. **Paranormalidade**: por que vemos o que não existe? Rio de Janeiro: Best Seller, 2020.

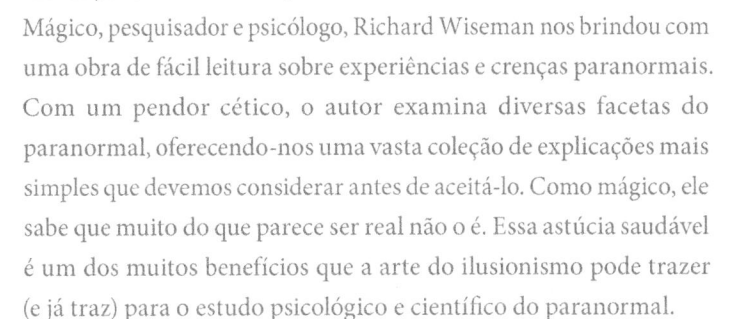

Mágico, pesquisador e psicólogo, Richard Wiseman nos brindou com uma obra de fácil leitura sobre experiências e crenças paranormais. Com um pendor cético, o autor examina diversas facetas do paranormal, oferecendo-nos uma vasta coleção de explicações mais simples que devemos considerar antes de aceitá-lo. Como mágico, ele sabe que muito do que parece ser real não o é. Essa astúcia saudável é um dos muitos benefícios que a arte do ilusionismo pode trazer (e já traz) para o estudo psicológico e científico do paranormal.

Respostas

Capítulo 1
Atividades de autoavaliação
1) a
2) e
3) c
4) d
5) b
6) a

Capítulo 2
Atividades de autoavaliação
1) e
2) c
3) b
4) d
5) a

Capítulo 3
Atividades de autoavaliação
1) b
2) a
3) c
4) d
5) b

Capítulo 4
Atividades de autoavaliação
1) c
2) a
3) b
4) b
5) c

Capítulo 5
Atividades de autoavaliação
1) b
2) a
3) d
4) c
5) a

Capítulo 6
Atividades de autoavaliação
1) c
2) b
3) a
4) d
5) b
6) e

Sobre os autores

Fábio Eduardo da Silva é doutor e mestre em Psicologia pela Universidade de São Paulo (USP), com estágio de pesquisa no Consciousness Research Laboratory do Institute of Noetic Sciences, na Califórnia (Estados Unidos). É especialista em Magistério Superior e Neuropsicologia pelo IBPEX e graduado em Psicologia pela Universidade Tuiuti do Paraná. Atua como professor em cursos de pós-graduação relacionados às neurociências, à educação, à saúde mental e às organizações. Por três anos, foi coordenador de pós-graduação *lato sensu* de cursos referentes à neurociência aplicada no Centro Universitário Internacional (Uninter). É membro do Laboratório de Estudos Psicossociais: Crença, Subjetividade, Cultura & Saúde (InterPsi) e do Grupo de Estudos de Psicologia da Crença: Práticas Meditativas (MeditativaMente), ambos da USP, e coordenador da Comissão Especial de Psicologia Anomalística e da Religião (Cepar), pertencente ao Conselho Regional de Psicologia do Paraná. É fundador e diretor executivo do Instituto Neuropsi e desenvolve pesquisas, eventos científicos e cursos em psicologia anomalística. Também estão entre suas áreas de interesse e atuação: neuroeducação, neuroliderança, habilidades socioemocionais e felicidade (psicologia positiva), *mindfulness* e intuição. É autor dos livros *Neurociência e aprendizagem*, *Tomada de decisão e intuição* e *Neuroliderança e neurocaching*. Há 26 anos trabalha com grupos de treinamento interpessoal e intuitivo.

Leonardo Breno Martins tem pós-doutorado em Psicologia Social pela Universidade de São Paulo (USP), com estágio em pesquisa na Coventry University (Inglaterra). É doutor e mestre em Psicologia Social pela USP e graduado em Psicologia pela Universidade Federal de Minas Gerais (UFMG). É professor colaborador no Instituto de Psicologia da USP e pesquisador e membro dos seguintes laboratórios, núcleos de pesquisa e grupos acadêmicos: Laboratório de Estudos Psicossociais: Crença, Subjetividade, Cultura & Saúde (InterPsi), Laboratório de Psicologia Social da Religião (LabPsiRel), Grupo de Estudos de Psicologia da Crença: Hipnose e Estados Alterados de Consciência (GeHip), Grupo de Estudos de Psicologia da Crença: Psicologia da Religião (Gepsirel) e Grupo de Estudos de Psicologia da Crença: Práticas Meditativas (MeditativaMente), todos da USP; e Núcleo de Estudos de Novas Religiões e Novas Espiritualidades (NEO), da PUC-SP. É coordenador do IlusoriaMente – Grupo de Estudos de Psicologia da Crença: Percepção e Arte Mágica (InterPsi – USP). Tem experiência na área de psicologia, com ênfase em psicoterapia, saúde mental e psicologia social. Suas pesquisas se inserem nas áreas de saúde mental, psicologia social, psicologia anomalística, psicologia da religião e psicologia da mágica.

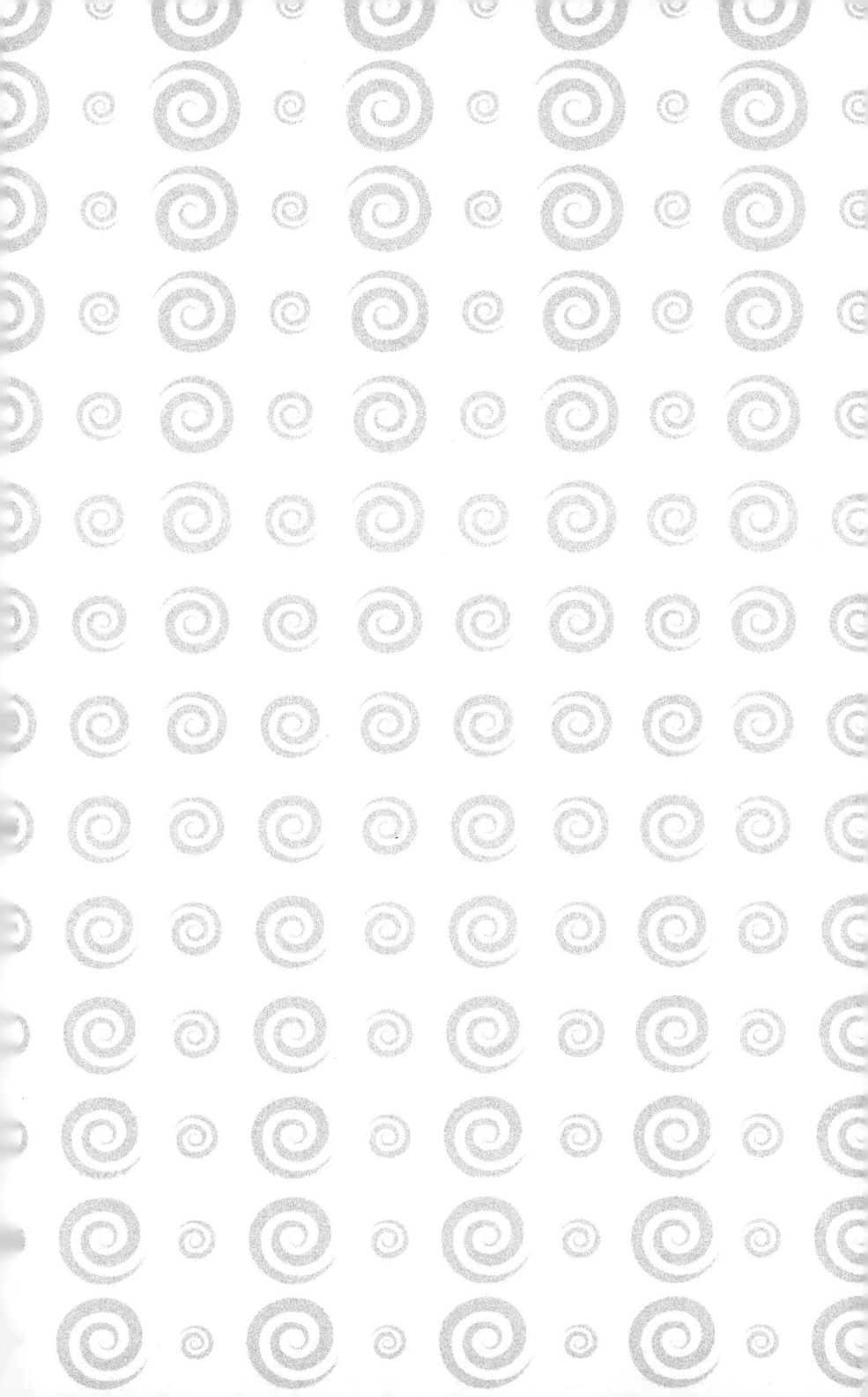

Os papéis utilizados neste livro, certificados por instituições ambientais competentes, são recicláveis, provenientes de fontes renováveis e, portanto, um meio **respons**ável e natural de informação e conhecimento.

FSC
www.fsc.org
MISTO
Papel produzido
a partir de
fontes responsáveis
FSC® C103535

Impressão: Reproset
Janeiro/2023